Die Autorin

[illegible]

[illegible]

[illegible]

[illegible]

[illegible]

Die AutorInnen:

FRANK STREBEL, geboren 1969 in Mönchengladbach, hat Politikwissenschaft, Niederländisch und Anglistik in Münster studiert. Seither ist er freiberuflich als Journalist und Autor für verschiedene Zeitschriften und Verlage tätig. Einen Namen machte er sich mit folgenden Starbiografien:

- Céline Dion: Die Erfolgsstory der romantischen Kanadierin. München 1998.
- Will Smith. Das coole Multitalent. München 1998.
- Ewan McGregor. Vom Jungstar zum Jedi-Ritter. München 1999.

VALESKA ENGEL, wurde 1969 in Sindelfingen geboren und absolvierte zunächst eine Lehre als Versicherungskauffrau in Saarbrücken, bevor sie Politikwissenschaft, Publizistik und Kommunikationswissenschaft sowie Anglistik an der Universität in Münster studierte. Auch sie arbeitet seit Abschluss des Studiums als freie Journalistin und Autorin.

Zusammen leben und arbeiten die beiden VerfasserInnen mit zwei Katzen in Köln.

Valeska Engel / Frank Strebel

JENNIFER LOPEZ

Originalausgabe

WILHELM HEYNE VERLAG
MÜNCHEN

HEYNE ALLGEMEINE REIHE
Nr. 01/11014

BILDNACHWEIS

Deutsche Presse-Agentur/Fotoreport (S. 9, 191, 271); Interfoto (S. 153, 157, 163, 167); Kinoarchiv Hamburg (S. 49, 53, 55, 59, 63, 67, 71, 75, 81, 85, 89, 91, 95, 96, 103, 109, 113, 135, 139, 141, 147, 149, 170, 173, 179, 187); Photo Selection (S. 11, 15, 35 links und rechts, 204 links, 205 links, 206 links, 219, 280, 281); action press (S. 121), Hosain (S. 161, 237, 239, 241, 245), Rex Features (S. 205 rechts, 250), Contrast (S. 183), Arroyo (S. 269); Inter-Topics/Celebrity (S. 17, 285), Galella (S. 206 rechts, 261, 273), Globe (S. 34 rechts), Shooting Star (S. 131), Retna USA (S. 34 links, 204 rechts, 264, 277)

Umwelthinweis:

Dieses Buch wurde auf chlor- und säurefreiem Papier gedruckt.

Originalausgabe 1/2001

Printed in Germany 2001
Umschlaggestaltung: Nele Schütz Design, München
Umschlagillustration Vorderseite:
Picture Press/Cynthia Levine/Corbis Sygma, Hamburg
Umschlagillustration Rückseite:
Deutsche Presse-Agentur/Fotoreport, München
Herstellung: H + G Lidl, München
Satz: Fotosatz Völkl, Puchheim
Druck und Bindung: Ebner Ulm

ISBN 3-453-19095-5
http://www.heyne.de

Inhalt

Vorwort

»I want everything. I want family. I want to do good work. I want love. I think of people like Cher and Bette Midler and Diana Ross and Barbra Streisand. That's always been the kind of career I've hoped to have. I want it all.«

JENNIFER LOPEZ ÜBER IHR LEBENSZIEL

Es ist dieser unglaubliche und ungebrochene Ehrgeiz, der Jennifer Lopez herauskatapultiert hat aus der Mittelschicht der New Yorker Bronx hin zur höchst bezahlten Latino-Schauspielerin Hollywoods. Sie will immer noch mehr und hat eigentlich schon alles: Schönheit, Talent, Ruhm und Glück.

Die beispiellose Karriere der »Sexiest Woman in the World« basiert auf ihren drei großen Talenten: Tanzen, Schauspielern, Singen. Ihren Durchbruch als Tänzerin schaffte sie als »Fly Girl« in der Sitcom *In Living Color*. Als Schauspielerin ist sie in Amerika seit ihrer Hauptrolle in der gleichnamigen filmischen Biografie der Tejano-Sängerin *Selena* ein Superstar. Inzwischen spielte sie an der Seite von Hollywood-Größen wie Jack Nicholson, Robin Williams, Wesley Snipes und Sean Penn. In der actionreichen Lovestory *Out of Sight* bilden Jennifer Lopez und ihr Filmpartner George Clooney eines der Leinwand-Traumpaare der 90er Jahre des 20. Jahrhunderts.

Nach ihren großen Kinoerfolgen widmete sich die Tochter puerto-ricanischer Eltern 1999 schließlich ihrer dritten Leidenschaft, dem Gesang. Ihre Qualitäten auf diesem Gebiet zeigten sich nach der Veröffentlichung des Debütalbums *On the 6*, als ihre erste Single *If You Had My Love* mehrere Wochen lang Platz eins der amerikanischen Charts besetzte.

In den Jahren 2000 und 2001 ist Jennifer Lopez dann wieder auf der Leinwand zu sehen. In gleich drei mit Spannung erwarteten Filmen spielt sie jeweils die weibliche Hauptrolle: in dem Horrorfilm *The Cell* sowie in den Lovestorys *The Wedding Planner* und *Angel Eyes*.

All diese Erfolge fielen Jennifer Lopez nicht in den Schoß, sondern sind das Ergebnis großen Ehrgeizes und harter Arbeit: »Man muss immer um das kämpfen, was man möchte. Ich mag es nicht, wenn mir Dinge auf dem Silbertablett serviert werden.« Die vorliegende Biografie weist sämtliche Lebens- und Karrierestationen der Jennifer Lopez auf, die sie zu dem machten, was sie heute ist: eine der beliebtesten und gefragtesten Künstlerinnen der Welt.

Beliebt und gefragt: Jennifer Lopez im September 2000 mit ihrem MTV Video Music Award für das beste Dance Video (›Waiting for Tonight‹)

1. Ein Latino-Star aus der Bronx

Kindheit und Jugend der Lopez

»Als ich jung war, gab es immer wieder Leute, die mir sagten, was ich aufgrund meiner Herkunft erreichen könne und was nicht. Ich bin hier, um euch zu sagen, dass ich exakt dort begonnen habe, wo ihr jetzt steht. Lasst euch von niemandem einreden, ihr könntet nicht alles tun, was ihr wollt, denn ihr könnt es tun!«

JENNIFER LOPEZ ZU GRUNDSCHÜLERN IN DER BRONX

Die Bronx ist der einzige der fünf Stadtbezirke New Yorks, der auf dem Festland liegt. Die Besiedelung des Gebietes begann 1639, als der Däne Jonas Bronck, nach dem der heutige Stadtteil benannt ist, ein großes Landstück erwarb und dort eine Farm aufbaute. Erst 1895 ist die Bronx vollständig von der Stadt New York annektiert worden. Anschließend wurde das Viertel durch U- und Straßenbahnen an die übrigen Stadtteile (Brooklyn, Queens, Staten Island und Manhattan) angeschlossen. So erlebte es als Vorstadt ein rasches Wachstum. Nach wie vor ist die Bronx eines der am dichtesten bevölkerten Gebiete der Vereinigten Staaten. Die Einwohnerzahl beträgt heute etwa 1.204.000. Die wenigen Industriebetriebe des Stadtteils konzentrieren sich auf den südlichen Teil der Bronx und umfassen die Verarbeitung von Nahrungsmitteln und die Herstellung von Textilien.

Die Bronx besteht aus vielen klar voneinander abgegrenzten und gegensätzlichen Wohngebieten. Im Südosten finden sich einige der ärmsten Stadtteile New Yorks wie Morrisania und Hunts Point mit Slums und verfallenen Wohnhäusern. Demgegenüber gehört das nahe dem Hudson gelegene Riverdale mit seinem landschaftlichen Reiz und den großen Einfamilienhäusern zu den reichsten Gegenden der Weltstadt.

Die Bronx war traditionell ein Zuwanderungsgebiet. In den 40er Jahren des 19. Jahrhunderts wohnten hier deutsche und irische Eisenbahnarbeiter, später folgten italienische, polnische, jüdische und griechische Immigranten. Die ethnische Zusammen-

Behütet aufgewachsen: Jennifer mit ihrem Dad

setzung des Viertels änderte sich mit dem Ende des Zweiten Weltkrieges deutlich: Viele Mittelschichtangehörige zogen weg und die schwarze und puerto-ricanische Bevölkerung wuchs an. Jennifer Lopez wird am 24. Juli 1970 als die mittlere von drei Schwestern in der Bronx geboren. Ihre Eltern sind Puerto-Ricaner und dementsprechend fühlt sich Jennifer als Puerto-Ricanerin. Sie ist stolz auf ihre hispano-amerikanische Herkunft. »Meine Eltern sagten, dass ich alles tun könne, auch wenn wir daher stammten, woher wir stammten, und dass wir die seien, die wir sind, was die Nationalität betrifft. Sie lehrten mich, dass dies alles nichts zu bedeuten hat, dass wir genauso schön und schick und intelligent sind und genau die gleichen Dinge erreichen können wie jeder andere in diesem Land.«

Der Familienzusammenhalt in der Einwandererfamilie ist enorm. Jennifers Großmutter arbeitet 100 Stunden in der Woche in einer Textilfabrik, um ihre Familie zu unterstützen, und auch Jennifers Mutter opfert sich für die Zukunft ihrer Kinder: »Sie ist nie ausgegangen, zum Tanzen oder so. Sie lebte für uns, für die Familie. Sie wollte, dass wir alle Möglichkeiten haben, damit aus uns etwas wird.«

Jennifers Vater, David Lopez, ist Computerspezialist für eine Versicherung in Manhattan und ihre Mutter, Guadalupe Lopez, ist Erzieherin in einem katholischen Vorort-Kindergarten. Die Eltern sind streng katholisch; so wachsen Jennifer und ihre beiden Schwestern Lynda und Leslie entsprechend traditionell und wohl behütet auf. Jennifer besucht die katholische Holy Family School und ist sehr auf ihre Familie bezogen. »Ich stand meinen Großeltern sehr nahe und habe auf meine Mutter gehört und keine dummen Dinge gemacht. Ich habe nie geflucht und habe mich nicht herumgetrieben. Meine Mutter war sehr streng.«

Wie behütet Jennifer aufwächst, macht sich daran bemerkbar, dass sie die negativen Seiten der Bronx nicht wahrnimmt. Später erinnert sie sich: »Ich merkte nicht, wie schlimm es in meiner Nachbarschaft aussah ... Natürlich gab es Drogen in meiner Nachbarschaft, doch ich habe das alles nie verstanden. Ich danke meinen Eltern dafür. Und als ich älter wurde, war ich immer nur mit meinen Tanzstunden beschäftigt.«

Ihre Eltern bemerken das Talent und den Enthusiasmus ihrer Tochter für Darbietungen aller Art schon sehr früh und melden Jennifer mit fünf Jahren zum Tanzunterricht an. Bereits in diesem Alter will Jennifer nichts anderes als Sängerin und Tänzerin werden. Ein Jahr später lernt sie Ballett, Jazz, Klavier und klassisches Theater und verbringt ihre Zeit mit der spanischen Tanzkompanie *Ballet Hispanico*, wo sie Flamenco, Ballett und Jazz tanzt und mit sieben Jahren erste Auftritte hat.

Ihre Mutter unterrichtet Jennifer in Sachen Musik. Guadalupe Lopez beschreibt ihre Tochter später wie folgt: »Sie liebte es zu singen, aber sie war auch eine geborene Schauspielerin. Ich wusste immer schon, dass Jennifer eine große Zukunft haben würde. Schon als kleines Mädchen schauspielerte sie, lebte in ihrer eigenen Welt. Ich weiß, dass sie alle ihre Talente erfolgreich kombinieren wird. Sie ist eine ganz besondere Person.« Guadalupe Lopez fördert die Begabungen ihrer Töchter spielerisch. Jennifer erinnert sich: »Meine Mutter legte Schallplatten auf und wir spielten unterschiedliche Rollen. Wir Kinder haben immer eine Show hingelegt.« Auch Jennifers Schwester Lynda hat diese unbeschwerten Augenblicke ihrer Kindheit noch vor Augen, als sie und ihre Schwestern *Drei Engel für Charlie* nachspielen: »Wenn wir das spielten, war ich immer Jaclyn Smith und Leslie war Kate Jackson. Jen war – wer auch immer die Blonde war – Farrah (Fawcett) oder Cheryl Ladd.«

Zu Hause studiert Jennifer Tanzschritte ein, denkt sich eigene Choreografien aus und tanzt vor dem Spiegel. Immer dabei: ihr grenzenloser Ehrgeiz, einmal etwas ganz Besonderes zu werden. »Ich erinnere mich noch daran: Ich war vielleicht zehn Jahre alt, als ich eine Tanzaufführung sah und mich zu meiner Freundin hinüberbeugte und sagte: ›Macht dich das nicht auch verrückt? Willst du nicht auch so sein?‹ Sie sagte: ›Nein.‹ Ich sagte: ›Aber ich will das.‹«

Der früh keimende Ehrgeiz, ein großer Star zu werden, ist die eine herausragende Charaktereigenschaft von Jennifer Lopez. Das zweite typische Markenzeichen der Latino-Schönheit ist ihr grenzenloses Selbstbewusstsein. Auch dafür gibt es schon Anzeichen in der Kindheit. Nach Stephanie Herlory, der ehemaligen besten Freundin von Jennifer, mit der sie die Preston High School besucht, ist Jennifer ein wahrer Rabauke, vor dem sich die Klassenkameraden durchaus fürchten. »Sie war sehr aufrichtig und wenn du nicht auf ihrer Seite warst, ließ sie es dich spüren. Sie war stark. Niemand wollte ihr Feind sein.«

Die größten Kämpfe trägt sie mit ihrer Schwester Leslie aus, die sie angeblich einmal mit einem Messer durch das ganze Haus verfolgt. Herlory meint dazu: »Sie stritt sich immer sehr mit Leslie. Es begann mit Herumschreien und wenn das Temperament mit ihnen durchging, endete es in einem wilden Kampf. Jennifer und ich mussten so manches Mal in der Schule nachsitzen.« Wie viel auf eine solche Aussage gegeben werden kann, bleibt ungewiss. Lopez freilich beschreibt sich als Kind bzw. Jugendliche etwas anders: »Ich war niemals ungezogen, doch ich war ein Wildfang und sehr athletisch. Ich bin dauernd herumgerannt und habe viel Sport und so etwas getrieben. Aber ich war ein gutes Kind. Ich habe die Leute immer umarmt.«

Auf die Frage nach ihrem letzten Ringkampf gibt Jennifer an anderer Stelle jedoch zu, nicht unbedingt ein Kind von Traurigkeit gewesen zu sein. Ihren letzten Ringkampf habe sie mit neun Jahren ausgetragen. Damals gab es Intrigen zwischen ihr und zwei ihrer Freundinnen und sie stellte eine zur Rede: »Sie leugnete alles, da schlug ich ihr ins Gesicht. Wir kämpften und ich schlug sie nieder. Es war sehr hässlich und ich bin ganz sicher nicht stolz auf diesen Vorfall, aber ich gewann den Kampf. Niemand legte sich danach je wieder mit mir an und ich verließ die Schule unbeschadet.« Lopez versichert aber, inzwischen sei sie gereift. »Frauen, die sich schlagen, sind unterstes Niveau und es sieht lächerlich und dumm aus. Aber ich kann und werde mich verteidigen, wenn ich es tun muss.«

Als Jugendliche nimmt Jennifer ihr Leben langsam in die eigene Hand. Mit 14 Jahren nimmt sie erste professionelle Gesangsstunden. Um das alles finanzieren zu können, arbeitet sie als Aushilfe in einer ortsansässigen Anwaltskanzlei. Außerdem tritt sie weiterhin in allen College- und Highschool-Aufführungen auf. Jennifer will Karriere machen. »Alle in meiner Nachbarschaft wollten einfach nur einen Job haben, in einer Bank oder in einem Laden arbeiten, ihren Achtstundentag haben. Damit waren sie zufrieden. Doch mir reichte das nicht aus. Ich hatte andere Vorstellungen.«

Um sich ihren Traum zu erfüllen, nimmt sie weiterhin Tanzstunden wie eine Besessene. »Ich bin wahrscheinlich schon tanzend zur Welt gekommen«, lacht Jennifer heute. »Ich erinnere mich, dass ich mit 14 oder 15 Jahren so sehnlichst eine bessere Tänzerin werden wollte und immer mehr, mehr und mehr lernen wollte. Ich erinnere mich, dass ich meinem Lehrer sagte, ›Ich möchte einfach nur besser werden‹, und er antwortete: ›Das wirst du.‹«

Jennifers großes Vorbild ist Rita Moreno, die sie in Leonard Bernsteins Erfolgsmusical *West Side Story* bewundert. »Ich habe *West Side Story* über hundertmal gesehen und ich würde es mir heute noch anschauen, wenn ich könnte. Ich liebte es, weil es ein Musical war und weil es von Puerto-Ricanern handelte, die dort lebten, wo ich lebte.« In der *West Side Story* kämpfen die »Jets« und die »Sharks«, die Jugendbanden der New Yorker Unterschicht und der puerto-ricanischen Einwanderer, um die Macht in einem New Yorker Straßenblock. Dabei entwickelt sich eine Liebesgeschichte zwischen Tony, dem Anführer der Jets, und dem puerto-ricanischen Mädchen Maria, die letztlich aber der brutalen Rivalität zwischen den Banden zum Opfer fällt. Die Choreografie der Tanzszenen in der *West Side Story* bildet mit der Musik von Leonard Bernstein eine Einheit, wie sie bis dahin in Musikfilmen kaum erreicht wurde.

Eine der Hauptdarstellerinnen ist Rita Moreno, von der Jennifer sehr fasziniert ist. Genau so will sie werden, genau so singen und

Das wollte sie schon immer: tanzen, singen, spielen.

tanzen können. Deshalb möchte sie in das Herz der großen Stadt und eine gute Ausbildung durchlaufen, um eine richtige Tänzerin zu werden. Sie liest eine Anzeige, in der ein Stipendium für eine Tanzschule in Manhattan angeboten wird. »Ich ging also dorthin und tanzte und bekam das Stipendium. Für andere ist das vielleicht nichts Besonderes, für mich war es das Größte.« Jennifer widmet sich nun ganz dem Tanzen. Sie absolviert gleich vier Kurse pro Tag auf einmal und übernimmt anschließend noch die Nachtschicht im Anwaltsbüro.

Da treten die ersten Spannungen mit ihren Eltern auf. Sie beginnen sich ernsthafte Sorgen um die Zukunft ihrer Tochter zu machen. Wie die meisten Eltern beharren sie auf einer soliden Bildung ihrer Kinder. Im September 1988 wird Jennifer am Beruch College in Manhattan angenommen. Sie hat einen voll gepackten Stundenplan. Nichtsdestotrotz nimmt sie nebenher weiterhin ihre Tanzstunden und vernachlässigt dabei ihre Highschool-Kurse. »Und dann sagte ich meinen Eltern: ›Ich hatte einen Traum. Ich träumte, ich werde ins Show-Business einsteigen.‹ Ihre Reaktion: ›O nein, nicht schon wieder diese Leier! Sie hat doch einfach nur keine Lust, zur Schule zu gehen!‹«

Aber die Eltern bemühen sich ohne Erfolg. Nach nur einem Semester geht Jennifer vom College ab und widmet sich nun ausschließlich dem Tanzen. Dies führt zum vorläufigen Bruch mit ihren Eltern. »Auf einmal wurde alles zu viel. Meine Mutter reagierte etwa so: ›Wie konntest du das nur tun? Das ist doch ein riesiger Fehler.‹ So war das. Es war die Hölle los. Mein Vater flippte aus. Sie sagten: ›Wenn du dich nicht an unsere Anweisungen hältst, musst du dieses Haus verlassen!‹ Und genau das tat ich: Ich verließ sie!«

Mit 18 Jahren packt Jennifer nach einem Streit ihre Sachen und verlässt für immer ihr Elternhaus. Es bedarf keines großen Einfühlungsvermögens, um zu erahnen, was das für einen familienbezogenen Menschen wie sie bedeutet. Sie hat keine Familie mehr, kein Ziel, wohin sie könnte, keine Wohnung, nichts. Im Januar 1989 zieht sie deshalb in das Manhattan Dance Studio ein, in dem sie trainiert. »Es war eine schlimme Zeit, eine wirklich schlimme Zeit. Ich dachte nur, schlimmer könnte es nicht mehr kommen. Keine Wohnung, kein Geld und keine Familie. Damals

Aller Anfang ist meist schwer, doch manchmal lohnt es sich: eine strahlende Jennifer Lopez im April 2000 mit ihren ALMA Awards als beste Entertainerin des Jahres und für das beste Video des Jahres; ALMA steht für American Latino Media Arts.

dachte ich nicht, dass es mir irgendwann einmal wieder besser gehen würde.«
Ein paar Monate später bezieht sie mit einigen Freunden ein Apartment in Manhattans Hell's Kitchen. Sie verdient ein wenig Geld, indem sie in Low-Budget-Videos für 20 Dollar tanzt. Jeden

Tag stellt sie sich irgendwo vor. Auch für die TV-Show *In Living Color* tanzt sie vor, wird jedoch abgelehnt. Sie macht ihre ethnische Abstammung dafür verantwortlich, dass sie nur Absagen erhält. Doch sie spricht sich selbst Mut zu, will nicht aufgeben. Nachdem sie acht Monate lang erfolglos vorgetanzt hat, bricht sie zusammen. »Ich fiel auf mein Bett und fing an zu heulen. Was machte ich da bloß? Es gab keine Hoffnung, keinen Job, kein Geld, einfach gar nichts, keine Rollen.«

Im August 1989 erhält sie schließlich das heiß ersehnte erste Engagement: Sie nimmt an der fünfmonatigen Europatournee der Show *The Golden Musicals of Broadway* teil und tritt dabei in den Musicals *Oklahoma* und *Jesus Christ Superstar* auf. »Ich fühlte mich wie neu geboren. Ich verdiente 500 Dollar pro Woche plus Trinkgeld. Das war so toll nach alledem.« Allerdings ist sie während dieser Tour die Einzige, die kein Solo tanzen darf. Sie empfindet das als ungerecht. Weinend ruft sie ihre Mutter an, um sich ein wenig bemitleiden zu lassen. »Stattdessen sagte sie: ›Ruf mich nie wieder heulend an! Du wolltest unbedingt in dieses Geschäft, also sieh zu, dass du dich dagegen abhärtest!‹ Und das tat ich.«

Wenige Monate später tourt Jennifer durch Japan, wo sie für 900 Dollar pro Woche in dem Musical *Synchronicity* von Tänzer, Sänger und Choreograf Hinton Battle auftritt. Aber ihre Interessen verlagern sich allmählich. Plötzlich findet sie mehr und mehr Gefallen an der Schauspielerei und beginnt 1990 Schauspielunterricht zu nehmen. Fast ein bisschen ungelegen kommt ihr da der Anruf im März 1991 von den Verantwortlichen der TV-Show *In Living Color*. Sie wird zu einem erneuten Tanz-Casting eingeladen. Jennifer gelingt es, in diesem nationalen Wettbewerb sage und schreibe 2000 Mitbewerberinnen aus dem Rennen zu werfen: Sie erhält die begehrte Rolle eines Fly Girl (Tänzerin) in der beliebten Fernsehkomödie. Mit dieser Rolle beginnt für Jennifer Lopez der steile Weg zum Superstar.

2. Als Fly Girl auf dem Weg nach oben

Jennifers erste Kameraerfahrungen

»Vorspielen ist alles und die Hoffnung, dass dir jemand eine Chance gibt. Wenn sie etwas von dir gesehen haben, dann bieten sie dir auch einen Job an.«

JENNIFER LOPEZ

Das Karrieresprungbrett: *In Living Color*

Die von Keenen Ivory Wayans erdachte und produzierte und von der Film- und Fernsehproduktionsgesellschaft Fox hergestellte Sitcom *In Living Color* ist eine von sehr wenigen Fernsehshows, die von Afroamerikanern geschrieben *und* produziert wird. Die halbstündige Show läuft vom 15. April 1990 bis zum 25. August 1994 in den Vereinigten Staaten überaus erfolgreich und wird sowohl von Schwarzen als auch von Weißen gerne gesehen, obwohl sie das Thema Rassendiskriminierung in den 90er Jahren in den Mittelpunkt des Geschehens stellt.

In Living Color gilt in den USA als eine der besten und provokantesten Sketch-Comedy-Serien überhaupt, verbindet sie doch unbequeme soziale und politische Kommentare mit exzellenter Komik. Die Sendung besteht im Großen und Ganzen aus einer Reihe von Parodien auf Prominente (z. B. Imitationen von Boxer Mike Tyson, Sängerin Whitney Houston oder Popstar Michael Jackson), auf Fernsehsendungen und Kinofilme sowie Popmusik. Außerdem werden Ereignisse oder Schlagzeilen des Tages aufgegriffen. Aufgelockert wird die Show durch Tanzeinlagen der fünf so genannten Fly Girls.

Ein besonderes Stilmittel der Serie zur Karikierung der Rassendiskriminierung besteht in der absoluten Überzeichnung klassischer Vorurteile bezüglich afroamerikanischer Charaktere. Da gibt es z. B. die Figur der schwarzen Kinderfrau, die der heißblütigen Verführerin oder die des ehrerbietigen Uncle Tom. Diese uralten Stereotypen werden zusätzlich ausgeschmückt durch die angeblich typischen Kennzeichen der niederen Schichten: fehlerhafte Aussprache, Benutzung von Dialekt, falsche Verwendung von Wörtern, soziale Rückständigkeit und extrem ausgeprägte Naivität.

Auf der anderen Seite karikiert die Kult-Komödie rassistische Einstellungen durch die genaue Umkehrung der konventionellen Machthierarchien in Sketchen mit Schwarzen und Weißen: So ist es offensichtlich auch heute noch für den durchschnittlichen weißen Amerikaner undenkbar, dass ein schwarzer Polizist einem weißen Autofahrer einen Strafzettel ausstellt, dass ein schwarzer Gefängniswärter einen weißen Häftling beaufsichtigt, dass ein schwarzer Prediger intelligenter und wortgewandter ist als sein weißer Kollege oder dass ein schwarzes Mädchen in einer Schulaufführung die Prinzessin spielt, während seine weiße Klassenkameradin in der Rolle eines Farmtieres zu sehen ist.

Im Gegensatz zu in Deutschland bekannten ähnlichen Sitcoms wie beispielsweise der *Bill Cosby Show* ist die Crew von *In Living Color* ethnisch bunt zusammengesetzt: Den Schwerpunkt bilden natürlich schwarze Schauspieler der ersten Garde wie Kim Coles oder Keenen Ivory Wayans und seine Geschwister Kim, Marlon, Shawn und Damon. Der durch Blockbuster-Filme wie *Die Truman Show/The Truman Show* (USA 1998), *Der Dummschwätzer/Liar Liar* (USA 1997) oder *Cable Guy – Die Nervensäge/Cable Guy* (USA 1996) auch bei uns populäre, 1962 in Kanada geborene Superstar Jim Carrey vertritt in der Sitcom die Weißen. Und Jennifer Lopez als Fly Girl ist ein Beispiel für die Repräsentation der lateinamerikanischen Bevölkerungsgruppe. Auch auf diese gemischte Zusammensetzung der Besetzung ist der Riesenerfolg der Show in den Vereinigten Staaten zurückzuführen, kann sich doch jeder US-Bürger irgendwo wiederfinden.

In Living Color wird mit zahlreichen Auszeichnungen bedacht, so z. B. 1990 mit dem Emmy Award im Bereich Unterhaltungssendung/Musik/Comedy und dem NAACP Image Award für die beste Unterhaltungssendung. 1991 erhält die Sitcom den People's Choice Award für die beliebteste Fernsehkomödie und aus dem gleichen Grund den Nickelodeon Kid's Choice Award. Außerdem wird *In Living Color* für zahlreiche andere Preise nominiert, u. a. für den American Comedy Award oder den American Black Achievement Award.

Der hierzulande eher unbekannte Produzent der Komödie, Keenen Ivory Wayans, ist in den USA beileibe kein unbeschriebenes Blatt. Der 1958 geborene New Yorker und dreifache Vater spielte bereits in zahlreichen Filmen mit und tat sich als Drehbuchschreiber, Schauspieler und Unternehmer mit seiner eigenen Produktionsfirma Ivory Way Production hervor. Mit seinen beiden Töchtern trat er u. a. 1997 im Will-Smith-Video *Just the Two of Us* auf.
Wayans hat dann auch maßgeblichen Anteil daran, dass Jennifer nach ihrem erfolgreichen Casting als Fly Girl bei *In Living Color* anfängt. Denn zu dieser Zeit will sie ihre Karriere als Tänzerin nicht fortsetzen, sondern strebt eher eine Rolle in einem Fernseh- oder Kinofilm an. Sie hört jedoch auf Wayans' Rat, mindestens zwei Staffeln bei seiner Show zu bleiben, um sich dann mit mehr Geld und einem größeren Bekanntheitsgrad der Schauspielerei zu widmen. Außerdem bietet Wayans ihr mehr Geld an, als sie selbst oder auch ihr Vater je verdient hat. Natürlich ist das nicht mit den Gagen vergleichbar, die Jennifer später bekommen wird. Für die Rolle des Fly Girl muss Jennifer von New York nach Los Angeles umziehen, was eine weitere wesentliche Veränderung in ihrem Leben bedeutet. »Das war ein wirklicher Einschnitt für mich, als ich von New York wegzog. Ich war für mich selbst verantwortlich, ich war unabhängig.« Diese Chance ist für Jennifers Karriere sehr förderlich, bringt sie sie doch nun vor die Tore Hollywoods. So hat sie mehr Möglichkeiten, sich um Rollen zu bewerben. Das angeblich schwierigste für Jennifer am Umzug von der Ostküste an die Westküste ist, ihren Bronx-Akzent loszuwerden, woran sie hart arbeitet.
Aber sie hat auch mit großen persönlichen Schwierigkeiten zu kämpfen. »Ich war eine Außenseiterin in *In Living Color.* All die anderen Mädchen kannten sich schon seit mindestens einem Jahr. Es war eine sehr eingeschworene Gruppe.« Jennifer fühlt sich in dieser Zeit sehr einsam. Jedes Wochenende fliegt sie nach Hause zu ihren Eltern. Während ihrer Freizeit in Los Angeles verbringt sie jede freie Minute damit, Schauspielunterricht zu nehmen. »Das war eine wahnsinnig anstrengende Zeit. Ich habe meinen Job gemacht und nahm den ganzen Tag Schauspielunterricht. Das war alles, was ich tat.«

Die Situation am Set wird für sie immer schlechter, weil Spannungen mit der Choreografin, Jennifers Chefin Rosie Perez, auftreten. Die vor allem in Latino-Kreisen sehr populäre Schauspielerin Perez verlangt ihr besonders viel ab; es bleibt dahingestellt, ob diese Extraportion Aufmerksamkeit Jennifer helfen oder sie kritisieren soll. Jedenfalls fühlt sie sich unfair behandelt. »Ich möchte nicht über Details reden, doch es war keine sehr angenehme Arbeitserfahrung, die ich dort machte«, berichtet Jennifer einige Jahre später. Sie gibt zwar zu, dass die Show eine große Erfahrung für sie bedeutet, dass sie »hip und cool« sei, aber es ist einfach nicht das, was Jennifer möchte: in einem Film mitspielen.

Als Supermarktverkäuferin in *South Central*

Mit 22 Jahren schafft Jennifer schließlich den Sprung von der Tänzerin zur Schauspielerin. Eine ihrer Kolleginnen bei *In Living Color* ist mit einem Produzenten verheiratet, der gerade dabei ist, eine Fernseh-Pilotserie für Fox mit dem Namen *South Central* zu schreiben und zu produzieren. Er bittet Jennifer, sich für die neue Serie vorzustellen und gibt ihr schließlich eine wiederkehrende Rolle: Sie spielt Lucy, eine Kassiererin in einem Co-op-Markt.
Für diese Rolle verzichtet Jennifer auf eine weitere große Herausforderung: Zur gleichen Zeit soll sie Janet Jackson als Tänzerin auf deren Tournee begleiten. Aber genau eine Woche bevor die Tour starten soll, erhält sie die ersehnte Fernsehrolle in *South Central*. Erst hofft sie, beides miteinander vereinbaren zu können, doch die eineinhalb Jahre dauernde Janet-Jackson-Tour fordert größten Einsatz von einer Tänzerin, den Jennifer zu der Zeit nicht bieten möchte. Sie entscheidet sich für die Rolle in *South Central*: »Ich wäre gestorben, wenn ich diese Rolle nicht angenommen hätte. Ich wäre wirklich gestorben.«
Die als vielversprechend und frech eingestufte Serie handelt von der alleinerziehenden Mutter Joan Moseley (gespielt von Tina Lifford), die mit ihren drei Kindern, dem fast erwachsenen Andre (Larenz Tate), ihrer Tochter Tasha (Tasha Scott) und dem sechsjährigen Pflegekind Deion (Keith Mbulo), in der Innen-

stadt von Los Angeles lebt. Joan ist seit einem Monat arbeitslos und versucht dies vor ihren Kindern geheim zu halten. Diese haben natürlich ihre ganz normalen kindertypischen Konsumwünsche, die ihre Mutter so manches Mal in Schwierigkeiten bringen. *South Central* zeigt ungewöhnlich offen die Probleme der armen Bevölkerungsschicht und die Komplexität des Familienlebens. Auch die Leistung der Schauspieler wird als sehr gut bewertet.
Die Serie wird erst 1994 im US-Fernsehen ausgestrahlt. Zu Jennifers Pech wird sie jedoch sehr schnell wieder abgesetzt. Dementsprechend wenig Möglichkeiten hat sie, sich weiter zu empfehlen.

Die zweite Chance in *Second Chances*

Dennoch bekommt sie ihre nächste Rolle, diesmal unter der Regie von Sharron Miller in der CBS-Serie *Second Chances*, in der sie an der Seite von Connie Sellecca und Megan Follows agiert. Ausgestrahlt wird die Serie bereits Ende 1993 im amerikanischen Fernsehen.
Second Chances spielt in einer kleinen kalifornischen Stadt namens Santa Rita, in der jedermann irgendwie mit jedem in Beziehung zu stehen scheint bzw. eine Affäre mit jemandem hat. Die 1955 ebenfalls in der New Yorker Bronx geborene Hauptdarstellerin Connie Sellecca ist in Deutschland durch die Fernsehserie *Hotel* (1982/83) bekannt, in der sie die Rolle der Christine Francis spielte. In *Second Chances* stellt sie die verheiratete Anwältin Dianne Benedict dar, die einen achtjährigen Sohn hat. Kompliziert wird es, als ihr ehemaliger Liebhaber Mike (Matt Salinger) in die Stadt zurückkehrt. Mike wurde gerade als verurteilter Mörder aus dem Gefängnis entlassen. Da Dianne nicht zur Verfügung steht, beginnt er sich mit ihrer Schwester Kate zu treffen.
Kate Benedict wird gespielt von Megan Follows, der 1968 geborenen Kanadierin und zweifachen Mutter, die auch in Deutschland bereits Ende der 70er Jahre als Jenny in der Kinderserie *Matt und Jenny* glänzte und sich Mitte der 80er Jahre als *Anne von Green Gables* einen bleibenden Eindruck bei den heute Dreißigjährigen verschaffte.
Ein zweiter Handlungsstrang erzählt von den Hochzeitsplänen

des vermögenden Jurastudenten Kevin Cook (Justin Lazard) und der bescheidenen Kellnerin Melinda Lopez (Jennifer Lopez), die durch den versteckten Rassismus von Cooks Eltern (Ronny Cox und Frances Lee McCain) behindert werden.
Die Anhäufung von Klischees und Zufällen in *Second Chances* vermag das Fernsehpublikum nicht zu fesseln. Auch diese Serie wird bereits nach einer Staffel wieder abgesetzt. Die Figur der Melinda Lopez jedoch ist so populär geworden, dass Regisseur Sharron Miller sie und ihre Darstellerin Jennifer Lopez einfach in seine neue Serie *Hotel Malibu* übernimmt und dort fortführt.

Lopez als Lopez im *Hotel Malibu*

Hotel Malibu ist eine klassische Seifenoper im Stile eines Sommer-Sonne-Strand-Romans und vereinigt mehrere TV-Formate: die Familiensaga, die seichte Soap-Opera und die romantische Komödie. Im Mittelpunkt steht dabei das Leben in eben jenem familiengeführten luxuriösen Hotel, das von der sowohl gebieterischen als auch herzensguten Chefin Ellie Mayfield (Joanna Cassidy) geleitet wird. Melinda Lopez (Jennifer Lopez) ist eine erst kürzlich eingestellte Hotelangestellte, die eine große ethnische Last auf ihren Schultern trägt. Als Frau und als Mexikanerin fühlt sie sich permanent diskriminiert.
Hotel Malibu ereilt das gleiche Schicksal wie die beiden anderen Serien mit Jennifer Lopez: Sie feiert keine großen Zuschauererfolge. Für Jennifer bedeutet es aber die Gelegenheit, Erfahrungen als Schauspielerin zu sammeln und sich langsam einen Namen zu machen.

Nurses on the Line oder *Abgestürzt im Dschungel*

Sie muss den Machern der Fernsehbranche positiv aufgefallen sein, denn in diesem für Jennifer so arbeitsintensiven Jahr 1993 wird sie nun auch zum ersten Mal für einen Fernsehfilm engagiert. In dem Unglücksdrama *Nurses on the Line: The Crash of Flight 7*, das in Deutschland unter dem Titel *Abgestürzt im Dschungel* zu sehen ist, spielt sie unter der Regie von Larry Shaw die heroische Krankenschwestern-Schülerin Rosie.

INHALT: Eine Gruppe von Schwesternschülerinnen (u. a. Jennifer Lopez) entscheidet sich, einige Ärzte zu einer Station im Regenwald zu begleiten, die ein paar Flugstunden von der mexikanischen Stadt Catamaco entfernt liegt. Dr. Daniel Perrin (Robert Loggia), Arzt in der Urwaldklinik Montepio in Mexiko, wartet dringend auf die Ärzte (u. a. Lindsay Wagner) und Medikamente, die mit drei Flugzeugen zu ihm unterwegs sind. Allerdings stürzt eine der Maschinen ab. Die Ärztekollegen und Krankenschwestern der anderen beiden Maschinen können die Schwerverletzten bergen. Doch die mitgebrachten Vorräte werden von einheimischen Drogendealern gestohlen und Medikamente sind nicht verfügbar. Nachmittags entscheidet sich die Gruppe, die Verletzten zum nächsten Ort mit einer ausreichenden Start- und Landebahn zu transportieren, von wo aus dann Rettung möglich wäre. Ein dramatischer Überlebenskampf beginnt …
HINTERGRUNDINFORMATIONEN: Jennifer Lopez darf in diesem Fernsehfilm neben Großen der Filmbranche spielen. Robert Loggia beispielsweise, 1930 als Sohn sizilianischer Einwanderer in New York geboren, hat eine beachtliche Filmografie aufzuweisen, die bereits 1957 beginnt. Er brilliert in legendären Filmen wie *Ein Offizier und Gentleman/An Officer and a Gentleman* (USA 1982) mit Hauptdarsteller Richard Gere, in *Die Ehre der Prizzis/Prizzi's Honor* (USA 1985) neben Jack Nicholson und Kathleen Turner, in *Bad Girls* (USA 1994) mit dem weiblichen Vierergespann Madeleine Stowe, Mary Stuart Masterson, Drew Barrymore und Andie MacDowell, in David Lynchs *Lost Highway* (USA 1997), in Roland Emmerichs *Independence Day* (USA 1996) neben Shooting Star Will Smith oder in *Fräulein Smillas Gespür für Schnee/Smilla's Sense of Snow* (USA 1996), um nur wenige Beispiele aus seiner fast 70 Filme umfassenden Schauspielerkarriere zu nennen. Neben unzähligen Gastauftritten in Fernsehserien betätigt sich der Workaholic auch als Regisseur, u. a. für zwei Folgen von *Magnum/Magnum P. I.* (USA 1980) oder für *Quincy* (USA 1976).
Die 1949 in Los Angeles geborene Lindsay Wagner hat ebenfalls eine beachtliche Filmografie aufzuweisen, allerdings ist sie vor allem im Fernsehen zu sehen. Ihre TV-Karriere beginnt, als sie 1973 einen Gastauftritt als Jaime Sommers in der Serie *Der Sechs*

Millionen Dollar Mann/The Six Million Dollar Man hat. Sie wird so populär, dass ihr und ihrer Rolle Jaime Sommers 1976 eine eigene Serie mit dem Titel *Die Sieben Millionen Dollar Frau/The Bionic Woman* auf den Leib geschrieben wird – und das, obwohl Jaime Sommers ironischerweise im *Sechs Millionen Dollar Mann* gestorben ist. Für ihre Darstellung in der Serie erhält sie den Emmy Award. Die »Queen der Fernsehfilme und Miniserien« kann zudem zwei Golden-Globe-Nominierungen und einen Cable Ace Award ihr Eigen nennen.
Regisseur Larry Shaw ist absoluter Spezialist für Fernsehfilme und -serien. In Deutschland kennt man ihn durch seine Serien wie z. B. *21 Jump Street – Tatort Klassenzimmer/21 Jump Street* (USA 1987) oder diverse Folgen von *Raumschiff Enterprise – Das nächste Jahrhundert/Star Trek: The Next Generation* (USA 1987) bzw. der Mysteryserie *Akte X/The X Files* (USA 1993). Ansonsten führt Shaw in zahlreichen Fernsehfilmen Regie, die auch in Deutschland ausgestrahlt werden, meist unter dramatischen Titeln wie *Skalpell des Schreckens/Donor* (USA 1990), *Brutale Exzesse – Skandal in der Navy/No One Could Protect Her* (USA 1996) oder zuletzt *Schau nie nach unten! Die Angst am Abgrund/Don't Look Down* (USA 1998).

Mit Janet Jackson vor der Kamera

Zwischen ihren Auftritten in den genannten Serien und dem Fernsehfilm *Abgestürzt im Dschungel* erhält Jennifer Lopez 1993 die einmalige Gelegenheit, für kurze Zeit mit Janet Jackson zusammenzuarbeiten. Im Frühjahr 1993 erscheint ein neues Album des Superstars, schlicht *Janet* genannt. Vorab wird aus dieser CD als erste Single der Hit *That's The Way Love Goes* ausgekoppelt. Mit der erotischen Soulballade steht die jüngere Schwester von Michael Jackson im Mai wieder einmal auf Rang eins der US-Charts (D Nr. 9).
Im Video zu diesem Song spielt auch Jennifer Lopez eine kleine Rolle. Zu sehen ist zu Beginn des Clips eine Gruppe junger Frauen, die Freundinnen von Janet Jackson spielen. Sie unterhalten sich über Liebe und Männer. Das Ganze spielt sich in einem großzügig eingerichteten Wohnzimmer ab. Janet Jackson geht

zur Stereoanlange, das Intro zu *That's The Way Love Goes* erklingt. Janet singt ihren Song, während ihre Freundinnen um sie herum Spaß haben und tanzen, teilweise mit einem Tanzpartner. Jennifer Lopez tanzt mit ihrem Partner zu den Rhythmen des Songs oder lehnt mit zwei anderen Schauspielerinnen am Sofa, in dem Janet Jackson liegt.
Für einen Großteil der heute renommierten Hollywood-Schauspieler waren Haupt- oder Gastrollen in Fernsehserien, TV-Movies, Videoclips oder Werbespots oft das Sprungbrett zur großen Karriere. Nachdem Jennifer Lopez nun ihre Lehrjahre mit Bravour hinter sich gebracht hat, öffnet sich 1994/95 eine neue Tür: Sie erhält ihre erste Rolle in einem Kinofilm.

3. Zwischen Mexiko und L. A.

Leinwanddebüt in *Meine Familie*

»Meine Familie *ist ein Film über Latinos, der nur mit Latinos besetzt wurde. Das beweist, dass wir in der Lage sind, unsere eigenen Geschichten zu erzählen.*«

DAS LATINO-MAGAZIN *HISPANIC* IM MAI 1995

INHALT: Der Film *Meine Familie/My Family/Mi familia* erzählt die Chronik der Immigrantenfamilie Sanchez von den 20er Jahren bis zu den ausgehenden 80er Jahren des 20. Jahrhunderts. Am Anfang steht José Sanchez (Jacob Vargas; als Erwachsener von Eduardo López Rojas gespielt), der ohne Eltern in der westmexikanischen Provinz Michoacán aufwächst. Er hat nur noch einen entfernten alten Verwandten, der lange Zeit als verschollen galt. Dieser Verwandte lebt in Los Angeles. Josés Weg nach Kalifornien ist beschwerlich. Vorsichtig und fast schon naiv überquert José zu Fuß den schmalen Grenzstreifen zwischen Mexiko und den USA. Seit den 20er Jahren stellt das kein Problem mehr dar, weil zu dieser Zeit die Grenze zwischen Mexiko und den USA geöffnet wurde. Etwa 1000 Meilen hat er vor sich. Für die Reise veranschlagt José eigentlich nur zwei bis drei Wochen, aus denen dann fast ein ganzes Jahr wird. Sanchez' Verwandter, der alte »El Californio« (León Singer) lebt im Stadtteil East Los Angeles. El Californios Name stammt noch aus der Zeit, als Kalifornien mexikanische Provinz war (am 9. September 1850 trat Kalifornien mit seiner späteren Hauptstadt Sacramento als 31. Bundesstaat den USA bei). El Californio fühlt sich nach wie vor als Mexikaner. Auf seinem Grabstein soll später stehen: »Wo ich liege, ist *immer* Mexiko.«

Einmal in L. A. angekommen, plant José dort zu bleiben und sucht sich eine Anstellung. Die findet er im Nobelvorort Beverly Hills, bei den »Anglos«, wie die neureichen weißen US-Amerikaner von den Latinos genannt werden, und arbeitet als Gärtner. Während seiner Arbeit lernt er seine Ehefrau in spe, die junge

María (Jennifer Lopez, als Erwachsene von Jenny Gago gespielt), kennen und lieben. Die gebürtige Mexikanerin María arbeitet als Kinderschwester. Die beiden heiraten recht schnell und ziehen in El Californios Haus ein, das sich unter einer Brücke an einer schmutzigen Straße befindet, die in der Realität immer noch existiert.

Im Lauf der Zeit wird das Haus zum Symbol für die Veränderungen, die die Familie Sanchez in den nächsten Generationen durchmacht. So bekommt es einen neuen Anstrich, neue Fenster, neue Zimmer und einen Gartenzaun. Schon bald wird Sohn Paco (Edward James Olmos*) geboren, das erste von sechs Kindern der Sanchez-Familie; zweites Kind ist wenig später Tochter Irene (Lupe Ontiveros). Marías dritte Schwangerschaft steht unter keinen guten Vorzeichen. Sie wird Opfer der schwersten Wirtschaftskrise, die die USA je gekannt haben. Der berüchtigte »Schwarze Freitag« am 25. Oktober 1929 an der Wall Street mit dem Einbruch des Aktienmarktes stürzt Amerika in eine heftige Depression, die vor allem die frühen 30er Jahre dominieren wird. Eine hohe Massenarbeitslosigkeit ist die Folge. 1932 weiß sich die Regierung nicht mehr anders zu helfen, als die in Kalifornien lebenden mexikanischstämmigen Bürger zurück in ihre Heimat zu deportieren. So wurde zu jener Zeit mit Zehntausenden so genannter Mexiko-Amerikaner verfahren.

Dieses Schicksal trifft auch die schwangere María. Ein Großteil der Deportierten waren wie María auch US-Bürger. María ergibt sich aber nicht ihrem Schicksal und kämpft um ihr Glück und ihre Familie. Sie flieht gemeinsam mit dem mittlerweile entbundenen dritten Kind Chucho (Esai Morales) zurück nach Kalifornien – eine Flucht, die mit vielen Gefahren verbunden ist. Beinahe wäre sie in den Fluten des Rio Grande ertrunken. Zwei Jahre ist María auf der Flucht, bis sie endlich zu ihrer Familie zurückkehren kann, mit ihrem Baby im Arm.

Die Geschichte der Sanchez' setzt sich fort von den 30er Jahren bis in die 50er Jahre. José bewirtschaftet mittlerweile sein eigenes

---

* An dieser Stelle und später werden nur die Schauspieler der »erwachsenen« Kinder genannt. Es gab jeweils Akteure, die die Kinder auch als Baby bzw. Jugendliche gespielt haben. Deren Namen sind in der Filmografie nachzulesen.

Maisfeld, um den Familienunterhalt zu sichern. Lebendig und packend wird nun die Geschichte der Familie weitererzählt. Immer im Mittelpunkt stehen die mittlerweile sechs Kinder der Familie Sanchez. In chronologischer Reihenfolge werden nach Paco, Irene und Chucho noch Tochter Toni (Constance Marie) sowie die Söhne Memo (Enrique Castillo) und (Little) Jimmy (Jimmy Smits) geboren. Eine sechste Schwangerschaft war eigentlich gar nicht geplant; so kommt Jimmy als »Überraschung« auf die Welt.

Die Kinder schlagen die unterschiedlichsten Richtungen ein. Paco will sich als Schriftsteller etablieren, Irene heiratet und wird Hausfrau. Chucho entwickelt sich zum rebellischen Teenager, der zwischen den amerikanischen Werten und den Traditionen des mexikanischen Erbes hin- und hergerissen ist. Die Werte seiner Familie lehnt er ab. Ausgerechnet am Hochzeitstag seiner Schwester Irene wird Chucho im Rahmen eines Bandenkrieges im Kugelhagel der Polizei getötet. Dies bekommt Nesthäkchen Jimmy mit eigenen Augen mit. Die Ermordung seines Bruders wird zu einem schweren Trauma für den jungen Jimmy, das ihn sein Leben lang nicht mehr loslässt. Für Jimmy ist Chucho immer das große Vorbild gewesen; seit der Ermordung bekommt auch Jimmy sein Leben nicht mehr in den Griff und gerät auf die schiefe Bahn.

Ganz andere Wege beschreiten hingegen Toni und Memo. Toni schließt sich einem Orden an und missioniert als Nonne in Südafrika. Dort lernt sie einen jungen Priester kennen, mit dem sie eine Beziehung eingeht. Beide müssen sich gegen ihre Berufung entscheiden und heiraten schließlich. Doch ihre sozialpolitische Ader lässt Toni nicht los. Die Handlung spielt mittlerweile in den 80er Jahren. In L. A. wird Toni zu einer politischen Aktivistin, die unter anderem dafür sorgt, dass ihr Bruder Jimmy die von der Deportation nach El Salvador bedrohte Immigrantin Isabel (Elpidia Carrillo) heiratet, um deren Abschiebung zu verhindern. Isabel droht in El Salvador die Todesstrafe, weil sie staatsfeindlich gehandelt haben soll. Für Jimmy ist diese Beziehung anfänglich nichts weiter als eine reine Konvenienzbeziehung. Er geht davon aus, sich so schnell wie möglich wieder scheiden zu lassen. So verzichtet Jimmy darauf, die Braut bei der Hochzeit zu küssen. Stattdessen murmelt er seiner Schwester Toni zu: »Du schuldest mir noch etwas.« Für seine Partnerin Isabel bedeutet die Ehe nach wie vor etwas Heiliges – etwas, das es zu pflegen und zu ehren gilt. So entwickelt sich aus der anfänglichen Zweckgemeinschaft tatsächlich bald eine liebevolle und leidenschaftliche Ehe, in der Isabel und Jimmy gemeinsam die Höhen und Tiefen des Lebens meistern.

Für Jimmy ist das unerwartete Liebesglück der Weg aus seiner Isolation und seinen Traumata, die ihn seit dem Tod des von ihm verehrten Bruders Chucho verfolgten. Jimmy widersetzte sich, wie damals Chucho, gegen das politische System und wollte sich nicht in die traditionellen Gesellschaftsmuster einfügen. So begeht Jimmy unter anderem einen Raubüberfall, der ihn ins Gefängnis bringt. Kurz nach seiner Entlassung kommt es zu dem erfolgreichen Verkuppelungsversuch von Schwester Toni. Die Ehe zu Isabel markiert den Neuanfang für das Leben Jimmys, dem einstigen schwarzen Schaf der Familie.

Zu erwähnen ist schließlich noch Memo, der ganz andere Ambitionen und Vorstellungen vom Leben hat. Zielstrebig peilt er die große Karriere an und immatrikuliert sich an der renommierten University of California Los Angeles (UCLA), um Jura zu studieren. Nach Abschluss seines Studiums wird Memo ein erfolgreicher Anwalt, der entsprechend standesgemäß in eine neureiche Familie einheiratet. Er heiratet keine Frau aus einer Latino-Familie, sondern eine aus einer Anglo-Familie, die übrigens eine blonde Haarfarbe hat und somit die Loslösung Memos von den Latino-Wurzeln versinnbildlicht.

Ganz gleich, was in den hier porträtierten sechzig Jahren der Familie Sanchez auch passiert, der familiäre Zusammenhalt ist sehr stark. Über allem stehen María und José, die immer füreinander und für ihre Kinder da sind.

Erzählt wird die Familiensaga vom ältesten Sohn des Ehepaars Sanchez, Paco, der als Schriftsteller sein Geld verdient. Paco kommentiert die Entwicklungsgeschichte der Familie von den Anfängen in den 20er Jahren bis heute. Immer wieder bringt er als Rahmenhandlung sowohl seine als auch die Gefühle seiner Familie zum Ausdruck und reichert die Familienchronik mit kleineren Anekdoten an.

East Los Angeles

Was in New York die Bronx ist, ist in Los Angeles das gigantische East Los Angeles, mit dem wesentlichen Unterschied, dass das Reich der Latinos an der Westküste bedeutend glamouröser ist als das an der Ostküste. Hier siedelten und siedeln sich seit Ende des 19. Jahrhunderts legale und illegale Immigranten aus den zentralamerikanischen Staaten, vor allem aber aus Mexiko an.

Mit ca. 1,5 Millionen Einwohnern – Tendenz steigend – stellen die Latinos die größte ethnische Gruppe der Megastadt mit ihren insgesamt 15 Millionen Einwohnern. Die Schwarzenviertel Watts, Compton und South Gate haben gerade mal halb so viele Einwohner wie East L. A.; im ganzen Stadtteil wird ausschließlich Spanisch gesprochen, auch die angrenzenden Stadtteile Hollywood und Downtown L. A. werden immer mehr von den Chicanos, den mexikanischstämmigen Latinos, vereinnahmt.

Im August 2000 überrascht die *Los Angeles Times* ihre Leser mit der Mitteilung, dass sich die weißen Amerikaner in L. A. mittlerweile in der Minderheit befinden!

Bis in die 60er Jahre wurde die mexikanische Kultur systematisch von den Behörden unterdrückt; erst unter dem Druck der ansteigenden Latino-Bevölkerung konnten selbst konservative Politiker ihre Augen nicht mehr verschließen. Stolz und selbstbewusst prägen die Chicanos das Bild des östlichen Stadtteils.

Längst sind Straßen- und Ortsschilder, Formulare oder Wahlzettel zweisprachig, es erscheinen spanischsprachige Zeitungen und Bücher, Rundfunksender übertragen ihr Programm in spanischer Sprache, es gibt spanischsprachige Theatergruppen und so weiter.

Dieses Selbstbewusstsein und der Stolz auf die hispanischen Wurzeln, der sich in den vergangenen Jahrzehnten in East L. A. entwickelt hat, wird auch in *Meine Familie* zum Ausdruck gebracht. Somit steht die Saga stellvertretend für unzählige Familien mit vergleichbaren Schicksalen.

HINTERGRUNDINFORMATIONEN: Als 1995 die Generationensaga *Meine Familie* in den USA in die Kinos kommt, ist von dem so genannten Latino-Boom noch nichts zu spüren. Noch erkennt niemand, in Hollywood schon gar nicht, welches Potenzial sich hinter Geschichten verbirgt, die sich mit der lateinamerikanischen Minderheit in den USA beschäftigen. Familienchroniken erfreuten sich zwar schon immer größter Beliebtheit beim Publikum – man denke nur an das Bürgerkriegsmelodram *Fackeln im Sturm/North and South* (USA 1985/86) oder die Isabel-Allende-Verfilmung *Das Geisterhaus* (D/DK/POR 1993) –, doch bei *Meine Familie* ist alles ganz anders.

Zum ersten Mal setzt sich ein abendfüllender Spielfilm intensiv mit den Problemen und Freuden einer Einwandererfamilie lateinamerikanischen Ursprungs auseinander. Damit die Umsetzung möglichst authentisch gelingt, geht Regisseur Gregory Nava das Risiko ein und organisiert einen Mitarbeiterstamm, der sich ausschließlich aus Latinos zusammensetzt. Für die Realisierung des Films bedeutet dies lange Zeit ein kaum zu überwindendes Hindernis, da keines der großen Hollywood-Produktionsstudios auch nur einen Cent für einen reinen Latino-Film ausgeben möchte. Über vier Jahre dauern die Verhandlungen, bis schließlich kein Geringerer als der renommierte Francis Ford Coppola als ausführender Produzent mit seiner Produktionsfirma Zoetrope die Herstellung des Films sichert.

New Line Cinema ist für den Vertrieb verantwortlich. Insgesamt stehen 5,5 Millionen Dollar an Budget zur Verfügung. Für ein Projekt, wie es *Meine Familie* werden soll, ein äußerst schmaler Etat. Aufgrund der geringen finanziellen Mittel verzichten alle Schauspieler auf einen Großteil ihrer Gage zugunsten dieses einzigartigen Filmprojektes. Bei anderen Produktionen hätten die Akteure sicherlich ein Vielfaches verdienen können, doch bei *Meine Familie* geht es den Beteiligten auch um die Ehre, um die Möglichkeit, die Latino-Mentalität einem breiten Publikum näher zu bringen. Die Gelder können so besser für Aufnahmetechniken, Kulissen oder Spezialeffekte ausgegeben werden. Von Mai bis Juli 1994 wird dann in Los Angeles und in dem Bundesstaat Michoacán in Westmexiko am Pazifik die Saga gedreht.

Meine Familie ist vor allem eines: das Lebenswerk des in San

Eine kleine Porträt-Galerie (mit unterschiedlichen Frisuren …)

Diego, Kalifornien, geborenen Latino-Regisseurs Gregory Nava. Beide Eltern stammen aus Mexiko. Ein Großteil von Navas Verwandten lebt in Tijuana. Nava besucht wie Starregisseur Coppola die Filmschule an der University of California in Los Angeles, wo er bereits Kurzfilme dreht, die ihm kleine Achtungserfolge bescheren. 1975 heiratet Nava die in Stuttgart geborene Anna Thomas, mit der er 1983 für das Aufsehen erregende Drama *El Norte* (englischer Alternativtitel: *The North*) gemeinsam das Drehbuch schreibt. Nava führt darüber hinaus Regie in dem Drama, in dem zwei Geschwister nach der Ermordung ihres Vaters durch das Militär ihre Heimat Guatemala verlassen und nach Kalifornien emigrieren, um dort ein neues Leben zu beginnen. *El Norte* beschäftigt sich mit dem kompromisslosen Vorgehen der US-Behörden gegen illegale Einwanderer. Navas und Thomas' Film wurde 1984 für das beste Originaldrehbuch für einen Oscar nominiert.

1988 entsteht ein weiterer Spielfilm unter Navas Regie, *Zeit des Schicksals/A Time of Destiny* mit William Hurt und Timothy Hutton. Bis dann schließlich Navas dritter Spielfilm *Meine Familie* entstehen kann, bedarf es umfangreicher Vorbereitungen. Ein Jahr nach *Meine Familie* dreht Gregory Nava den ebenfalls mit Jennifer Lopez besetzten Musikfilm *Selena – Ein amerikanischer Traum/Selena*, auf den hier in einem gesonderten Kapitel eingegangen wird.
Musik steht auch in Navas bislang letzter Regiearbeit im Mittelpunkt: *Why Do Fools Fall in Love* (USA 1998). Halle Berry und Vivica A. Fox spielen die Hauptrollen in dem Porträt um den Sänger Frankie Lymon, der in den 50er Jahren seine Karriere von der Bronx aus startete und mit dem Evergreen *Why Do Fools Fall In Love* 1956 einen weltweiten Hit hatte (USA Nr. 6, GB Nr. 1), gemeinsam mit seiner Begleitband »The Teenagers«. 1968 starb Lymon, der insgesamt dreimal verheiratet war, mit nur 25 Jahren an einer Überdosis Heroin. Nava zeichnet den steilen Auf- und Abstieg Lymons filmisch nach. Dieser durchaus

bewegende Musikfilm über den jungen Musiker mit lateinamerikanischen Wurzeln kommt bedauerlicherweise nie in die deutschen Kinos; bislang ist er noch nicht einmal auf Video oder DVD erhältlich.

Ein Schicksal, das übrigens alle Nava-Filme in Deutschland teilen. Weder *El Norte* noch *Meine Familie* haben es bisher geschafft, in die deutschen Lichtspielhäuser zu kommen. *El Norte* wird dem deutschen Publikum trotz seines USA-Erfolges erst im Januar 1992 zugänglich gemacht, als der WDR den Film zum ersten Mal ausstrahlt. *Meine Familie* soll ursprünglich im Sommer 1996 in die Kinos kommen. Da sich jedoch kein Verleih findet, erscheint der Film 1996 nur als Videokassette. Der Film besitzt sogar mehrere Alternativtitel: *My Family, Mi familia*, *Cafe con leche* oder *Meine Familie. Meine Familie* scheint der in Deutschland gebräuchlichste Titel für Navas Film zu sein, daher wird diesem im Text der Vorzug gegeben. Auch in Großbritannien gibt es für *Meine Familie* diverse Alternativtitel. *My Family* tauchte ebenso auf wie *Cafe con leche* oder die Videovariante *East L. A.* Diese Titeldiskussion ist das betrübliche Zeichen dafür, wie schwer es nach wie vor ausländische Independent-Filme haben, einen Verleih und damit ein Publikum zu finden – ein weiteres Indiz für die Übermacht der großen Hollywood-Produktionen und die geringe Risikobereitschaft von Kinobetreibern und Verleihern, vermehrt kleineren Produktionen eine Chance zu geben. Was den schwarzen Kulturschaffenden in den USA durch ihre landesweiten Netzwerke gelang, fehlte den Latinos bislang. Viele Latinos versuchen sich allein oder wenigstens mit einigen wenigen Kollegen und Freunden über Wasser zu halten. Damit Latinos eine Anlaufstelle haben, schließen sich einige renommierte Schauspieler und Regisseure zu einem kleinen Hollywood-Club zusammen. Ziel ist es, Gleichgesinnten der hispanischen Minderheit Wege zu ermöglichen, ihre Karriere zu forcieren. Neben Gregory Nava gehören diesem Club Regisseure wie Luis Valdez *(La bamba)*, Edward James Olmos *(American Me)* oder Robert Rodriguez *(From Dusk Till Dawn)* an.

Im Zuge des seit 1999 weltweit zunehmenden Interesses an der Latino-Kultur hätte ein Film wie *Meine Familie* durchaus eine Renaissance verdient und würde gewiss heutzutage sein Publikum finden. Vielleicht könnte er ein ähnlicher Überraschungserfolg wie die 1999er Wim-Wenders-Produktion *Buena Vista Social Club* werden.

Meine Familie ist ein Film, dem anzusehen ist, dass alle Beteiligten ihr Herzblut und ihre Leidenschaft gegeben haben. Dies ist nicht weiter erstaunlich, denn schließlich werden sie mit Gregory Nava von einem Regisseur geführt, der Latino mit Leib und Seele ist, dessen Herz für die Kultur der Azteken und Mayas schlägt und der den Schriftsteller Gabriel García Marquez und die lateinamerikanische Musik verehrt.

In zahlreichen Interviews anlässlich des Filmstarts seiner Familiensaga äußert Nava sich über die Bedeutung der Familie als Zentrum des lateinamerikanischen Zusammenlebens. So gilt es, in dem Film diese Gesellschaftsform angemessen zu würdigen und gleichzeitig ein Defizit aufzuarbeiten: »Die amerikanischen Filme und das Fernsehen haben uns unserer Familien und unserer Kultur beraubt. Ohne die Familie kann niemand verstehen, wie wir wirklich sind. Sieht man einen Latino [im Kino], dann ist er immer Mitglied einer Gang und hat mit Drogen zu tun. Eine Frau ist entweder ein Hausmädchen oder eine Prostituierte.« Mit diesen Vorurteilen galt es aufzuräumen.

Dabei ist es nicht Navas Absicht, die Sanchez-Familie in irgendeiner Form zu idealisieren. Auch falsche Sentimentalität wäre fehl am Platz. Der Regisseur möchte vielmehr ein relativ realistisches Bild von einer Familie zeichnen in dem jeweiligen Umfeld der unterschiedlichen Zeitetappen. Nicht alles ist eitel Sonnenschein. Bandenkriege, Rassendiskriminierungen und Probleme mit der einsetzenden Urbanisierung Anfang der 50er Jahre werden ebenso thematisiert wie die heiteren und schönen Seiten des Familienlebens. Nava lehnt es ab, »politisch korrekt« zu arbeiten, dabei käme doch viel zu viel Stuss heraus (O-Ton Nava). Er prangert auch das Rechtssystem Kaliforniens an. So soll angeblich gegen Latinos und Afroamerikaner rigoroser vorgegangen werden als gegen weiße US-Bürger. Auch Navas eigener biografischer Hintergrund spiegelt sich in *Meine Familie* wider. So waren seine Verwandten seit Öffnung der Grenzen in den 20er Jahren Grenzgänger zwischen Kalifornien und Mexiko. Immer wieder pendelten Nava und seine Familie zwischen den unterschiedlichen Kulturen hin und her. Vor diesen Hintergründen beginnen bereits Ende der 80er Jahre die Arbeiten zu *Meine Familie*. Um ein überzeugendes Drehbuch erstellen zu können, recherchieren Anna Thomas und Gregory Nava direkt vor Ort. Sie führen fast sechs Jahre lang Interviews mit mehreren hundert Familien in East Los Angeles und machen sich gleichzeitig ein Bild von ihren aktuellen Lebensumständen, ihren Wünschen und ihren Schicksalen. Zu dieser Zeit steht noch lange nicht fest, dass Francis Ford Coppola einmal diesen Film produzieren wird. Als das Skript 1994 fertig gestellt ist und keine Gelder zu bekommen sind, schicken es Nava und Thomas unter anderem an den großen Coppola, der wider Erwarten prompt reagiert und seine Mitarbeit als ausführender Produzent ankündigt. Die Dreharbeiten können beginnen. »Er [Coppola] liebte das Skript«, erinnert sich Nava. »Er schickte mir am ersten Drehtag ein Telegramm mit den allerbesten Wünschen; doch vor allem sagte er, er würde hoffen, dass ich den Film machen würde, den ich machen möchte. Na, das ist doch ein fantastischer Produzent, der den Leuten freie Hand lässt, die Filme zu drehen, die sie machen möchten. So entstehen die besten Filme.«

Coppola setzt große Stücke auf den Regisseur: »Greg Nava ist wirklich ein talentierter Künstler. *Meine Familie* wird endlich den engen Rahmen sprengen, in den viele ›Marketingexperten‹ Latino-Projekte hineinpressen.« Nava bedankt sich bei Coppola auf eine ganz besondere Art. Die Hochzeitsszene in *Meine Familie* ist eine Hommage an Coppolas Meisterwerk *Der Pate/The Godfather* (USA 1972), einem der vielleicht besten amerikanischen Filme aller Zeiten. Die Parallelen zu der entsprechenden Szene in *Der Pate* sind nicht zu übersehen.

Dem Regisseur geht es auch darum, die Latinos im Wandel der Zeit zu präsentieren. Noch in den 50er und 60er Jahren sind die Latinos diejenigen, die die Jobs machen, für die sich viele weiße Amerikaner zu schade sind. Sie arbeiten als Tellerwäscher, Kanal- oder Müllarbeiter. Memo Sanchez beweist in *Meine Familie*, dass es auch anders geht, in dem er seinen Weg einschlägt und Anwalt wird.

Für die Atmosphäre des Films ist die Farbgebung von entscheidender Bedeutung. Jede Station sollte in unterschiedliche Farbtöne getaucht sein. Großen Einfluss auf die Farbgestaltung hat die Chicano-Künstlerin Patssi Valdez. Als Nava in der Daniel Saxon Gallery in L. A. eine Ausstellung von Valdez besucht, ist er von den lebendigen halluzinatorischen Farben ihrer Gemälde derart begeistert, dass er sie im Rahmen der Preproduction-Phase einlädt, sich mit dem Art-Director Barry Robinson zusammenzutun, um die Farbgebung von *Meine Familie* mitzugestalten. So kommt es, dass die Szenen, die in den 50er und 80er Jahren spielen, der lebhaften Farbgebung Valdez' entsprechen. Er möchte die Gemälde von Patssi Valdez möglichst lebendig filmisch umsetzen; das gilt sowohl für die Kulissen, für die Kleidung als auch für das Make-up. Nur die 20er Jahre sind noch nicht von der Valdez-Farbgebung bestimmt. Hier dominieren Erdfarbtöne, weil diese eher der Folklorekunst der Michoacáns entsprechen.

Über die Mitarbeit in *Meine Familie* erzählt Patssi Valdez: »Ich wuchs in den 50er Jahren in East L. A. auf, in einer Welt, die ich also gut kenne. Greg sagte mir, dass ihn am meisten faszinierte, dass man anhand meiner Bilder sehen konnte, wie das Licht durch die Fenster in die Räume kommt … Er sprach von einer intensiven emotionalen Interpretation von Licht.«

Auf der Leinwand sieht dieser Effekt dann wie folgt aus: Der Sprung von den 20er zu den 50er Jahren wird durch die Farbgebung demonstriert. Alles erscheint auf einmal heller, strahlender und zugleich ein wenig unschuldig und verspielt. Je mehr sich die Geschichte entwickelt und je intensiver die Handlung wird, desto heller und kräftiger werden die Farben.

Gregory Nava versammelt für sein Familienepos die Crème de la Crème der lateinamerikanischen Schauspieler vor der Kamera. Um für *Meine Familie* infrage zu kommen, müssen die Akteure vor allem eins können: Spanisch bzw. mit spanischem Akzent sprechen. Außerdem müssen sie sich mit der hispanischen Kultur identifizieren können. Kurz und gut: Sie müssen Latinos sein. Auf diese Art wird ein glaubwürdiges und überzeugendes Schauspielerensemble für Navas Epos zusammengestellt. »Ich möchte meinen Schauspielern all das nicht beibringen müssen. Natürlich ist es möglich, dass Schauspieler sich das antrainieren können, doch das sollte die Ausnahme sein«, so Nava.

Da sich die Saga über sechs Jahrzehnte erstreckt, ist es notwendig, die Rollen jeweils dem Alter entsprechend mit unterschiedlichen Charakteren zu besetzen. So werden die Sanchez-Kinder gleich von drei Schauspieler/innen dargestellt: als Kinder, Jugendliche und Erwachsene. Die folgende Aufstellung soll einen Überblick über die Charaktere und ihre Darsteller geben. Dabei werden aus Gründen der Übersicht bei den Darstellern der Sanchez-Kinder immer die »erwachsenen« Darsteller genannt, da diese im Mittelpunkt des Films stehen.

Die Nava-Sanchez-Familie

JOSÉ SANCHEZ

Als Jugendlicher (in den 20er Jahren) dargestellt von JACOB VARGAS. Vargas gilt als einer der bekanntesten Latino-Schauspieler Hollywoods. Neben einigen TV-Rollen und Independent-Filmen ist er auch in diversen größeren Produktionen zu sehen, die ihn nicht auf Latino-Rollen festlegen. Eine Auswahl seiner Filmografie: *Little Nikita* (USA 1986); *Gas Food Lodging* (GB 1992); *Crimson Tide* (USA 1995); *Schnappt Shorty/Get Shorty* (USA 1995) und zuletzt *Hi-Lo Country/The Hi-Lo Country* (USA 1998). Hier spielt er unter der Regie von Stephen Frears an der Seite von Woody Harrelson und Patricia Arquette in einem satirischen Westerndrama eine Nebenrolle. Ebenfalls zu sehen: Latino-Kollege → ENRIQUE CASTILLO und die Spanierin Penélope Cruz. Vargas spielt 1997 auch in der Nava-Verfilmung *Selena – Ein amerikanischer Traum* neben Jennifer Lopez eine tragende Rolle. Der erwachsene José Sanchez (50er bis 80er Jahre) wird von EDUARDO LÓPEZ ROJAS gespielt (* 1932; † 1999 an Diabetes). Rojas spielt in zahlreichen lateinamerikanischen Kino- und Fernsehfilmen die unterschiedlichsten Rollen.

MARÍA SANCHEZ

Die junge María Sanchez zu Beginn von *Meine Familie* wird von JENNIFER LOPEZ gespielt. Auf ihre Rolle wird im Anschluss an diese Aufstellung noch detaillierter eingegangen. Die María Sanchez ab den 50er Jahren bis zum Schluss des Films verkörpert die 1953 in Peru geborene JENNY GAGO. Die in Lateinamerika bekannte Darstellerin ist bislang nur in wenigen Hollywood-Produktionen zu sehen gewesen. Nebenrollen hat sie u. a. 1984 in *Ein Single kommt selten allein/The Lonely Guy* (Hauptrolle: Steve Martin) und 1989 in *Old Gringo*. Außerdem spielt sie in der TV-Serie *Alien Nation* mit.

PACO SANCHEZ → DER SCHRIFTSTELLER
Die Rolle des Erzählers Paco ist die eigentliche Hauptrolle von *Meine Familie* und wird von EDWARD JAMES OLMOS dargestellt. Olmos ist von Haus aus ein Multitalent. Ob Baseball, Rockmusik oder Schauspielerei, ihm liegt alles im Blut. Anfang der 80er Jahre geht er konsequent seinen Weg als Schauspieler, der ihn zu einem begehrten Auftritt in der TV-Serie *Miami Vice* (USA 1984–1989) führt. Er wird in der Rolle des Ltd. Martin Castillo auch dem deutschen Publikum ein Begriff. Zahlreiche TV-Rollen folgen. In letzter Zeit war Olmos in einigen hochkarätigen Filmen zu sehen. In dem Film *Selena* (1997) spielt er neben Jennifer Lopez die männliche Hauptrolle, in dem er den Vater der Tejano-Sängerin mimt. Ebenfalls 1997 ist er an der Seite von Andy Garcia, Jeroen Krabbé und Latino-Kollege → ESAI MORALES in dem spannenden Thriller *Lorca – Mord an der Freiheit/The Disappearance of Lorca* (Spanien/Puerto Rico) zu sehen. 1997 wird auch für das amerikanische Fernsehen Reginald Roses Theaterstück *Die zwölf Geschworenen/Twelve Angry Men* neu verfilmt. Diese begeistert gefeierte Adaption führt neben Armin Mueller-Stahl und George C. Scott auch Olmos auf der Besetzungsliste, der hier den Geschworenen Nr. 11 spielt. Vincent D'Onofrio und Donnie Wahlberg sind Olmos' Partner in dem Thriller *Pelham Pay Back/Taking of Pelham One Two Three* (USA 1998). Auch als Regisseur macht Olmos von sich reden. Sein umjubeltes Werk *American Me* (USA 1992) über die Bandenkriege der Latinos in den USA gilt als einer der kritischsten Filme der letzten zehn Jahre.

IRENE SANCHEZ → HAUSFRAU UND MUTTER
Die zweitälteste im Bunde der Sanchez-Familie wird von LUPE ONTIVEROS dargestellt. Lupe ist Gründungsmitglied der »Latino Theatre Company« in L. A.; ihre große Leidenschaft gilt

eher der Bühne als dem Film. Dennoch steigt sie Anfang der 80er Jahre ins Filmgeschäft ein. Eine ihrer ersten Rollen spielt sie in dem Einwandererdrama *Grenzpatrouille/The Border* (USA 1982, mit Jack Nicholson und Harvey Keitel). Größere Rollen hat sie in lateinamerikanischen Filmen. Nebenrollen bekommt sie z. B. in dem Fantasyfilm *Die Goonies/The Goonies* (USA 1985), in dem Krimi *Der Mörder mit dem Rosenkranz/The Rosary Murders* (USA 1987, Verfilmung eines Elmore-Leonard-Romans mit Donald Sutherland), in dem dumpfen Actionfilm *Universal Soldier* (USA 1990, mit Jean-Claude van Damme) oder in der rabenschwarzen, Oscar-prämierten Komödie *Besser geht's nicht/As Good As It Gets* als Nora an der Seite von Jack Nicholson (USA 1997).

Gregory Nava holt sie insgesamt dreimal vor die Kamera. 1983 spielt sie eine tragende Rolle in *El Norte*, 1995 in *Meine Familie* und 1997 in *Selena*. 2000 dreht sie mit anderen Latino-Kollegen zwei Filme. In der Komödie *Tortilla Heaven* agiert sie mit → ELPIDIA CARRILLO und in der Woody-Allen-Verfilmung *Picking Up the Pieces* mit ENRIQUE CASTILLO; in weiteren Rollen sind hier noch Lou Diamond Phillips und Kiefer Sutherland zu sehen.

CHUCHO SANCHEZ → STRASSENKIND

ESAI MORALES (* 1962 in Brooklyn, New York) spielt die tragische Figur des dritten Sanchez-Kindes Chucho. Seine wichtigste Filmrolle hat Morales 1987 in dem Film *La bamba* über den Texano-Musiker Ritchie Valens. Hier spielt er Valens' Halbbruder Bob. Den Musiker Valens mimt Lou Diamond Phillips. Zusammen mit → EDWARD JAMES OLMOS ist Morales 1997 in dem Film *Lorca – Mord an der Freiheit/The Disappearance of Lorca* (Spanien/Puerto Rico) zu sehen.

TONI SANCHEZ → NONNE UND AKTIVISTIN

Die Tochter Toni Sanchez wird von der erfolgreichen Seriendarstellerin Constance Marie verkörpert. Vor allem in den 80er Jahren ist Marie in erfolgreichen Fernsehserien zu sehen, die auch hierzulande bekannt sind. In der Serienfortsetzung des Filmhits *Dirty Dancing* spielt sie 1988 die Rolle der Tänzerin Penny. Dann ist sie in der Soap-Opera *Santa Barbara* zu sehen. Zuletzt sieht man sie in dem Thriller *The Last Marshal* (USA 1998). Ansonsten spielt sie in verschiedenen Produktionen aus dem lateinamerikanischen Raum mit. Marie ist ebenfalls bei *Selena* mit von der Partie.

MEMO SANCHEZ → ANWALT
ENRIQUE CASTILLO ist der Darsteller des Memo. Sein Debüt gibt Castillo 1980 mit *Der Grenzwolf/Borderline*, einem Actionfilm mit Charles Bronson in der Titelrolle. Noch im gleichen Jahr treffen Gregory Nava und Castillo für *El Norte* zum ersten Mal zusammen. Es folgen weitere Rollen in lateinamerikanischen Produktionen oder amerikanischen TV-Serien, bis Castillo 1995 in der Oliver-Stone-Verfilmung *Nixon* zum ersten Mal in einem Blockbuster mitspielt. Eine Nebenrolle hat Castillo in Tim Burtons starbesetzer Science-Fiction-Parodie *Mars Attacks!* (USA 1996, u. a. mit Jack Nicholson, Pierce Brosnan, Annette Bening, Glenn Close, Danny DeVito, Michael J. Fox, Tom Jones und Natalie Portman).
In *Hi-Lo Country* steht Castillo 1998 mit → JACOB VARGAS vor der Kamera.

JIMMY SANCHEZ → GESTRAUCHELTER
Jimmy Smits ist südlich der USA ein Megastar. In den 80er Jahren ist er ein verehrtes Teenie-Idol. Seine Mutter kommt aus Puerto Rico, der Vater aus Surinam. Der am 9. Juli 1955 im New Yorker Stadtteil Brooklyn geborene Smits ist nicht nur erfolgreicher Schauspieler, er ist auch Mitinhaber des legendären Conga Room in Los Angeles, dem Latino-Treff schlechthin, an dem auch Jennifer Lopez beteiligt ist. Weltweit wird er durch seine Serienauftritte einem großen Publikum bekannt: *Miami Vice*, *L. A. Law* oder *New York Cops – NYDP Blue/NYDP Blue*. Kleinere Rollen spielt er in TV- und Kinofilmen. Am bekanntesten ist die turbulente Verwechslungskomödie *Switch – Die Frau im Manne/Switch* (USA 1990). Smits spielt hier unter der Regie von Komödienspezialist Blake Edwards mit so namhaften Kolleginnen wie Ellen Barkin und Jo Beth Williams. Für 2002 ist er für das zweite Prequel der *Star Wars*-Saga für die Rolle des Senators Bail Organa im Gespräch.

Neben den Darstellern tauchen auch bei den Produktionsmitarbeitern hinter der Kamera regelmäßig Namen auf, die Gregory Nava immer wieder verpflichtet. Sowohl für *Meine Familie*, für *Selena* und *Why Do Fools Fall In Love* zeichnet sich Edward Lachman als Kameramann aus. Neben den Nava-Produktionen filmt er z. B. auch *Susan verzweifelt gesucht/Desperately Seeking Susan* (USA 1985) mit Madonna und Susan Sarandon oder *Erin Brockovich* (USA 2000, mit Julia Roberts). Für den Schnitt ist Nancy Richardson zuständig, die ebenfalls bei *Selena* und *Why Do Fools Fall In Love* mitarbeitet.
Doch was bedeutet *Meine Familie* nun für Jennifer Lopez? Nachdem hier die wichtigsten Beteiligten an *Meine Familie* genannt wurden, gilt es jetzt, die Rolle der Jennifer Lopez genauer ins Blickfeld zu rücken. *Meine Familie* bedeutet für Jennifer den ersten großen Karrieresprung im Filmgeschäft schlechthin. Sie spielt die junge María Sanchez in den 20er Jahren. Damit ist ihre Filmfigur in etwa so alt wie Jennifer Lopez selbst. In ihrer Nebenrolle überzeugt sie nicht nur ihre Fans und Kollegen, sondern auch die Kritiker. Nicht ohne Grund erhält Lopez für ihre Leistung den Independent Spirit Award.
Auch Regisseur Gregory Nava ist von ihr restlos begeistert und bescheinigt ihr großes schauspielerisches Talent. Schon damals glaubt er zu wissen, dass Jennifer Lopez einmal zu den ganz Großen gehören wird. Beeindruckt hat Nava vor allem ihr Engagement in der Szene im reißenden Rio Grande: »An drei Tagen hintereinander stürzte sie sich in das eiskalte Wasser, jeden Tag, und sie kam heraus, ohne sich auch nur einmal zu beschweren. Nur wenige Schauspielerinnen wären derart heldenhaft und mutig. Sie wird ein großer Star werden.« Zu der Zeit ahnen weder Jennifer Lopez noch Gregory Nava, dass sich schon in wenigen Monaten ihre Wege erneut kreuzen werden, für den Musikfilm *Selena – Ein amerikanischer Traum*.
Insgesamt werden die schauspielerischen Leistungen aller Darsteller durchweg hoch gelobt. Neben Jennifer Lopez sind es vor allem Jimmy Smits, Esai Morales und Edward James Olmos, die beeindrucken.
Trotz der immensen schauspielerischen Leistungen, der hervorragenden Regie und der packenden Geschichte bleibt *Meine Fa-*

milie der große Erfolg an den Kinokassen versagt. Das hängt unter anderem damit zusammen, dass Independent-Filme schon von vornherein mit weniger Kopien starten und dass das Budget für Werbung entsprechend begrenzt ist. Die lateinamerikanische Bevölkerungsschicht der USA allerdings nimmt den Film begeistert auf. Noch nie gelang es einem Filmteam, einen authentischeren Film über das Leben einer Latino-Familie aufzuzeichnen. Viele Fans sehen *Meine Familie* als legitimen Nachfolger der *West Side Story*. Fast zeitgleich läuft im Frühjahr 1995 mit *The Perez Family* ein Film in den US-Kinos an, der sich mit einer vergleichbaren Thematik beschäftigt. Da in diesem Film jedoch weitgehend (unbekannte) weiße Schauspieler agieren, kommt der Film weder bei den Kritikern noch beim lateinamerikanischen Zielpublikum an und verschwindet recht bald wieder aus den Kinosälen.
Trotz der meisterhaften Leistung Navas sind die Kritiker diesseits und jenseits des Atlantiks durchaus gespalten. Das amerikanische Latino-Magazin *Hispanic* bezeichnet Navas Arbeit als »ein[en] Film, der von Herzen kommt … mit Elementen wie Mystik, Spiritualiät und Sozialkritik«. *Hispanic* widmet Navas Film 1995 in seiner Mai-Ausgabe einen ausführlichen Artikel. Die Überschrift, die Autorin Valerie Menard ihrem Artikel gibt, lautet bewusst *An American Tale*. Damit spielt sie darauf an, dass auch die Saga der Familie Sanchez eine amerikanische Geschichte sei und nicht etwa eine Saga aus einer fremden, exotischen Welt. Zum Schluss gelangt Menard in ihrem Artikel zu folgendem Fazit: »Wunderschön gefilmt, ist *Meine Familie* eine wahre mexikanisch-amerikanische Saga, die unsere Kultur dank der starken Auftritte von Jimmy Smits, Eduardo López Rojas … und Elpidia Carrillo hervorragend präsentiert. Diese Darstellungen beweisen Navas Intention, dass die Geschichte der Sanchez-Familie … auch typisch amerikanisch ist.«

KRITIKEN:
»Diese Charaktere – und dieser Film –, alles ist grundsolide. Die Charaktere sind nicht einfach nur nett oder verletzbar; sie sind auch voller Kraft, sie sind einfach wunderbar und sie sind in der Lage, mit beidem umzugehen, sowohl mit Erfolg als auch mit

Niederlagen. Nava wollte schon immer einen epischen Familienfilm drehen; hiermit ist es ihm zum ersten Mal gelungen.« (Howie Movshovitz in *The Denver Post*, 3. Mai 1995)

»Am lebendigsten ist der Film, wenn die fröhliche Latino-Musik zum Einsatz kommt; die Immigrationsprobleme sind hervorragend gespielt, vor allem durch den Einsatz von Jimmy Smits. Banal und oft künstlich aufgeblasen wirken allerdings die Szenen, in denen Edward James Olmos als Erzähler auftritt.« (*The New York Times*, 3. Mai 1995)

»Mythisch verbrämte, epische Einwanderergeschichte einer armen mexikanischen Familie in East Los Angeles, unter deren Kindern ... zahlreiche dramatische verwertbare Biografien vertreten sind. Nach ansehnlichen schauspielerischen Darbietungen im Mittelteil versinkt das Ganze in einem ärgerlichen innerfamiliären Versöhnungsgestus, für den sogar noch putzige Kinder bemüht werden. Störend auch die in Sepia gehauchte Optik und die unterschwellige Bestätigung patriarchaler Strukturen, welche in religiös begründeter Vergangenheitsverdrängung gipfeln.« (*Zoom* 8/1996)

»Das gut besetzte Familienepos ist straff und lebensnah inszeniert. Nur gelegentlich gerät die Story etwas zu melodramatisch ... Am liebsten würde man sie alle adoptieren.« *(www.cinema.de)*

4. Die Verführung durch das große Geld
Achtungserfolg in *Money Train*

»Sie ist heiß.«

WESLEY SNIPES ÜBER JENNIFER LOPEZ IN *MONEY TRAIN*

Nach der aufreibenden Familiensaga *Meine Familie* steht Jennifer Lopez 1995 zum ersten Mal vor den Kameras Hollywoods. In Joseph Rubens Actionkomödie *Money Train* begleitet sie Wesley Snipes und Woody Harrelson als ungleiches Brüderpaar in den New Yorker Untergrund.

INHALT: Weihnachten in New York. John Powell (Wesley Snipes) und Charlie Kaylor (Woody Harrelson) sind Adoptivbrüder, die sich als U-Bahn-Cops in New York ihr Geld verdienen und als Beste ihrer Zunft gelten. Dabei bedienen sie sich schon mal unorthodoxer Methoden und betätigen sich selber sogar als Lockvögel, um z. B. als vermeintlich Betrunkene Gangster zu überführen. Ihre wichtigste und verantwortungsvollste Aufgabe ist es jedoch, den Geldzug zu bewachen, der allabendlich mit den Tageseinnahmen der New Yorker Bahnhöfe durch den Untergrund fährt. Chef dieses Geldtransportes ist der eiskalte und rassistische Donald Patterson (Robert Blake), der verbal vor nichts zurückschreckt, sei es auch noch so derb und unverschämt. John und Charlie werden von Patterson regelmäßig schikaniert und würden schon aus Rache gern den Geldzug ausrauben. Damit wären sie die ersten, denen das gelänge, denn der hochgesicherte Zug war bislang immer nur erfolglos Ziel diverser Anschläge. Die beiden Brüder sind so unterschiedlich, wie man unterschiedlicher kaum sein kann. Das beginnt schon bei der Hautfarbe. John ist schwarz, Charlie weiß. Charlie wurde angeblich von Johns Familie seinerzeit als Pflegekind aufgenommen. Während Charlie ein Lebenskünstler ist, der sein Geld meistens verzockt und entsprechend oft Schulden hat, ist John der vernünftige große Bruder, der sich immer verpflichtet fühlt, seinem kleinen Bruder unter die Arme zu greifen. Selbst wenn Charlie wieder einmal in eine lebensbedrohliche Situation gerät, weil er Ärger mit seinen Gläubigern hat, ist John als Retter in der Not zur Stelle. Dabei hat er immer einen flotten Spruch auf den Lippen. Die beiden Brüder verstehen sich aber trotz aller Differenzen sehr gut und halten zusammen. Doch ihre Beziehung wird auf die Probe gestellt, als sie eine neue Mitarbeiterin zur Seite gestellt bekommen: die äußerst attraktive und charmante Polizistin Grace Santiago (Jennifer Lopez). Beide sind sofort angetan von ihr; John findet sie »heiß«. Fortan buhlt das Duo um die Gunst der schönen und taffen Kollegin.

In den U-Bahn-Schächten treibt seit geraumer Zeit ein Feuerteufel sein Unwesen, dessen Motive im Dunkeln liegen. Seine Opfer sind Fahrkartenverkäuferinnen. Charlie, John und Grace werden Zeuge eines erneuten Überfalles, bei dem eine Ticketverkäuferin fast verbrennt. Der Täter kann jedoch trotz des Eingreifens von John und Charlie entkommen.

Die Grenzen zwischen Berufs- und Privatleben sind fließend. Vor allem wenn es John und Charlie mit einer dermaßen bezaubernden Mitarbeiterin zu tun haben. In einer Bar trifft John auf Grace, die gerade temperamentvoll einen Flipperautomaten malträtiert. Es beginnt ein zaghafter Flirt, der durch das Aufkreuzen Charlies jäh unterbrochen wird. Charlie bringt Grace für ihren ersten Tag eine rote Rose mit. In einer ruhigen Minute ohne John versucht Charlie Grace weiszumachen, dass sein Bruder schwul sei. So richtig nimmt Grace ihm die Geschichte jedoch nicht ab.

Wenig später verlässt Grace die konkurrierenden Brüder, die sich nun überlegen, wer von beiden wohl der Richtige für Grace sei; dabei macht John Charlie darauf aufmerksam, dass Grace seine Rose nicht mitgenommen habe. Die beiden einigen sich, dass John zugunsten Charlies in Zukunft die Finger von Grace lassen wird, weil sich Charlie Hals über Kopf in seine Kollegin verliebt hat. Gemeinsam stimmen sie im Dunkel der Nacht in das Lied *Amazing Grace* ein.

Die Brüder und Grace begleiten am nächsten Tag den Money-Train, wobei Grace herausfindet, dass an Weihnachten die Tageseinnahmen mit drei bis vier Millionen Dollar besonders hoch sind.

Grace wird Patterson vorgestellt, der sie mit herablassenden Chauvi-Sprüchen demütigt und sich über ihre Latino-Herkunft lächerlich macht. In Pattersons Augen ist Grace lediglich ein Sexsymbol, jedoch keine ernst zu nehmende Polizistin. Bei der letzten Fahrt des Geldzuges wurden 25.000 Dollar entwendet. Patterson, der über Charlies prekäre Geldsituation im Bilde ist, verdächtigt ihn daher des Raubes. Wie sich schnell herausstellt zu Unrecht, denn einer der Kassierer hat das Geld gestohlen. Nach der erneuten Moralpredigt dürfen Charlie und John »abtreten«.

Schön und taff: Jennifer als Polizistin in ›Money Train‹

Daraufhin gehen die ungleichen Brüder in ihr Stammlokal und üben sich in Rachefantasien. In der Silvesternacht wollen sie den Zug ausrauben, da dann besonders viel Geld transportiert werden soll. John hat jedoch Skrupel, schließlich wäre ein Überfall mit seinem Job als Cop nicht gerade vereinbar. Ebenfalls in dem Lokal befindet sich Grace, die im Hinterhof zu Salsaklängen ihre Hüften schwingt, um sich ein wenig abzukühlen. John beobachtet sie zufällig und geht zu ihr. Heiße Latinsounds ertönen im winterkalten New York. John ist begeistert von ihrer Tanzeinlage und gibt zu, dass er wie sie aus der Bronx stamme und ebenfalls ein begnadeter Salsatänzer sei. Sie tanzen, schauen sich tief in die Augen und flirten. Als die Musik langsamer wird, zieht sich John jedoch zurück. Kaum ist John verschwunden, wird Grace in der Bar von Charlie belagert, mit dem sie, wie Charlie seinem Bruder am nächsten Morgen stolz und äußerst gut gelaunt berichtet, die ganze Nacht verbracht haben soll. Was in dieser Nacht jedoch genau abgelaufen ist, darüber schweigt sich Charlie aus, getreu dem Motto »Der Gentleman genießt und schweigt«.
John muss seinen Frust abreagieren und boxt in einem Fitnessraum mit einem Punchingball. Grace kommt hinzu und fordert ihn auf, mit ihm zu boxen. Auch sie macht nur vage Andeutungen über die Nacht zuvor, gibt John jedoch zu verstehen, dass sie noch eine Menge überschüssige Energien habe. Die beiden steigen in den Ring und boxen los. Dabei entlockt sie John die Wahrheit über seinen plötzlichen Abgang am Abend zuvor. John erklärt, er wolle seinen Bruder nicht enttäuschen, da dieser auch auf sie stehe. In einem unvorsichtigen Moment knockt John Grace aus. Doch der Schreck währt nicht lange und schon bald deuten beide ihre Gefühle füreinander an.
John plagt sein schlechtes Gewissen, er weiß, dass Grace auf ihn abfährt und Charlie mal wieder den Kürzeren ziehen wird. Um Charlie wenigstens aus seiner misslichen Finanzlage herauszuhelfen, leiht er ihm 15.000 Dollar, damit Charlie seine Spielschulden, die er bei einem ominösen Mr. Brown (Scott Sowers) hat, begleichen kann. Doch Charlie ist ein Pechvogel. Ausgerechnet in der U-Bahn wird er wenig später überfallen. Bei Mr. Brown und seinen Komplizen gerät er in Erklärungsnot, was ihm einige Blessuren einbringt.

Zur gleichen Zeit bekommt John Besuch von der reizenden Grace. Während sich Charlie mit seinen Gläubigern herumschlagen muss, kommt es zwischen Grace und John zu einer leidenschaftlichen Liebesnacht. Als Charlie heimkommt, sieht er die beiden aneinander gekuschelt in Johns Bett; für ihn ist nun also auch noch der Liebeszug abgefahren. Frustriert und zornig rennt Charlie davon, John kann ihn nicht aufhalten.

Der Feuerteufel treibt immer noch sein Unwesen. Diesmal ist Grace der Köder und mimt die Fahrkartenverkäuferin. Der psychopathische Brandstifter taucht tatsächlich auf und überfällt Grace. Während Charlie zu betrunken ist, um einzugreifen, ist nun Johns ganzer Einsatz gefragt. Erfolgreich kann er den Verbrecher stellen und schlägt ihn mit seinen eigenen Waffen. Der Psychopath muss elendig im U-Bahn-Schacht verbrennen. Patterson hat nun endlich einen Grund, sich des verhassten Charlies zu entledigen. Er wirft ihm nachlässiges Verhalten und Versagen vor und feuert ihn. Die Umstimmungsversuche von John schlagen fehl. John bricht zutiefst verärgert über das Verhalten seines Bruders die Beziehung zu Charlie ab.

Jetzt erst recht! Charlie ist verzweifelt. Wenn er schon keinen Bruder, keine Freundin und keinen Job mehr hat, dafür aber jede Menge Schulden, dann will er wenigstens einmal das große Geld machen. Er beschließt, den Geldzug zu kapern und auszurauben. John bekommt von Charlies Vorhaben Wind, ist aber zögerlich, bis ihn Grace schließlich doch überzeugt, seinen Bruder von der Wahnsinnstat abzuhalten.

Der spektakuläre Überfall beginnt. Charlie kapert den Money-Train, der zu Hilfe eilende John springt auf. Der psychopathische Patterson, in seinem Stolz gekränkt, sieht seine Lebensaufgabe in Gefahr und will die Täter, tot oder lebendig. Wer jedoch die Halunken sind, davon hat Patterson keinen blassen Schimmer. Ein Aufhalten des Zuges ist nicht mehr möglich, Charlie und John setzen die Bremsen außer Kraft und rasen mit einer Mordsgeschwindigkeit durch den New Yorker Untergrund. Patterson setzt auf volles Risiko; er schickt einen normalen Linienzug mit Passagieren auf die Strecke in der Absicht, dass die Gangster den Money-Train stoppen, um das Leben der Passagiere im Linienzug zu retten.

Im letzten Moment kann eine Kollision mit vielen Opfern verhindert werden. John und Charlie lassen ihren Zug entgleisen; am Tatort sind die »Täter« jedoch nicht aufzufinden. Pattersons Nerven liegen brach. Plötzlich tauchen die beiden Brüder am Ort des Geschehens auf und geben sich unwissend. Sie seien in der Absicht gekommen, die Zugdiebe dingfest zu machen. Doch nicht sie werden arrestiert, sondern Patterson wird in Handschellen abgeführt – und zwar von Grace, die ihren Chef an Ort und Stelle verhaftet, ohne mit der Wimper zu zucken, weil er das Leben anderer Menschen aufs Spiel gesetzt hat.
In der Schlussszene befinden sich Charlie und John auf einer Silvesterparty im Herzen New Yorks. John entdeckt, dass sich Charlie tatsächlich an dem Geld bediente, und flippt regelrecht aus. Es kommt zu einem erneuten verbalen Schlagabtausch ...

HINTERGRUNDINFORMATIONEN: Als Regisseur Joseph Ruben 1995 die Rolle der Grace Santiago für *Money Train* zu besetzen hat, sucht er eine Schauspielerin, die sehr flexibel ist. Sie soll einerseits eine erotische Ausstrahlung haben, damit sich die beiden männlichen Protagonisten in sie verlieben können und entsprechend zu Rivalen werden, sie soll andererseits aber auch resolut genug sein, um eine starke Polizistin abzugeben. Mehr als 100 Kandidatinnen sprechen vor. Überzeugen kann schließlich Jennifer Lopez, zu dieser Zeit noch eine Newcomerin im amerikanischen Filmgeschäft. Ihre fantastische Rolle in *Meine Familie* und ihre ersten kleineren Parts in den genannten Fernsehserien helfen ihr, sich beim Casting für die Rolle durchzusetzen.
Als der Film in den Kinos anläuft, stehen nicht die schauspielerischen Leistungen und das Charisma der Lopez im Fokus des Interesses, sondern die Tatsache, dass Jennifer zu den Latinos gehört. Rubens zeigt sich ziemlich genervt, als ihn Journalisten wiederholt darauf ansprechen, weshalb er einer Latina den Vorzug gab. Einmal antwortet er darauf: »Warum nicht? Die Rolle ist nicht speziell auf eine Rasse zugeschnitten.« Dieses Beispiel verdeutlicht einmal mehr, wie schwer sich das durchschnittliche amerikanische (weiße) Massenpublikum, einschließlich eines Großteils der Journalisten, noch in den 90er Jahren damit tut, wenn in einem *major film* die Hauptakteure nicht dem Typ

›Money Train‹ (1995)

weißhäutiger amerikanischer Mittelschicht entsprechen. Jennifer Lopez bereitet sich für diese Rolle bereits im Vorfeld gewissenhaft vor. Sie will ihre Rolle so authentisch wie möglich spielen und Informationen aus erster Hand erhalten. Aus diesem Grund begibt sie sich in den New Yorker Untergrund und begleitet einige U-Bahn-Polizisten eine Zeit lang. Vor allem interessiert sie die Arbeit weiblicher Cops und die Art, wie diese von ihren männlichen Kollegen behandelt werden. Zwei Gründe führt Jennifer Lopez für ihre Studien an, die sie vor Beginn der Drcharbeiten durchführt: Zum einen möchte sie sich in Bezug auf die zu spielende Figur und deren Gefühle, Gesten, Denk- und Handlungsweisen absolut sicher und informiert wissen, zum anderen braucht sie diese Sicherheit, um mit ihren Kostars zusammenarbeiten zu können. Sowohl in *Money Train* als auch in ihren weiteren Projekten wird zu sehen sein, dass sich diese Herangehensweise durchaus auszahlt.

»Grace ist sehr ehrgeizig und sie sieht für sich die Chance, von John und Charlie lernen zu können, da die beiden Top-U-Bahn-Cops sind und sie aus ihrer Einheit eine der besten in New York gemacht haben«, beschreibt Jennifer Lopez ihr Alter Ego Grace Santiago. *Money Train* erlaubt es Jennifer, unterschiedliche Facetten ihres schauspielerischen Könnens unter Beweis zu stellen. Dies zeigt bereits einer ihrer ersten Auftritte in diesem Actionfilm: Lockvogel John mimt einen Betrunkenen. Diesmal tappt kein Gangster in die Falle, vielmehr wird John von zwei liebestollen korpulenten Damen belästigt, die ihn gerne mit nach Hause nehmen und verwöhnen wollen. Grace greift ein, indem sie vorgibt, Johns (betrunkene) Frau zu sein, und jagt die beiden in die Flucht. Nicht nur die angeblich betrunkene Ehefrau spielt sie überzeugend, sondern auch die taffe Polizistin mit ihrem entwaffnenden Charme, mit dem sie John und Charlie gleichermaßen einwickelt. John ist es schlussendlich, dem Graces Herz gehören soll, und die beiden landen auch im Bett.

Für Jennifer Lopez ist dies eine Premiere der besonderen Art: Zum ersten Mal hat sie eine Liebesszene vor der Kamera zu spielen. Ihrer erotischen Ausstrahlung ist sich Jennifer ja schon seit ihrer Pubertät bewusst; Sorge bereiten ihr lediglich ihre konservativen Eltern und der Teil ihrer Fans, der ebenfalls eher prüde und zurückhaltend ist. Sie hegt durchaus Befürchtungen, dass ihre Familie und ihre Fans diesen Film als Provokation gegen die katholischen Moralvorstellungen auffassen könnten. Nichtsdestotrotz entscheidet sie sich, die Liebesszene zu spielen, da diese sich sehr gut in die Geschichte einfügt. Jennifer ist es übrigens ganz egal, ob sie sich nun mit Woody Harrelson oder

Zwischen zwei ungleichen Brüdern: Jennifer Lopez mit Woody Harrelson (Mitte) und Wesley Snipes in ›Money Train‹

Wesley Snipes auf der Leinwand lieben soll. Sie versteht sich mit beiden hervorragend. Eigentlich braucht niemand beim Betrachten der Liebesszene einen roten Kopf zu bekommen. Sie ist so unspektakulär, wie sie eben in einem traditionellen Hollywood-Film nur sein kann.

Vielleicht sollte man für zarte Gemüter eine entschärfte *Money-Train*-Version anbieten. Diese Vorstellung ist keineswegs aus der Luft gegriffen. Prüde Moralapostel sorgen 1998 dafür, dass es neben der Originalversion auch eine entschärfte Version des Filmklassikers *Titanic* auf Video gibt. Sie schneiden (und schneiden ist hier wörtlich gemeint: mit einer gebräuchlichen Haushaltsschere) die Liebesszene von Kate Winslet und Leonardo DiCaprio an Bord des Luxusdampfers einfach heraus. So viel zu Toleranz und Weltoffenheit in den USA der Gegenwart. Für Jennifers Mutter Guadalupe ist der Liebesakt mit Wesley Snipes

und ihrer Tochter schon eher schwer zu verdauen: »Es fällt mir nicht leicht, Jennifer in Situationen wie dieser zu sehen«, gibt sie zu, nachdem sie *Money Train* gesehen hat. Guadalupe Lopez wird sich da noch an einiges gewöhnen müssen.
Die eigentlichen Hauptdarsteller von *Money Train* sind allerdings Wesley Snipes und Woody Harrelson. John-Darsteller Wesley Snipes sagt in einem Interview seine Meinung zu den finsteren Motiven, die die Filmfigur Charlie bewegen, den Zugüberfall zu initiieren: »Der Geldzug ist sichtbar, er ist immer gegenwärtig, und du weißt, er ist immer voll beladen. Ich kann verstehen, dass Charlie eine große Zuneigung zu diesem Zug entwickelt. Das ist gewiss eine reizvolle Vorstellung.« Woody Harrelson äußert sich über seinen Charakter Charlie folgendermaßen: »Nun, Gauner ist ein schmeichelhafter Euphemismus für das, was Charlie wirklich ist. Charlie hat im Gegensatz zu John kein Glück bei Frauen. Er ist explosiv, er ist heißblütig und hat immer Ärger mit den Mädchen.«
Mit dieser Actionkomödie stehen die beiden Männer, die sich auch privat sehr gut verstehen, bereits zum dritten Mal vor der Kamera und liefern sich – sofern es Drehbuch und Regie zulassen – mehr oder weniger gekonnt heitere Verbalduelle. Schon ihren Debütfilm spielen sie gemeinsam, als sie 1986 mit Goldie Hawn *American Wildcats/Wildcats* drehen, eine Komödie ohne großes Echo.
Harrelson, der am 23. Juli 1961 in Midland, Texas, auf die Welt kommt, beginnt seine Schauspielkarriere am Broadway und spielt eine der Hauptrollen der erfolgreichen US-Sitcom *Cheers*, für die er sogar mit einem Emmy Award ausgezeichnet wird. Seinen Durchbruch feiert er in der romantischen Spießerkomödie *Doc Hollywood* (USA 1991) an der Seite von Michael J. Fox. Ein Jahr später tritt er zum zweiten Mal mit Wesley Snipes in einem Film auf: der Sportkomödie *Weiße Jungs bringen's nicht/White Men Don't Jump* (USA 1992). Snipes und Harrelson spielen hier zwei gerissene Basketballer. Ebenfalls in diesem Film zu sehen: die Latino-Schauspielerin Rosie Perez, die Harrelsons Freundin Gloria verkörpert. Der von Adrian Lyne inszenierte Film *Ein unmoralisches Angebot/Indecent Proposal* (USA 1992, mit Demi Moore) und Oliver Stones *Natural Born Killers* (USA 1994) fes-

tigen Harrelsons Platz als hervorragender Charakterdarsteller Hollywoods.
Mit *Money Train* allerdings erleidet seine Karriere einen leichten Rückschlag, da Harrelson hier sein schauspielerisches und komödiantisches Talent nur bedingt ausspielen kann. Doch mit hervorragenden Filmrollen in Werken wie *Larry Flynt – Die nackte Wahrheit/Larry Flynt* (USA 1996), *Welcome to Sarajevo* (USA 1997), *Der schmale Grat/The Thin Red Line* (USA 1998) und *EDtv/ED TV* (USA 1999) macht er diesen Fehlgriff wieder wett.
Harrelsons Filmbruder Wesley Snipes wird 1962 in Orlando, Florida, geboren, wächst allerdings wie Jennifer Lopez in der Bronx auf. Auch sein Weg führt über die Theaterwelt zum Film. »Der Coole mit dem Pantherblick« wird von Regisseur Spike Lee entdeckt, als dieser Snipes in dem Video *Bad* von Michael Jackson sieht. Nach diversen kleineren Rollen von 1986 bis 1989, u. a. in dem bereits genannten *American Wildcats* und in *Die Indianer von Cleveland/Major League* (USA 1989), gibt Lee Wesley Snipes 1990 die Hauptrolle in dem genialen Musikfilm *Mo' Better Blues* und ein Jahr darauf in *Jungle Fever*. Zu den größten Filmhits, in denen Snipes mitwirkte, zählen das Drogendrama *New Jack City* (USA 1991), die romantische Komödie *Waiting to Exhale – Warten auf Mr. Right/Waiting to Exhale* (USA 1995, mit Whitney Houston) oder das originelle Liebesdrama *One Night Stand* (USA 1997, mit Nastassja Kinski). Auch als Produzent macht Wesley Snipes auf sich aufmerksam: 1998 für den Vampirfilm *Blade*, dessen Fortsetzung für 2001 geplant ist.
Snipes und Harrelson verstehen es in *Money Train*, wie schon in *Weiße Jungs bringen's nicht*, sich über Rassenschranken hinwegzusetzen und die in der Bevölkerung vorherrschenden Klischees zu entlarven. Dies ist zweifelsohne in der von Regisseur Ron Shelton betreuten Sportlerkomödie besser gelungen als in Rubens *Money Train*. Dritte im Bunde ist in beiden Filmen jeweils eine Latina. 1992 agiert Rosie Perez, die bereits mit Jennifer Lopez in *In Living Color* zusammenarbeitet, gemeinsam mit dem Duo, 1995 ist es dann Jennifer Lopez selbst.
Für das eingespielte Team Snipes/Harrelson bedeutet *Money Train* jeweils einen Tiefpunkt ihrer erfolgreichen schauspielerischen Karriere. Wer *American Wildcats* oder *Weiße Jungs brin-*

gen's nicht kennt, für den ist das dritte Zusammenspiel der ansonsten hervorragenden Akteure eine besonders große Enttäuschung. Die Dialoge erreichen nie den Wortwitz oder die Dynamik wie in den Vorgängerfilmen. Sie bleiben oberflächlich, sind gekennzeichnet von leeren Worthülsen und oft einfach nur langweilig. Zwar wirken Wesley und Woody routiniert und souverän, doch ein schlechtes Drehbuch und eine langatmige Inszenierung können selbst die beiden Starakteure nicht mehr aufpeppen. So ist schließlich der Film an sich zäh und dröge, weil er zu gut zwei Dritteln aus diesen platten Dialogen besteht. Außerdem wirkt das Spiel der beiden oft lustlos und unmotiviert.
Jennifer hat an einigen Stellen die Möglichkeit, ihre Talente zu präsentieren. So darf sie eine Betrunkene mimen, sie darf tanzen, Salsa natürlich, oder die emanzipierte Frau spielen, als sie in der Bar mit dem Flipperautomaten kämpft und die ersten zaghaften Anmachversuche Johns abwehrt. Nichtsdestotrotz wirken auch Jennifers Auftritte oft uninspiriert und sie scheint unterfordert zu sein. Die Power und die Leidenschaft, die Señora Lopez in ihren späteren Filmen zeigen wird, fehlen hier gänzlich. Sie sind vielleicht in der Tanzszene im Hinterhof marginal zu erahnen. Allerdings stellt sich hier auch gleich die Frage, weshalb man im Winter mit High Heels und einer umgeschnallten Pistole im Hinterhof einer Kneipe zu Latino-Musik tanzt. Eine Antwort gibt der Film jedenfalls nicht.
Wesley Snipes äußert sich an einer Stelle über die Figur Grace: »Sie ist eine sehr attraktive Polizistin, die die beiden Brüder gleichermaßen provoziert. Charlie fährt voll auf sie ab, doch er hat nicht den Hauch einer Chance, bei ihr zu landen. Sie wählt selbstverständlich mich, was natürlich leicht nachvollziehbar ist.«
Neben Jennifer, Woody und Wesley spielt noch Darsteller Robert Blake (Jahrgang 1933) als Psychopath und Macho Donald Patterson eine wichtige Rolle. Blake ist seit den 50er Jahren regelmäßig vor der Kamera zu sehen und verkörpert meist den harten fiesen Typus. Zu seinen wichtigsten Filmen zählen: *Kaltblütig/In Cold Blood* (USA 1967), *Wilde Flucht nach Kalifornien/Coast to Coast* (USA 1980), drei Filme der Reihe um den Privatdetektiv *Joe Dancer* (alle USA 1981) und der David-Lynch-Film *Lost Highway* (USA 1996).

Vielleicht interessanter als die Filmhandlung an sich dürfte die Soundtrack-Zusammenstellung von *Money Train* sein. Der jamaikanische Reggaestar und DJ Shaggy (*Oh Carolina*, 1993, und *Boombastic*, 1995) liefert den Titeltrack des Films, *The Train is Coming*, der zu Beginn und am Ende des Films zu hören ist. Bei diesem Stück handelt es sich um die Adaption eines gleichnamigen Songs der ebenfalls aus Jamaika stammenden Reggaeikone Ken Boothe, deren Originalpart übernommen wird (Shaggy featuring Ken Boothe). Boothe wiederum hatte in England 1974 mit dem Titel *Everything I Own* (im Original von der US-Band »Bread«) einen Nummer-eins-Hit in den Charts. Das Stück wurde übrigens 13 Jahre später vom ehemaligen »Culture-Club«-Frontman Boy George gecovert, der damit ebenfalls die Topposition in England und in Deutschland Rang acht erreichte.
Das neu interpretierte Stück *The Train is Coming* wird allerdings 1996 nur in Großbritannien ein mittlerer Hit und landet auf Platz 21. Rapper Skee-Lo (größter Hit *I Wish*, 1997) gelingt mit dem

Geschlechterkampf einmal anders …

Soundtrackbeitrag *Top of the Stairs* ebenfalls ein Singlehit, auch wieder nur im Vereinigten Königreich (4/96 Nr. 38). Am Soundtrack zu *Money Train* sind noch einige weitere interessante Namen beteiligt, z. B. die Neville Brothers, die den Sam & Dave-Soulklassiker *Hold On I'm Coming* covern, Soulstar Luther Vandross, der *The Thrill I'm In* beisteuert, sowie Trey Lorenz, die u. a. für Mariah Carey als Backgroundsängerin tätig war. Zu nennen sind schließlich noch die Sängerin Total und die Band »112«, zwei Hip-Hop-Acts aus dem Puff-Daddy-Lager, die zu diesem Zeitpunkt noch am Beginn ihrer Karriere stehen.
Die Regie für *Money Train* übernimmt der 1950 in Briarcliff im US-Bundesstaat New York geborene Joseph Ruben, der seit den frühen 70er Jahren im Filmgeschäft aktiv ist. Dabei zeichnen sich Rubens Filme eher durch Mittelmaß als durch anspruchsvolle Qualität aus. Vorzugsweise widmet er sich den Genres Thriller und Horror. Mit der noch jungen und unbekannten Melanie Griffith nimmt er 1977 den eher als belanglos einzustufenden Kriminalfilm *Joyride – Ein gefährlicher Trip/Joyride* auf. Dennis Quaid und Max von Sydow stehen für Ruben in dem Endzeitthriller *Dreamscape* (USA 1984; deutscher Alternativtitel: *Höllische Träume*) vor der Kamera und James Woods kann er für den pathetischen Krimi *Das dreckige Spiel/True Believer* (USA 1989) gewinnen. 1990 liefert Ruben mit dem Psychodrama *Der Feind in meinem Bett/Sleeping with the Enemy* seine sicherlich beste Regiearbeit ab. In diesem packenden Ehedrama geht Julia Roberts als Hausfrau Sara durch die Hölle an der Seite ihres Mannes Martin (Patrick Bergin), der diese regelmäßig demütigt und schlägt. Die beiden Jungstars Macauley Culkin und Elijah Wood sind 1993 in dem mittelmäßigen Horrorfilm *Das zweite Gesicht/The Good Son* zu sehen. Anne Heche, Joaquin Phoenix und Jada Pinkett Smith sind schließlich die Hauptakteure in Rubens bislang letztem Film, *Für das Leben eines Freundes/Return to Paradise* (USA 1998), um einen in Malaysia wegen eines Drogendeliktes inhaftierten Amerikaner.
Rubens Regieleistungen werden oft als hektisch und lieblos bezeichnet. Sieht man einmal von *Der Feind in meinem Bett* ab, fehlt Rubens sicherlich das Talent, in seinen Werken einen packenden Spannungsaufbau mit tiefgreifenden Dialogen zu

entwickeln, um das Publikum zu fesseln. Genau hier liegen auch die Schwächen von *Money Train*. Dem Film mangelt es über weite Strecken an wirklicher Spannung. Dies hängt neben der Regiearbeit natürlich auch mit der Drehbuchvorlage zusammen, die von Doug Richardson stammt. Dabei ist Richardson allerdings zugute zu halten, dass er mit *Harte Jungs – Bad Boys/Bad Boys* (USA 1995, mit Will Smith) und dem Sequel *Stirb langsam 2 – Die Harder/Die Hard 2: Die Harder* (USA 1990) als Autor zuvor an zwei gelungenen Actionfilmen beteiligt war.

Die Mischung aus Action und Humor bei *Money Train* ist jedoch eher fade. Hier und da kommt es zwar zu einigen witzigen Sequenzen und Dialogen, doch insgesamt bleibt bei *Money Train* das Tempo ziemlich auf der Strecke. Gleich zu Beginn des Films steht fest, dass der begehrte Geldzug überfallen werden soll. Bis es dann so weit ist, vergehen allerdings fast anderthalb Stunden (der Film hat eine Laufzeit von etwa 110 Minuten) mit größtenteils albernem und belanglosem Geplauder. So richtig in Fahrt kommt die Geschichte nie. Beim Showdown, für den insgesamt drei ausrangierte Geldzüge herhalten müssen, ist ebenfalls wenig Spektakuläres zu erwarten. Es quietscht, es lärmt, es sprühen Funken und Snipes und Harrelson ringen mit dem Tod vor Augen. Das ist vielleicht ganz nett anzusehen, mehr aber nicht. Vor allem dann nicht, wenn man sich den ein Jahr vorher im Kino gelaufenen Actionfilm *Speed* in Erinnerung ruft. Regisseur Jan De Bont verstand es meisterhaft, die Actionszenen im Linienbus mit Sandra Bullock und Keanu Reeves zu inszenieren. *Money Train* hingegen wirkt nur wie ein müder Abklatsch von *Speed* getreu dem Motto, was im Omnibus klappte, klappt auch auf der Schiene. Könnte klappen, aber so nicht. Dieser Zug ist eher ein Bummelzug.

Hinzu kommen einige inhaltliche Ungereimtheiten. Jennifer Lopez' Tanzszene wurde bereits angesprochen. Darüber hinaus bleibt offen, was aus dem festgenommenen Patterson wohl werden wird. Ebenfalls offen bleibt die Frage nach der Entwicklung der Perspektive zwischen John und Grace. Soll aus dem einmaligen Liebesgetümmel in jener Nacht die große Liebe fürs Leben werden oder war alles nur eine Kurzzeitaffäre? In der Schlusseinstellung werden weder Grace noch die Beziehung themati-

siert. Stattdessen erfolgt wieder ein unermüdlicher Schlagabtausch zwischen den beiden Brüdern.
Auch der Umgang mit den dargestellten Charakteren erweist sich als äußerst überzeichnet und oberflächlich. So ist es sicherlich erstrebenswert, in einem Unterhaltungsfilm das Thema Rassismus vor einer breiten Öffentlichkeit zu diskutieren. Allerdings geschieht dies in *Money Train* auf eine derart plumpe und über weite Strecken unsensible Art, dass dies den Zuschauer schon nach wenigen Minuten nervt. Bereits die Konstellation – schwarzes Kind, weißer Pflegebruder – kommt unglaubwürdig und unrealistisch daher. Zu Beginn des Films ist man sich nicht sicher, ob es sich hierbei lediglich um ein komödiantisches Element handelt oder ob die ungewöhnliche Brüderkonstellation eine ernst gemeinte Tatsache im Film darstellt. Die Dialoge zwischen John und Charlie drehen sich zum größten Teil um die Thematik Schwarz und Weiß, sodass der Eindruck entsteht, die beiden hätten sich sonst eher wenig zu sagen.
Jennifers Rolle weist wie die der anderen Schauspieler keinerlei Entwicklungsmöglichkeiten auf. Hier wird dem Zuschauer von Anfang an unmissverständlich klargemacht, dass Grace Santiago die aufstrebende Polizistin auf der einen, die verführerische Kollegin auf der anderen Seite ist. Eine Entwicklung macht keiner der Charaktere im Film durch. So kommt es zwischen den Brüdern zwischenzeitlich zu einem Split, doch am Ende lernt keiner von beiden daraus. Vor allem Charlie hätte aufgrund seiner verkorksten Vergangenheit nun durchaus die Chance gehabt, über seine Taten und sein bisheriges Leben zu reflektieren. Dieser Prozess setzt jedoch nicht ein. Im Gegenteil: Sie streiten weiterhin über die gleichen Themen, Charlie wird weiterhin der Loser sein und John wird den Rest seines Lebens damit verbringen, seinem Brüderchen auf die Beine zu helfen. Dies ist von Anfang an vorhersehbar und sorgt neben der schleppenden Story für zusätzliche Langeweile.
Schlechter Höhepunkt des Films ist jedoch die Figur des Donald Patterson als menschenverachtender Chef. Die Rolle ist derart überzeichnet, dass sie unglaubwürdig wird. Zumal man sich fragt, wie ein solcher Psychopath überhaupt auf einen doch relativ hoch dotierten Posten gekommen ist. Hollywood arbeitet hier

Jennifer Lopez und Wesley Snipes in ›Money Train‹

mal wieder mit der so genannten »Holzhammermethode«; ein fragwürdiges Stilmittel, das im Übrigen in vielen Filmen der Traumfabrik Anwendung findet. Gelungene charakterliche Überzeichnungen als Ausdrucksmittel für soziale und politische Kritikpunkte an der Gesellschaft finden sich dagegen zuletzt in dem herausragenden und zu Recht Oscar-prämierten Werk *American Beauty* (USA 1999).

Im Januar 1996 sorgt *Money Train* in Belgien für Schlagzeilen ganz besonderer Art. Wie erwähnt, spielt in Rubens Film ein Brandstifter, der immer wieder Fahrkartenverkäuferinnen überfällt, mit Benzin überschüttet und anzündet, eine nicht unbedeutende Rolle. In der Brüsseler Metro geschieht ein Verbrechen nach derselben Machart, allerdings mit wesentlich schlimmeren Folgen. Der Kartenverkäufer Henri Kaufman überlebt diesen Feuerüberfall nicht. Vielleicht hätte er gerettet werden können, wenn die Sprinkleranlage funktioniert hätte. Dies war Wasser auf die Mühlen derjenigen, die versuchen, Verbindungen herzustellen zwischen der fiktiven Filmwelt und der realen Welt. Trotz zahlreicher empirischer Untersuchungen konnte nie eindeutig nachgewiesen werden, inwiefern Betrachter von Filmen mit Action- oder Gewaltszenen wirklich beeinflusst werden und das Gesehene in die Tat umsetzen. Verherrlichung von Gewalt, Sexismus und Brutalität sind aber auf jeden Fall immer problematisch und deren Auswirkungen sollten keinesfalls unterbewertet werden.

Im Falle *Money Train* sind dies jedoch nur unglückselige Parallelen. Die Verdächtigen, die Kaufman ermordeten, werden verhaftet und sie gestehen, dass zwischen dem Film und der Tat kein Zusammenhang besteht. So makaber und zynisch die Sache nun ist, für Joseph Rubens Film bedeutet dies gleichzeitig eine kostenlose Werbung, da der Fall in der belgischen Presse natürlich tagelang ausgeschlachtet wird. Der flämische Filmrezensent Raf Butstraen bezeichnet es als äußerst bedauerlich: »So bekam *Money Train* mehr Aufmerksamkeit, als er verdiente.«

Bezüglich der Beurteilung von *Money Train* lässt sich als Fazit Folgendes konstatieren: Die Regieleistung wirkt uninspiriert, die Aufnahmen, selbst die Spezialeffekte, sind gemessen an den heutigen Standards wenig aufsehenerregend. Zugüberfälle wurden schon spektakulärer, amüsanter und vor allem charmanter in Szene gesetzt. Gegen *Money Train* hat selbst der Schwarzweißklassiker *Die Gentlemen bitten zur Kasse* (TV-Mehrteiler BRD 1965) mit Horst Tappert über den legendären Postzugüberfall in England 1962 mehr Esprit, ganz zu schweigen von dem unschlagbaren Altherrenduo Burt Lancaster und Kirk Douglas in *Archie und Harry – Sie können's nicht lassen/Tough Guys* (USA 1986).

Unter Umständen bringt das Kursbuch der Deutschen Bahn AG mehr Spannung und Abwechslung; und demjenigen, der wieder einmal bei Regenwetter auf einem zugigen Bahngleis die fast schon obligatorischen zehn bis fünfzehn Minuten – wegen Verspätung – auf den Anschlusszug abwarten muss, wird sicherlich mehr Adrenalin durch die Adern gepumpt als einem Zuschauer von *Money Train*. Denn der Geldzug kommt, er wird überfallen, und am Ende ist alles gut, aber ob die Regionalbahn oder der ICE kommt, das ist nicht immer gewiss …

KRITIKEN:
»*Money Train* ist die Art Film, die einen daran erinnert, weshalb andere so gut sind.« (*Eindhovens Dagblad*, 21. März 1996)
»... selbst die spektakulären Subway-Stunts gegen Ende sind keine Entschädigung für diese maßlose Enttäuschung.« (Milan Pavlovic in *Kölner Stadt-Anzeiger*, 13. Januar 1996)
»... Joseph Rubens *Money Train* aber will uns nur mit dem Dolby-Stereo-Kreischen misshandelten Metalls von den dürftigen Ideen zur Durchführung des Verbrechens ablenken. Seine Unlogik ist allerdings zu krass, als dass ein paar Karambolageszenchen vom entführten Geldtransport und einem vornwegjagenden Passagierzug sie vergessen ließen. Man ist dem Krawall lediglich dankbar, der die dauerplätschernden Blödeldialoge der beiden Hauptdarsteller kurz unterbricht. *Stoppt die Todesfahrt der U 123* im Fernsehen alle paar Monate zu sehen, bleibt der Klassiker des U-Bahn-Thrillers. *Money Train* ist nicht einmal die Holzeisenbahn dazu.« (Thomas Klingenmaier in *Stuttgarter Zeitung*, 11. Januar 1996)
»*Money Train* sollte alles zusammen sein und jede Zuschauergruppe treffen: Buddy-Movie, Thriller, Romantic Comedy, Drama und Actionfilm. Mit anderen Worten: eine todsichere Sache an der Kinokasse. Aber ebenso führerlos, wie schließlich der Geldzug durch das U-Bahn-Netz düst, rast auch der Film ohne spürbare Hand des Regisseurs durch die bekannten Handlungsfesten erfolgreicherer Vorgänger.« (*Fischer Film-Almanach* 1997).

5. Was Jennifer Lopez Robin Williams beibringt

Mit *Jack* im Komödienfach

»Es ist schön, endlich jemanden spielen zu dürfen, der nicht gequält wird oder tough ist. Ich habe immer noch blaue Flecken vom Herumkriechen mit Gewehren in Anaconda. Money Train *war genauso.«*

JENNIFER LOPEZ ÜBER IHRE ROLLE IN *JACK*

Tatsächlich spielt Jennifer Lopez in *Jack* als Klassenlehrerin Miss Marquez zum ersten Mal eine nette »familienfreundliche« Rolle. Darüber hinaus fällt *Jack* als einzige Vollblut-Komödie in Jennifers Filmografie ziemlich aus dem Rahmen.

INHALT: Auf einer Halloween-Party bekommt die schwangere Karen Powell (Diane Lane) plötzlich starke Wehen. Sie wird in ein Krankenhaus gebracht, wo sie im Beisein ihres Mannes Brian (Brian Kerwin) und des fassungslosen Krankenhauspersonals einen mopsfidelen, fertig entwickelten Jungen zur Welt bringt. Jack, wie die Eltern den Kleinen nennen, ist eine Sensation, denn Karen war erst im zweiten Monat schwanger! Nach diversen Untersuchungen erklären die Ärzte den Eltern, dass ihr Junge ganz normal und so weit gesund sei. Allerdings scheine seine innere Uhr schneller zu ticken, denn seine Zellen entwickeln sich viermal so schnell wie bei anderen Kindern. Dies bedeute, wenn er ein Jahr alt sei, sehe er aus wie vier, und wenn er zehn Jahre alt sei, sehe er aus wie vierzig.
Zehn Jahre später: Jack (Robin Williams) sieht nun bezüglich seiner Körperbehaarung, seiner Größe und anderer Details aus wie ein 40-jähriger Mann. Geistig allerdings ist er auf der Stufe eines Zehnjährigen. Während er sich also einerseits morgens rasiert, tobt er auf der anderen Seite mit seiner Mutter spielend durch das Haus und will bei seinen Eltern im Bett schlafen, wenn er schlecht geträumt hat. Er wächst sehr behütet im Haus seiner

liebevollen Eltern auf, die für ihn den Privatlehrer Lawrence Woodruff (Bill Cosby) engagiert haben.
Eines Tages versucht Mr. Woodruff gerade mal wieder, dem Jungen das Fach Geschichte näher zu bringen, als ihm auffällt, wie abwesend und traurig Jack aussieht. Jack erzählt ihm, dass er gerne nach draußen und mit anderen Kindern spielen möchte. Mr. Woodruff versucht daraufhin, Jacks Eltern von der Notwendigkeit zu überzeugen, Jack in eine normale Schule zu schicken. Diese – insbesondere Jacks Mutter – machen sich jedoch große Sorgen und befürchten, dass Jack als Außenseiter behandelt und von den anderen Kindern schikaniert wird. Mr. Woodruff versucht an ihr Gewissen zu appellieren, als er meint, Jack solle ein erfülltes Leben haben.
Die Eltern ringen sich endlich zu dem Entschluss durch: Jack darf die örtliche Schule besuchen und er ist voll freudiger Erwartung. Direktor McGee ist auf den besonderen Fall vorbereitet und nimmt ihn in Empfang. Er bringt ihn zu seiner Klasse und

In ›Jack‹ hat die Lehrerin Miss Marquez (Jennifer Lopez) plötzlich einen sehr großen Jungen (Robin Williams) in ihrer Klasse …

zu seiner zukünftigen Klassenlehrerin Miss Marquez (Jennifer Lopez). Diese ist sehr nett und nimmt ihn freundlichst auf. Sie versucht ihn in die distanziert reagierende Klassengemeinschaft zu integrieren.
Dies misslingt jedoch zunächst. In den Pausen auf dem Schulhof wird Jack geschnitten, höchstens wie ein Zootier angestarrt und gehänselt. Als Jack tieftraurig nach Hause kommt, sehen sich die Eltern in ihren Befürchtungen bestätigt. Doch Jack ergreift die nächste Chance. Als sein Klassenkamerad Louis Durante (Adam Zolotin) und dessen Clique wieder einmal von anderen Jungs zu einem Basketballspiel herausgefordert werden, bittet Louis Jack mitzuspielen.
Unter den erfreuten Augen von Miss Marquez spielt Jack sehr gut mit und Louis' Team gewinnt. Jack bedankt sich bei Louis, dass er ihn hat mitmachen lassen. Dieser bittet Jack um einen Gefallen: Seine Mutter, Dolores (Fran Drescher), will aufgrund Louis' schlechter schulischer Leistungen mit dem Schuldirektor reden. Nun soll sich Jack als neuer Direktor ausgeben und Louis Mutter täuschen.
Nach anfänglichem Zögern lässt sich Jack auf den Deal ein. Er erzählt Frau Durante, ihr Sohn sei der klügste Junge, den er kenne. Sie freut sich sehr, das zu hören, und macht dem angeblichen Direktor schöne Augen. Sie gibt Jack ihre Telefonnummer und nennt ihm einen Club, wo sie des Öfteren anzutreffen ist. Als sie nach Hause fährt, hat Jack es endgültig geschafft – er wird von Louis als Freund akzeptiert. Überglücklich rennt er nach Hause und erzählt seinen Eltern, was er erlebt hat. Außerdem bittet er seinen Vater, ihn nicht mehr in Gegenwart der anderen Jungen zu umarmen.
Louis holt Jack zum Spielen ab. Die beiden radeln zu einem großen Baumhaus. Louis stellt Jack den anderen vier Jungen aus der Clique vor und erzählt ihnen, was dieser für ihn getan hat. Als Jack schließlich die von den Jungen heiß begehrten Erotikmagazine aus der Tasche holt, die er als erwachsen aussehender Mann im Gegensatz zu seinen gleichaltrigen Klassenkameraden problemlos kaufen kann, wird er nach dem Bestehen einer Aufnahmeprüfung von der Gruppe begeistert aufgenommen. Von nun an hat die Clique viel Spaß zusammen.

Jack lädt seinen ehemaligen Privatlehrer Mr. Woodruff ins Baumhaus ein und stellt ihn den anderen vor. Auch er wird nach Ablegen der obligatorischen Aufnahmeprüfung als Freund der Clique akzeptiert.
Jack ist ein bisschen nachdenklich geworden. Im Spiegel sieht er, wie ihm die ersten Haare ausfallen. Außerdem macht ihm die Hausaufgabe zu schaffen, die Miss Marquez der Klasse bis zum Schuljahresende gestellt hat: Jeder soll sich Gedanken darüber machen, was er später einmal werden möchte, und dies schriftlich niederlegen. Jack grübelt darüber nach, was er schreiben soll. Er möchte einfach nur »ein Leben«. Als wieder einmal ein Schultag vorbei ist und die Kinder nach Hause gehen, fasst sich der verliebte Jack ein Herz und bittet Miss Marquez, ihn zum Schulball zu begleiten, weil die gleichaltrigen Mädchen viel zu klein für ihn seien. Sie lehnt dies aber ab und argumentiert, dass sie als seine Lehrerin nicht mit ihm in eine Disco gehen könne. Jack läuft weinend davon, bekommt Herzstiche und fällt eine Treppe hinunter.
Dann findet er sich auf der Intensivstation eines Krankenhauses wieder. Der behandelnde Arzt klärt seine Eltern darüber auf, dass der Zusammenbruch »das Resultat großer Aufregung« sei, eine Art Arteriosklerose bzw. Angina. Jacks Mutter teilt ihrem Sohn mit, dass er nun wieder zu Hause bleiben müsse, um sich zu schonen. Jack ist entsetzt, schreit und weint.
Traurig sucht Jack das »Memories« auf, den Club, den Louis' Mutter ihm genannt hatte. Als sie tatsächlich den Club betritt, tanzen sie zusammen und küssen sich. Dann bekommt Jack Panik und will wegrennen. Er stößt mit einem Kerl zusammen, von dem er in eine Schlägerei verwickelt wird. Jack und der Kerl werden festgenommen. Frau Durante hinterlegt allerdings die geforderte Kaution für Jack und fährt ihn nach Hause.
Die nächsten Wochen igelt sich Jack traurig in seinem Zimmer ein. Lediglich Mr. Woodruff bekommt ihn außer seinen Eltern noch zu Gesicht. Eines Tages erklärt Jack seinem Lehrer, dass er nicht mehr von ihm unterrichtet werden wolle, weil er keinen Sinn mehr darin sehe. Mr. Woodruff verurteilt dies als »Aufgeben« und versucht seinen Schützling aufzumuntern, indem er ihn mit einer Sternschnuppe vergleicht. Sie sei nur kurz da, erleuch-

te dann aber den ganzen Himmel. Sie sei eines der schönsten Dinge, die man sich vorstellen könne, und die anderen Sterne würden anhalten, nur um zuzusehen. Jack klagt, er wolle aber nur ein ganz gewöhnlicher Stern sein. Daraufhin sagt Mr. Woodruff: »Du wirst nie gewöhnlich sein, du bist etwas Besonderes.«

Louis hat eine Idee, wie man Jack aus seiner Lethargie herausreißen könnte. Er und seine Freunde klingeln über Tage hinweg jeweils einzeln an der Haustür von Jacks Eltern und fragen, ob Jack zum Spielen herauskäme. Jack beobachtet das Treiben vom Fenster aus, kann sich aber nicht dazu durchringen, mit seinen Freunden zu spielen.

Doch am nächsten Morgen steht er fertig angezogen, rasiert und voller Tatendrang am Frühstückstisch und verkündet, wieder in die Schule zu gehen. Er will das Einverständnis seiner Mutter, das sie ihm auch gibt. In der Schule liest Louis gerade seinen Aufsatz zum Thema »Was will ich werden, wenn ich groß bin« vor, als Jack hineinkommt. Louis' Aufsatz ist eine einzige Hommage an Jack, den er als seinen besten Freund und als perfekten Erwachsenen bezeichnet, weil er in seinem Herzen Kind geblieben sei. Jack wird von den anderen Kindern und von Miss Marquez freudig aufgenommen.

Sieben Jahre später, Schulabschlussfeier. Inzwischen sieht Jack aus wie ein 80-jähriger Mann mit grauen Haaren und zittrigem Gang. Mr. Woodruff stellt ihn vor versammeltem Publikum als diesjährigen Schulprimus vor. Jack hält eine bewegende Rede, in der er sich wünscht, dass sich niemand allzu große Sorgen macht, weil man nicht sehr lange auf dieser Erde verweilt. »Macht aus eurem Leben etwas Besonderes«, rät er den anwesenden Mitschülerinnen und Mitschülern und deren Verwandten. Er erhält frenetischen Applaus. In der Schlussszene fährt Jack mit seiner Clique zum Feiern.

HINTERGRUNDINFORMATIONEN: Nach *Meine Familie* arbeitet Jennifer Lopez in *Jack* zum zweiten Mal mit Francis Ford Coppola zusammen. Diesmal jedoch ist Coppola nicht ausführender Produzent, sondern Regisseur des Films. Der 1939 in Detroit geborene, in New York aufgewachsene Coppola kann auf eine 40-jährige Schaffenszeit als Produzent, Regisseur und Dreh-

Von Francis Ford Coppola produziert: ›Jack‹ (1996)

buchautor zurückblicken. Bereits als Kind dreht er Amateurfilme. Später studiert er an der UCLA-Filmschule.
Seine erste Auszeichnung erhält Coppola im Alter von 31 Jahren: Für seine Arbeit am Drehbuch zu *Patton* gewinnt er 1970 den Oscar. Daraufhin tritt Paramount an ihn heran und bittet ihn, Mario Puzos Bestseller *Der Pate/The Godfather* zu verfilmen. Der Film mit Marlon Brando, Al Pacino, Diane Keaton und Robert Duvall in den Hauptrollen kommt 1972 in die Kinos, erhält vier Oscars und wird ein gigantischer kommerzieller Erfolg.
Nachdem Coppola als Produzent bei *American Graffiti* (USA 1973), als Drehbuchautor bei *Der große Gatsby/The Great Gatsby* (USA 1974) und als Regisseur, Produzent und Autor bei *Der Dialog/The Conversation* (USA 1974, einem Politthriller in Anspielung auf den Watergate-Skandal, der die Goldene Palme bei den Filmfestspielen in Cannes erhält) mitgewirkt hat, dreht er 1974 die Fortsetzung seines erfolgreichen Mafia-Thrillers: *Der*

Pate II/The Godfather Part II. Diesmal erhält der Film gleich sechs Oscars; Coppola wird als bester Regisseur ausgezeichnet. Seinen immensen Erfolg in den 70er Jahren krönt Coppola schließlich, als er Joseph Conrads Roman *Heart of Darkness* zu einem Drehbuch umschreibt und in den kambodschanischen Dschungel zur Zeit des Vietnam-Krieges verlegt. Das Ergebnis ist *Apocalypse Now* (USA 1979), ein Kriegsdrama, für das Coppola auch als Regisseur und Produzent verantwortlich zeichnet und erneut die Goldene Palme von Cannes erhält.

Die 80er Jahre bedeuten für Coppola eine längere, vor allem finanzielle Durststrecke. In dieser Zeit dreht er u. a. die Actiondramen *The Outsiders* und *Rumble Fish* (beide USA 1983) nach Romanvorlagen von S. E. Hinton und gibt damit einer ganzen Riege von Jungschauspielern eine Plattform: Tom Cruise, Matt Dillon, Mickey Rourke, Nicolas Cage (Coppolas Neffe), Diane Lane, Patrick Swayze, Rob Lowe und Emilio Estevez. Nach weiteren finanziellen Misserfolgen wie *Peggy Sue hat geheiratet/Peggy Sue Got Married* (USA 1986), *Der steinerne Garten/Gardens of Stone* (USA 1987) und *Tucker – Ein Mann und sein Traum/Tucker: The Man and His Dream* (USA 1988) muss Coppolas American Zoetrope Studio 1990 Konkurs anmelden.

In dieser Notlage lässt er sich als Regisseur für *Der Pate III/The Godfather Part III* (USA 1990) anheuern, dem lange erwarteten Schlusskapitel der Mafia-Trilogie. Obwohl der Film zwei Golden Globes (bester Regisseur und bestes Drehbuch) sowie eine Oscar-Nominierung für den besten Regisseur erhält, kann er nicht an die finanziellen Erfolge seiner beiden Vorgänger anknüpfen. Dies gelingt Coppola erst wieder mit der Verfilmung von *Bram Stoker's Dracula* (USA 1992) mit Gary Oldman, Winona Ryder, Anthony Hopkins und Keanu Reeves sowie der Produktion von Regisseur Kenneth Brannaghs Film *Mary Shelley's Frankenstein* (USA 1994) mit Robert De Niro, Tom Hulce, Helena Bonham Carter, Aidan Quinn und John Cleese. Als ausführender Produzent betreut er mit der mittlerweile wieder aufgebauten Firma Zoetrope Gregory Navas Familienepos *Meine Familie*. Erst 1996 mit *Jack* und 1997 mit John Grishams Gerichtsdrama *Der Regenmacher/The Rainmaker* betätigt sich Coppola erneut als Regisseur. Größere Erfolge als ausführender

Produzent hat er mit *Don Juan de Marco/Don Juan DeMarco* (USA 1995) und *Sleepy Hollow* (USA 1999), jeweils mit Johnny Depp in der Hauptrolle, zu verzeichnen.
Francis Ford Coppola ist bekannt für seine intensiven, schwierigen und langwierigen Dreharbeiten (z. B. für *Apocalypse Now*). Bei *Jack* jedoch gibt es weitaus weniger Druck für die Schauspieler. Coppola dreht mit ihnen und dem Team in der Umgebung seines Besitzes in Napa Valley in Kalifornien, sodass eine sehr entspannte Atmosphäre herrscht. So entspannt, dass Jennifer Lopez von Coppola schwärmt: »Er ist wie ein großer Teddybär. Er ist so süß.« Solch eine Charakterisierung hat der große Regisseur sicher noch nicht oft in seinem Leben erhalten.
Coppola stützt sich bei seinen Projekten gerne auf ihm bekannte Namen. Verantwortlich für den Schnitt in *Jack* ist Barry Malkin, ein erfahrener Mann, auf den Coppola nicht zum ersten Mal zurückgreift. Die beiden arbeiten bereits 1969 beim Drama *Liebe niemals einen Fremden/The Rain People* zusammen und haben eine Reihe gemeinsamer Filme aufzuweisen, so z. B. den zweiten und dritten Teil von *Der Pate*, *Apocalypse Now*, *Rumble Fish*, *The Cotton Club*, *Peggy Sue hat geheiratet*, *Der steinerne Garten*, *New York Stories* (USA 1989) und *Der Regenmacher*. Malkin kann außerdem auf Hollywood-Erfolge wie die Familienkomödie *Big* (USA 1988) mit Tom Hanks in der Hauptrolle verweisen oder auf die romantische Komödie *… aber nicht mit meiner Braut – Honeymoon in Vegas/Honeymoon in Vegas* (USA 1992) mit Nicolas Cage, Sarah Jessica Parker und James Caan. Für seine Arbeit beim Musical *The Cotton Club*, das vom legendären Treffpunkt des Harlem Jazz der 20er Jahre handelt, und für *Der Pate 3* erhält Malkin jeweils einen Oscar für den besten Schnitt.
Jacks Kameramann John Toll beginnt seine Karriere Anfang der 70er Jahre mit Low-Budget *exploitation movies*. Coppola kennt er seit 1986, als sie in *Peggy Sue hat geheiratet* zusammenarbeiten. Weitere Kooperationen gibt es bei *Jack* und 1997 bei *Der Regenmacher*. Inzwischen kann auch Toll auf zahlreiche erfolgreiche Filme zurückblicken, darunter das Romantikdrama *Legenden der Leidenschaft/Legends of the Fall* (USA 1994) mit Brad Pitt, Anthony Hopkins und Julia Ormond sowie das

Schlachtendrama *Braveheart* (USA 1995) von und mit Mel Gibson und mit Sophie Marceau. Für beide Filme gewinnt Toll den Oscar für die beste Kameraführung. Für seine Kameraarbeit beim Kriegsdrama *Der schmale Grat/The Thin Red Line* (USA 1998) mit Sean Penn, George Clooney, John Cusack, Woody Harrelson und Nick Nolte wird Toll bei den Filmfestspielen von Berlin ausgezeichnet und erhält zudem eine Oscar-Nominierung.
Vielleicht ist die für einen guten Film notwendige enge Zusammenarbeit zwischen Regie, Kamera und Art-Direction der Grund dafür, dass Coppola bei *Jack* mit Kameramann John Toll und mit Dean Tavoularis für die Ausstattung auf erfahrene Leute zurückgreift, mit denen er schon viele gemeinsame Filme gedreht hat. Denn auch der 1932 geborene Production-Designer Dean Tavoularis hat in fast allen oben erwähnten Filmen des Meisterregisseurs mitgewirkt. Für *Apocalypse Now, Tucker – Ein Mann und sein Traum* sowie *Der Pate III* erhält er jeweils eine Oscar-Nominierung und für *Der Pate II* gewinnt er die begehrte Trophäe für die beste Ausstattung.
Weitgehend unbekannt in Coppolas Team sind lediglich die beiden Verantwortlichen für das Drehbuch, das Coppola diesmal nicht selbst schreibt. Sowohl Gary Nadeau als auch James De Monaco sind vor *Jack* 1996 mit keinem Drehbuch in Erscheinung getreten. Während Nadeau lediglich 1997 für einen weiteren Film das Drehbuch schreibt, macht De Monaco durch ein hervorragendes Drehbuch für den gut bewerteten Actionthriller *Verhandlungssache/The Negotiator* (USA 1998) mit Samuel L. Jackson und dem frisch gebackenen Oscar-Preisträger Kevin Spacey in den Hauptrollen von sich reden. 1999 schreibt und produziert De Monaco schließlich eine US-Fernsehserie.
Jack steht und fällt mit seinem Hauptdarsteller Robin Williams. Der 1951 in Chicago geborene Komiker studiert zunächst Politikwissenschaft, stellt jedoch schnell fest, dass er lieber Schauspieler werden möchte. An der renommierten New Yorker Julliard School konzentriert er sich deshalb ganz auf das Theater und die Schauspielerei. Nach seinem Abschluss macht er sich als Stand-up-Comedian in San Francisco, bald aber auch im Fernsehen einen Namen. 1974 schafft Williams seinen ersten kleinen Durchbruch: Bei seinem Gastauftritt als Außerirdischer Mork

Lopez und Williams in ›Jack‹

vom Ork in der beliebten TV-Comedy-Serie *Happy Days* begeistert er das Publikum dermaßen, dass ihm die Verantwortlichen kurzerhand eine Titelrolle für die Serie *Mork vom Ork/Mork and Mindy* (USA 1978–1982) auf den Leib schreiben. Mit dieser Show etabliert sich Williams als einer der populärsten Komödianten der 70er und 80er Jahre.

Sein Filmdebüt gibt Williams in Robert Altmans kommerziell wenig erfolgreicher Fantasykomödie *Popeye* (USA 1980). Auch seine Leistung in *Garp und wie er die Welt sah/The World According to Garp* (USA 1982) schlägt sich nicht in einem kommerziellen Erfolg nieder. Erst als er 1987 unter der Regie von Barry Levinson den legendären Militär-DJ Adrian Cronauer im Kriegsdrama *Good Morning, Vietnam* spielt, kann sich Williams endgültig in die Topriege amerikanischer Schauspieler hocharbeiten. Für seine spontanen komödiantischen Einlagen, die weit über den Humor des wahren Cronauer hinausgehen, wird Williams erstmals für den Oscar nominiert und gewinnt einen Golden Globe.

Zwei weitere Oscar-Nominierungen als bester Schauspieler erhält er für seine Rolle als engagierter Lehrer in Peter Weirs Drama *Der Club der toten Dichter/Dead Poets Society* (USA 1989) und für seine tragikomische Darstellung als verrückter heimatloser Mann auf der Suche nach dem Heiligen Gral in der Fantasygeschichte *Der König der Fischer/The Fisher King* (USA 1991), für die er zumindest einen weiteren Golden Globe einheimst. Doch um den höchsten internationalen Filmpreis endlich auch zu gewinnen, muss Williams noch eine ganze Reihe hochkarätiger Filme abliefern, z. B. das authentische und mitreißende Drama *Zeit des Erwachens/Awakenings* (USA 1990), in dem er an der Seite von Robert De Niro spielt, oder Steven Spielbergs Fantasyfilm *Hook* (USA 1991) mit Julia Roberts und Dustin Hoffman.

Großartige komödiantische Leistungen bietet Williams in der Titelrolle der von ihm selbst mitproduzierten Komödie *Mrs. Doubtfire – das stachelige Kindermädchen/Mrs. Doubtfire* (USA 1993), für die er zum wiederholten Male den Golden Globe als bester Schauspieler erhält, und in der Komödie *Birdcage – Ein Paradies für schräge Vögel/The Birdcage* (USA 1996) als homosexueller Clubbesitzer, der mit seinem Lebenspartner zugunsten seines Sohnes ein Ehepaar spielen muss. 1997 schließlich erhält Williams endlich den begehrten Oscar für die beste Nebenrolle im Drama *Good Will Hunting*. Es folgen zahlreiche weitere Rollen, zuletzt als jüdischer Gefangener des Warschauer Ghettos in *Jakob der Lügner/Jakob the Liar* (USA 1999), ein Film, für den er auch als ausführender Produzent verantwortlich ist), und als *Der 200-Jahre-Mann/Bicentennial Man* (USA 1999).

Obwohl Robin Williams unbestritten ein Meister der Verwandlung ist und sich ganz sicher seinen kindlichen Humor bewahrt hat, hält es Francis Ford Coppola offensichtlich für notwendig, Williams auf seine Rolle in *Jack* intensiv vorzubereiten. Zu diesem Zweck unterzieht er den Hollywood-Star vor Beginn der Dreharbeiten auf seinem kalifornischen Weingut in Napa Valley einem dreiwöchigen Intensivtraining, bei dem Williams unter »Gleichaltrigen« zum zehnjährigen Jungen gedrillt wird. Auf dem Programm steht Zelten, Angeln, Schwimmen und Blödeln. »Es wurde ziemlich wild. Wir haben uns Gruselgeschichten erzählt, über Pamela Anderson geredet und Marshmallows gegessen«, erzählt der Komiker.
Coppola, der mit Robin Williams und Robert Ne Niro ein gemeinsames Weinlokal betreibt, will keine Kopie eines zehnjährigen Jungen, sondern möchte das Kind im Manne bei Williams herauskitzeln. So muss Williams zur Abrundung seines Trainings, das von einem »kindlichen technischen Berater« geleitet wird, noch dem Spielzeugwarenladen *Toys 'R' Us* einen Besuch abstatten.
Jennifer Lopez versteht sich beim Dreh ausgezeichnet mit Robin Williams. Zusammen imitieren sie während der Pausen des Öfteren Stimmen prominenter Schauspieler. So spielen die beiden einmal Romeo und Julia, wobei Williams die Stimme von Sylvester Stallone nachahmt und Jennifer die ihrer Kollegin Rosie Perez.
Lopez schlägt für ihre Rolle als Jacks Klassenlehrerin einmal mehr prominente Namen wie Ashley Judd und Lauren Holly aus dem Rennen. Auf die Frage, wovon ihrer Meinung nach Topregisseure wie Coppola bei ihr beeindruckt wären, antwortet sie: »Das Wichtigste ist die Kontrolle von Gefühlen. Jeder kann schreien, jeder kann weinen. Es geht darum, einfach in der entsprechenden Situation das zu tun, was natürlich ist.« Besonders stolz ist Jennifer Lopez bei *Jack* allerdings darauf, dass sie zum ersten Mal in ihrer Karriere als Schauspielerin eine Rolle spielt, die vorher nicht als Latina-Rolle konzipiert war. Dass Jacks Klassenlehrerin ausgerechnet eine Latina namens Miss Marquez ist, wird erst festgelegt, nachdem Jennifer Lopez für diese Rolle gecastet wurde. Obwohl sie stolz ist auf ihre Herkunft und Kul-

tur, legt sie großen Wert darauf, in erster Linie eine Schauspielerin zu sein, keine Latina, und sie möchte ausschließlich Rollen spielen, bei denen die kulturelle Zugehörigkeit keine Bedeutung spielt.

Progerie

Die Progerie, auch Hutchinson-Gilford-Syndrom genannt, ist eine sehr seltene, seit 1886 bekannte Erkrankung (weltweit gibt es etwa 30 bekannte Fälle), die Kinder zehnmal schneller altern lässt. Im Gegensatz zu Jacks Symptomen im gleichnamigen Film äußert sich die wirkliche Progerie jedoch wesentlich schlimmer: Während ihres ersten Lebensjahres sehen die erkrankten Kinder vollkommen normal aus, doch danach entwickeln sich sehr rasch Symptome wie Haarausfall, Verschärfung der Gesichtszüge und verringertes Wachstum. Die Haut wird dünn und bräunlich, die Blutgefäße werden deutlich sichtbar und die Zähne fallen schnell aus. Es entsteht eine schwere Arthrose mit einer Verdickung der Gelenke, was zu einer beschränkten Mobilität führt. Durch ihr für andere schockierendes Aussehen (großer, kahler Kopf, hohle Wangen mit gespannter Haut, spärliche Augenbrauen und Wimpern, spitze Nase, fehlende Zähne und geringe Körpergröße) müssen die Betroffenen in der Regel gegen soziale Isolation ankämpfen. Viele an Progerie erkrankte Kinder erleiden bereits zwischen dem 12. und dem 15. Lebensjahr ihren ersten Schlag- oder Herzanfall. Die Erkrankung ist wahrscheinlich auf einen genetischen Defekt zurückzuführen. Da die Ursache hierfür noch nicht bekannt ist, wird Progerie wohl auch auf absehbare Zeit unheilbar bleiben.

Diane Lane, im Film Jacks Mutter, gehört zu denjenigen im Ensemble, die bereits einige Erfahrungen mit Regisseur Coppola gemacht haben. So ist sie beispielsweise in *The Outsiders, Rumble Fish* und *The Cotton Club* mit von der Partie. Die 1965 geborene waschechte New Yorkerin steht bereits seit ihrem sechsten Lebensjahr auf den Brettern, die die Welt bedeuten. Nachdem sie 1976 (!) ihre erste Hauptrolle am Public Theatre spielt, wird sie von George Roy Hill entdeckt, der sie in *Ich liebe dich – I love you – Je t'aime/A Little Romance* (USA 1979) zu ihrem Spielfilmdebüt führt. Zahlreiche Kino- und Fernseherfolge pflastern ihren Weg, so z. B. *Knight Moves* (USA 1992) mit Christopher Lambert oder Wolfgang Petersens *Der Sturm/The Perfect Storm* (USA 2000) mit George Clooney und Mark Wahlberg, wo man sie als Christina Cotter sieht. Für ihre Rolle als Lorena Wood in der amerikanischen Fernsehserie *Der Ruf des Adlers/Lonesome Dove* (1989) erhält Diane Lane eine Nominierung für den Emmy Award.

Diane Lanes Film-Ehepartner Brian Kerwin ist zumindest in Deutschland weniger bekannt. Der 1949 in Chicago geborene Schauspieler war bisher eher in amerikanischen Fernsehfilmen und -serien zu sehen. Seine Karriere beginnt er 1973 mit der Fernsehserie *The Young and the Restless*. 1982 spielt er zum ersten Mal mit Diane Lane, und zwar im Fernsehfilm *Miss All-American Beauty*, der in Deutschland unter dem Titel *Wenn Märchen wahr werden* gezeigt wird. Neben zahlreichen Gastauftritten in amerikanischen Fernsehshows (beispielsweise vier Auftritte in *Roseanne* 1988) spielt er mit Stars wie Sally Field und James Garner in der romantischen Komödie *Die zweite Wahl – Eine Romanze/Murphy's Romance* (USA 1985) oder mit Sissy Spacek in der humorvollen Romanze *Der Mann meiner Frau/Hard Promises* (USA 1992). Mit Michelle Pfeiffer hat er gleich zweimal das Vergnügen: erst 1987 im Fernsehdrama *Natica Jackson* und dann 1992 als ihr Ehemann im ebenfalls dramatischen *Love Field*.

Über Bill Cosby, der in *Jack* den gutherzigen Hauslehrer Mr. Woodruff mimt, erübrigen sich viele Worte. Der 1937 in Philadelphia geborene Afroamerikaner William Henry Cosby jr. will ursprünglich Sportlehrer werden, bis er sein komisches Talent entdeckt und als Komödiant in Nachtclubs auftritt. Nach zahlreichen Gastauftritten im Fernsehen und mehreren mit dem Grammy ausgezeichneten Alben wird Cosby 1965 für die wöchentliche Fernseh-Spionageserie *I Spy* mit Robert Culp unter Vertrag genommen. Danach unterschreibt er einen Zweijahresvertrag bei NBC und startet 1969 seine legendäre Sitcom *Die Bill Cosby Show/The Bill Cosby Show*.

Da der Erfolg zunächst ausbleibt, probiert er es 1972 mit *The*

New Bill Cosby Show, bis er schließlich 1984 als Doctor Heathcliff Huxtable in *The Cosby Show* seinen absoluten Durchbruch feiert. Die Serie läuft acht Jahre lang und macht Schauspieler und Produzent Cosby zu einem der beliebtesten und bestbezahlten Entertainer überhaupt. Müßig zu erwähnen, dass Cosby in den 70er Jahren sein Studium wieder aufnimmt und es mit der Doktorwürde in Pädagogik abschließt.
Obwohl sie in *Jack* nur eine kleine Nebenrolle als Liebe suchende Dolores Durante hat, ist sie bei weitem keine Unbekannte: Fran Drescher, geboren 1957 in Flushing, New York, dürfte dem deutschen Publikum vor allem als Protagonistin Fran Fine in der Fernsehserie *Die Nanny/The Nanny* (USA 1991–1999) ein Begriff sein. Diese Serie hat sie zusammen mit ihrem Ehemann Peter Marc Jacobson selbst kreiert und als Regisseurin inszeniert. Wie ihr Charakter Fran Fine ist auch Francine Drescher in Queens geboren und aufgewachsen. Schon von klein auf interessiert sie sich für die Schauspielerei und belegt das Fach Drama auf der Highschool. Nach einem Jahr am Queens College besucht sie allerdings eine Kosmetikschule und wird Friseurin mit einem eigenen Geschäft.
Ihr Filmdebüt hat sie 1977 als Connie in *Nur Samstag Nacht/ Saturday Night Fever* neben John Travolta. Obwohl Drescher schon in ihrem nächsten Film *American Hot Wax* (USA 1978) eine Hauptrolle und danach Nebenrollen in zahlreichen weiteren Filmen spielt, macht sie sich erst mit ihrem Part als Bobbi Flekman in Rob Reiners *Die Jungs von Spinal Tap/This is Spinal Tap* (USA 1984) einen Namen. Gleichzeitig hat sie mehrere Gastauftritte in Fernsehserien und dreht verschiedene Fernsehfilme. Für ihre Arbeit als Drehbuchschreiberin, Produzentin und Schauspielerin in *Die Nanny* erhält Drescher Nominierungen für den Emmy Award. Nach ihrem Auftritt in *Jack* veröffentlicht sie 1996 ihre Autobiografie und schreibt im folgenden Jahr zusammen mit ihrem Ehemann die romantische Komödie *Mein Liebling, der Tyrann/The Beautician and the Beast*, in der sie natürlich auch mitspielt.
Coppolas *Jack* ist sicherlich keine Meisterleistung, wenn man bedenkt, dass der Ausnahmeregisseur mit seiner Paten-Trilogie Filmgeschichte geschrieben hat. Für Jennifer Lopez bedeutet

Jack allerdings einmal mehr, als Newcomerin an der Seite großer Hollywood-Schauspieler bestehen zu können. Gleichzeitig gelingt es ihr, mit ihrer Ausstrahlung und ihrem Talent nach Gregory Nava erneut einen namhaften Regisseur zu beeindrucken.

KRITIKEN:

»Trotz einem sentimentalen Ende und Schwächen im Drehbuch eine unterhaltsame Komödie mit Tiefgang, in der neben komischen Momenten auch metaphysische Fragen Platz haben. Mit einem überzeugenden Robin Williams in der Titelrolle.« (*Zoom* 6/1997)

»Coppola, der selbst erklärt hat, dies sei sein persönlichster Film, inszeniert die alltäglichen Probleme, auch Entdeckungen und Abenteuer unentschieden zwischen Melodram und Komödie, wodurch auch Williams in der Geschiche momentweise heimatlos wirkt. Als Zehnjähriger (!) war Coppola durch eine Polio-Erkrankung ein Jahr lang ans Haus gefesselt – die Fantasien jener

»Eine unterhaltsame Komödie mit Tiefgang«: ›Jack‹

Zeit mögen ihn zu *Jack* inspiriert haben. Doch mit dem Film hat er offensichtlich den Weg zu sich selbst nicht gefunden. Ihm fehlt der Erzählbogen, er bleibt in wehmütiger Erinnerung und Trauer stecken. Aber vielleicht liegt da der Schlüssel und deshalb ist auch dieser Coppola-Film interessant, wenn auch interessant gescheitert.« (Frauke Hanck, *AZ*, 5. Juni 1997)

»Durch erzählerische Wucht, einfühlsame Darstellungen und subtile Stilisierungen entsteht ein genauso rührendes wie amüsantes Märchen. Eine Parabel über Kindheit, Erwachsensein und Älterwerden, die – zärtlich beobachtend – tiefe Emotionen weckt.« (Dirk Jasper, *CyberKino*)

»Tränenziehend gemeinte, aber altklug wirkende Sätze über das Leben, das Altern und den Tod geben der Geschichte dann den Rest. Auch die Besetzung der Hauptrolle mit Robin Williams ist wenig glücklich. Zwar nimmt man dem Mimen ab, dass er auch privat im Power-Rangers-Schlafanzug zu Bett geht, aber den infantilen Kasper hat er in letzter Zeit so häufig dargestellt, dass jedes überraschende Moment selbst dann verpufft, wenn er ohne Probleme den ›Playboy‹ – und so den Respekt seiner Schulkameraden in der vierten Klasse – kaufen kann.« (*Die Woche* vom 6. Juni 1997)

»Die Erkenntnis dieser Parabel über Kindheit, Erwachsensein und Älterwerden: Das Leben ist kurz, drum nutze die Zeit. Von einem Regisseur, der einst mit *Apocalypse Now* Filmgeschichte schrieb, darf man allerdings mehr als nur Plattitüden erwarten. Immerhin: Robin Williams überzeugt in dem stromlinienförmigen Familienfilm als Mann, in dem ein kleiner Junge steckt. Eine Überraschung ist das aber nicht.« (*TV Movie* 12/1997)

6. Salsa mit Jack Nicholson

Als Femme fatale in *Blood & Wine*

»Er konnte viel von mir lernen ...«

JENNIFER LOPEZ ÜBER IHREN FILMPARTNER JACK NICHOLSON

Jennifer Lopez' Schauspielkarriere konnte kaum besser verlaufen. In ihrem dritten Hollywood-Spielfilm steht sie nach dem ungleichen Duo Harrelson/Snipes und dem Megastar Robin Williams erneut mit zwei ganz großen internationalen Filmstars vor der Kamera: Michael Caine und Jack Nicholson. Sie spielt die verführerische Kubanerin Gabriella, die in dem Thriller *Blood & Wine – Ein tödlicher Cocktail/Blood and Wine* gleich zwei Männern den Kopf verdreht.

INHALT: Der junge, attraktive Jason Gates (Stephen Dorff) ist ein Lebenskünstler, der seine Zeit am liebsten damit verbringt, aufs Meer hinauszufahren und zu angeln. Um sich seinen Lebensunterhalt zu verdienen, arbeitet er bei seinem Stiefvater Alex Gates (Jack Nicholson), einem angesehenen Weinhändler in Miami. Alex ist verheiratet mit Suzanne (Judy Davis), die jedoch Alkoholikerin und ziemlich verbittert ist. Trost findet Alex bei der erotischen Kubanerin Gabriella (Jennifer Lopez), seiner Geliebten. Nach außen gibt sich Alex als guter Ehepartner und Lebemann, der sein Leben in Luxus sichtlich genießt. Sein Statussymbol ist ein rotes BMW-Cabrio, mit dem er Miamis Straßen unsicher macht. Doch all das ist nur Fassade. Die Ehe ist schon lange nicht mehr intakt; eine wohlhabende Gattin wie Suzanne verlässt man allerdings nicht so einfach.
Keiner weiß, dass Alex längst über seine Verhältnisse lebt und de facto pleite ist. Das Vermögen seiner Frau hat er längst verprasst und die Weinhandlung läuft mehr schlecht als recht. Verschuldet bis über beide Ohren, muss er eine Lösung finden. Allerdings soll die Lösung so aussehen, dass Alex seinen Lebensstil in keiner Weise aufgeben muss. Da dies auf legalem Wege nicht möglich

scheint, entschließt er sich, das Diamantencollier seines vermögenden Stammkunden Frank Reese (John Seitz) zu stehlen.
Zur Seite steht ihm der todkranke, ältliche und zynische Berufsverbrecher Victor Spansky (Michael Caine), der schon so manchen Safe geknackt hat. In der »Szene« genießt der Brite Spansky trotz seines Lungenleidens und seines Alters nach wie vor einen hervorragenden Ruf. Damit der geplante Einbruch funktionieren kann, muss auch Alex' Geliebte Gabriella eingespannt werden; sie arbeitet bei den Reeses als Kindermädchen. Allerdings wird Gabriella nicht eingeweiht. Der Coup gelingt, trotz einiger chaotischer Zwischenfälle. Die Diamanten-Halskette hat den unglaublichen Wert von mehr als einer Million Dollar. Um diese in bare Münze umzuwandeln, will Alex nach New York aufbrechen.
Doch von nun an hat Alex Gates kein ruhiges Leben mehr. Eine Komplikation jagt die nächste. Zunächst wird Suzanne misstrauisch, als sie ihren Gatten beim Kofferpacken erwischt und zwei Flugtickets entdeckt, die auf zwei fremde Namen ausgestellt sind. Die angetrunkene Ehefrau unterstellt Alex, sie wieder einmal zu betrügen. Es kommt zu einer handfesten Auseinandersetzung, bei der Suzanne Alex mit ihrem Gehstock halb tot prügelt. Suzanne ist einmal die Treppe im Haus hinuntergestürzt und seitdem auf diese Gehhilfe angewiesen. Schnell packt Suzanne die nötigsten Sachen in Alex' Koffer, lässt den blutüberströmten Ehemann im Haus zurück und will abhauen. Dabei trifft sie auf ihren Sohn Jason und beide machen sich gemeinsam nach Key Largo auf.
In Key Largo verstecken sie sich im Hausboot einer gemeinsamen Freundin und entdecken beim Auspacken des Koffers die geraubten Juwelen. Jason lässt die Halskette bei einem Juwelier schätzen. Nachdem er die astronomische Summe erfahren hat, heißt es nur noch, das Collier so schnell wie möglich zu verstecken, denn Alex wird nichts unversucht lassen, den beiden das edle Stück wieder abzuluchsen.
Mittlerweile sind sich Jason und Gabrielle näher gekommen und haben sich ineinander verliebt. Allerdings weiß Jason nicht, dass die hübsche Kubanerin die Geliebte seines Stiefvaters ist.
Schon bald taucht Safeknacker Victor Spansky in Key Largo auf

und trifft in einer Bar auf Suzanne, die gerade dabei ist, ihren Frust mit Alkohol herunterzuspülen. Spansky, ganz Kavalier der alten Schule, versucht sich erfolgreich als Seelentröster und fordert die vereinsamte Ehefrau zum Tanz auf. Bevor die beiden sich jedoch näher kommen können, erscheint Jason im Lokal, der wiederum Spansky durch Beschreibungen erkennt und sich zwischen die beiden drängt. Suzanne und ihr Stiefsohn fliehen aus der Bar.

Als erotische Kubanerin Gabriella: Jennifer in ›Blood & Wine‹

Gates wartet vor der Bar in einem Auto; Spansky und Gates verfolgen Jason und Suzanne, wobei es zu einem folgenschweren Verkehrsunfall kommt, bei dem Suzanne und Jason schwer verletzt werden. Die beiden liegen bewusstlos am Straßenrand. Als Ersthelfer stürzen Victor und Gates nicht zu den Verunglückten; der gierige Weinhändler durchsucht Suzanne vielmehr erfolglos nach dem Collier. Die Sirenen der herannahenden Polizeiwagen schlagen Alex und Victor schließlich in die Flucht. Im Krankenhaus muss der mittlerweile aus seinem Koma erwachte Jason erfahren, dass seine Mutter bei dem Unfall verstorben ist.
Jason konnte seinen Stiefvater noch nie ausstehen. Nun ist dieser auch noch schuld am Tod seiner Mutter. Jason hat nur noch eins im Sinn: Rache an Alex, egal wie. Ein erbitterter Zweikampf steht bevor. Auch Victor ist auf Alex nicht mehr gut zu sprechen. Er verliert immer mehr das Vertrauen in seinen Auftraggeber und es kommt zu Handgreiflichkeiten.
Gabriella, die mittlerweile von der Existenz des Millionendollarcolliers weiß, wird ebenfalls immer misstrauischer und genervter. Sie hat es satt, dass sich Alex mehr der Jagd nach den Diamanten widmet, als sich um ihre Bedürfnisse zu kümmern. Das hat schließlich zur Folge, dass sie ihr Herz immer mehr an Jason verschenkt. Da ist allerdings noch die millionenschwere Halskette, die auch zusehends Gabriellas Interesse weckt. Auf einem schäbigen Fischerboot, das Jason unlängst von seinem Freund Henry (Harold Perrineau jr.) erstanden hat, kommt es zu einem packenden Showdown. Alle Beteiligten lassen ihren Gefühlen freien Lauf, moralische Skrupel kennt keiner mehr: Hass, Habgier, Lust, Leidenschaft dominieren das Geschehen. Wer am Ende als Sieger dasteht, soll hier nicht verraten werden. Nur so viel: Der Schluss steckt voller Überraschungen, es fließt reichlich Blut und es gibt zwei Todesopfer …

HINTERGRUNDINFORMATIONEN: *Blood & Wine* ist der elfte Film, der unter der Mitwirkung Bob Rafelsons entsteht. Rafelson, der seit 1968 Filme dreht, zählt zu den innovativsten seiner Zunft. Allerdings hat er sich auch den Ruf eines Sturkopfes eingefangen, was schon einmal dafür sorgte, dass ein von ihm betreutes Projekt nicht von ihm selbst zu Ende geführt wurde – wie 1980 das

Gefängnisdrama *Brubaker* mit Robert Redford und Yaphet Kotto. Für Rafelson musste Stuart Rosenberg einspringen. Rafelson eilt der Ruf eines Querulanten voraus. Ein Grund, weshalb sich eine Reihe Produzenten weigert, mit ihm zusammen zu drehen. Doch Rafelson ist auch Perfektionist. So kommt es durchaus vor, dass sich die Vorbereitungsphase für einen Film über vier bis fünf Jahre erstreckt.

Blood & Wine ist ein solcher Film. Doch die Perfektion zahlt sich in der Regel aus. Unter dem Multitalent (Rafelson ist nicht nur Regisseur, er arbeitet auch als Autor, Produzent und Schauspieler) entstehen zahlreiche beeindruckende Projekte, die teilweise sogar richtungsweisende Klassiker werden.

Seine Karriere beginnt er mit Arbeiten beim Fernsehen; unter anderem kreiert er in den 60er Jahren die Serie *The Monkees* (USA 1966–1968), eine Zeichentrickserie um eine fiktive Popgruppe, die aufgrund des Erfolgs der Serie dann auch als Realband entsteht und mit Hits wie *I'm a Believer*, *Daydream Believer* oder *Last Train to Clarksville* mehrere Welthits landet.

Blood & Wine-Hauptdarsteller Jack Nicholson und Bob Rafelson verbindet eine lange gemeinsame Zusammenarbeit. In Rafelsons Debüt, dem Film *Head* (USA 1968), treffen die beiden zum ersten Mal aufeinander. Insgesamt arbeiten sie bei den Dreharbeiten zu acht Filmen zusammen, darunter der packende, hoch erotische Psychothriller und Klassiker *Wenn der Postmann zweimal klingelt/The Postman Always Rings Twice* (USA 1981), bei dem Rafelson Regie führt und als Koproduzent fungiert.

Blood & Wine ist laut Aussage Rafelsons der letzte Teil einer Trilogie über die Darstellung amerikanischer Familien. Der erste Teil entsteht 1970 mit dem Film *Ein Mann sucht sich selbst/Five Easy Pieces* um die Identitätssuche eines Mannes, das zweite Kapitel ist *Der König von Marvin Gardens/The King of Marvin Gardens* (USA 1972), das dritte schließlich *Blood & Wine – Ein tödlicher Cocktail*, ein packendes Vater-Sohn-Drama. In allen drei Filmen spielt jeweils Jack Nicholson die Hauptrolle. Das immer wiederkehrende Thema dieser Trilogie ist die Porträtierung amerikanischer Familien, die an ihren festgefahrenen Strukturen zerbrechen.

Die Realisierung von *Blood & Wine* dauert vier Jahre. Ausgangspunkt für Rafelsons Projekt ist die besagte Darstellung einer problematischen Vater-Sohn-Beziehung. Es gibt immer wieder neue Entwürfe, bis schlussendlich 1996 das Drehbuch zu *Blood & Wine* vorliegt: »Im Zentrum des Films steht die psychische Auseinandersetzung zwischen einem Stiefvater und seinem Stiefsohn«, so der Regisseur. »Vordergründig kämpfen die beiden um eine Frau, die altersmäßig zwischen den beiden Kontrahenten steht. Doch in Wahrheit geht es um unterschiedliche Ideale und Lebensweisen.«

Ursprünglich ist gar nicht geplant, dass Nicholson den Weinhändler Gates spielt. Erst durch Zureden des Produzenten Jeremy Thomas schickt Bob Rafelson seinem Freund Nicholson das Drehbuch. Jack Nicholson scheint beinahe beleidigt, als Rafelson ihm klarmacht, dass es noch andere Alternativen für die Besetzung der Rolle gibt: »Ich weiß nicht, warum du dich nach jemand anderem umsiehst. Ich bin am besten für diese Rolle geeignet.« Rafelson ist schockiert von der Aussage seines Freundes und lässt nicht lange mit seiner Zusage auf sich warten.

Der dreifache Oscar-Preisträger Jack Nicholson (*Einer flog über das Kuckucksnest/One Flew over the Cuckoo's Nest*, USA 1975, *Zeit der Zärtlichkeit/Terms of Endearment*, USA 1983, und *Besser geht's nicht/As Good As It Gets*, USA 1998) zählt zu den eindrucksvollsten Charakterdarstellern der Traumfabrik. Seit seinem Filmdebüt *The Cry Baby Killer* (USA 1958) ist Nicholson ein fester Begriff in Hollywood. Zu seinen bekanntesten und wichtigsten Filmen zählen neben den bereits genannten *Easy Rider* (USA 1969), *Chinatown* (USA 1974), *Shining/The Shining* (USA 1980), *Die Ehre der Prizzis/Prizzi's Honor* (USA 1985), *Sodbrennen/Heartburn* (USA 1986), *Die Hexen von Eastwick/ The Witches of Eastwick* (USA 1987), *Batman* (USA 1989) und *Eine Frage der Ehre/A Few Good Men* (USA 1992). Das Drehbuch zu *Blood & Wine* kommt zu einem Zeitpunkt, an dem der 59-jährige Nicholson eigentlich mit der Schauspielerei aufhören möchte.

Zum Glück entscheidet er sich anders; denn zwei Jahre nach *Blood & Wine* kann er für seine Rolle als zynischer Menschenhasser Melvin Udall in *Besser geht's nicht* seinen dritten Academy Award einheimsen. Danach ist Nicholson in dem von

Kein Altherrenfilm: Jennifer Lopez und Jack Nicholson in ›Blood & Wine‹

Sean Penn betreuten Drama *The Pledge* an der Seite von Vanessa Redgrave und Mickey Rourke zu sehen.
Alex Gates ist eine Paraderolle für Nicholson, was gleichzeitig heißt, dass *Blood & Wine* ein typischer Nicholson-Film ist. Der überragende Hollywood-Zyniker lässt in diesem packenden Thriller keine Facette seines Könnens aus. So kennen und mögen wir Nicholson: ein Hassobjekt voller Energie und Ausdruckskraft, das die Zuschauer in ihr Herz schließen. Produzent Thomas über Nicholson: »Schon nach wenigen Szenen vergisst man als Zuschauer, dass man Jack Nicholson auf der Leinwand sieht, und ist völlig von dem Charakter, den er spielt, gefangen genommen. Das ist seine große Kunst.«
Auf den ersten Blick könnte man sicherlich meinen, *Blood & Wine* sei ein Altherrenfilm. Denn neben Nicholson verkörpert auch der britische Schauspieler Michael Caine eine tragende

Rolle. Es ist der für die Besetzung verantwortlichen Dianne Crittenden zu verdanken, dass Michael Caine und Jack Nicholson zum ersten Mal gemeinsam vor einer Kamera stehen. Schon außergewöhnlich, wenn man bedenkt, dass die beiden gestandenen Akteure seit mehr als 25 Jahren befreundet sind. Crittenden denkt sofort an Caine für die Rolle des skrupellosen Tresorknackers Victor Spansky. Ein Zufall macht es möglich, dass Caine zusagt. Während die Planungen in die heiße Phase gehen, verbringt Caine gerade seinen Winterurlaub in Miami. Für Rafelson geht ein Traum in Erfüllung, wie Produzent Thomas weiß: »Bob wollte immer schon einmal einen etwas verzweifelten Engländer porträtieren, der sein Glück in Miami versucht. Niemand ist darin überzeugender als Michael, der einmal gefährlich und im nächsten Moment wieder umwerfend charmant sein kann.«

Für Caine ist es ein lange gehegter Wunschtraum, endlich einmal mit Jack Nicholson zusammenzuarbeiten. Und so erweitert sich Caines Filmografie, die 1956 mit dem Antikriegsdrama *An vorderster Front/Hell in Korea* beginnt, um einen weiteren Spitzenfilm. Insgesamt ist der 1933 in Bermondsey in Großbritannien geborene Schauspieler bislang in über 70 Filmen zu sehen. Zu seinen wichtigsten zählen *Der Verführer lässt schön grüßen/Alfie* (GB 1966), *Mord mit kleinen Fehlern/Sleuth* (GB 1972), *Der Mann, der König sein wollte/The Man Who Would Be King* (GB 1975), *Die Brücke von Arnheim/A Bridge Too Far* (GB 1977), *Der Adler ist gelandet/The Eagle Has Landed* (GB 1977), *Dressed to Kill* (USA 1980), *Wasser – Der Film/Water* (GB 1985), *Hannah und ihre Schwestern/Hannah and Her Sisters* (USA 1986), *Zwei hinreißend verdorbene Schurken/Dirty Rotten Scoundrels* (USA 1988), *Auf brennendem Eis/On Deadly Ground* (USA 1994) oder *Little Voice* (GB/USA 1999). Caine ist bislang dreimal für einen Oscar als bester Hauptdarsteller nominiert gewesen, doch erst 1986 bekommt er den begehrten Preis in der subtilen Woody-Allen-Komödie *Hannah und ihre Schwestern* als bester Nebendarsteller.

Die aus Australien stammende Judy Davis, die in *Blood & Wine* die alkoholkranke Suzanne Gates darstellt, spielt seit ihrem Debüt 1977 in dem australischen Roadmovie *High Rolling – Kohle,*

Koks und heiße Kurven/High Rolling in a Red Corvette immer wieder herausragende, teils tragische, teils komische Frauenfiguren. Ihren Durchbruch erzielt sie 1984 in der Verfilmung von E. M. Forsters Roman *Eine Reise nach Indien/A Passage to India.* Vor allem Woody Allen greift immer wieder gerne auf Judy Davis zurück, zum Beispiel in *Alice* (USA 1990), *Ehemänner und Ehefrauen/Husbands and Wives* (USA 1992), *Harry außer sich/Deconstructing Harry* (USA 1997) oder *Celebrity* (USA 1998). Unvergesslich ist vor allem ihre Rolle als Ehefrau des al-

Eine Rolle wie auf den (schönen) Leib geschrieben …

koholabhängigen Schriftstellers Barton Fink in dem gleichnamigen Film (USA 1991). Einen Großteil ihres Talents stellt Davis auch auf renommierten Theaterbühnen wie dem Londoner Royal Court Theatre zur Schau.

Für die Rollen des Jason Gates und der Kubanerin Gabriella gilt es, zwei begabte Jungschauspieler/innen zu verpflichten. Die Rolle des stürmischen Stiefsohns geht an Stephen Dorff. Dorff, der mit elf Jahren in dem Horrorthriller *Gate – Die Unterirdischen/Gate* (Kanada 1987) debütiert, zählt spätestens seit seinem Auftritt in *Backbeat* (GB 1993) zu den hoffnungsvollsten internationalen Nachwuchsschauspielern. In dem viel beachteten Musikfilm *Backbeat* spielt Dorff die Rolle des »fünften Beatles« Stuart Sutcliffe. Als Transvestit überzeugt Dorff in *I Shot Andy Warhol* (USA 1996), bevor ihn Rafelson verpflichtet.

An der Seite von Wesley Snipes ist er 1998 in der Comicverfilmung *Blade* in einer Hauptrolle zu sehen. Überzeugen kann Dorff zuletzt in *City of Industry – Tödliche Freundschaft/City of Industry* (USA 1998, mit Harvey Keitel). In dem Zukunftsdrama *Quantum Project* (USA 2000) spielt er an der Seite von John Cleese eine der Hauptrollen. Es folgt der Independent-Film *Cecil B. – Entführt, gekidnappt, zum Film gezwungen/Cecil B. De-Mented*, ein eindrucksvolles Teenagerporträt, bei dem John Waters (*Serial Mom*, USA 1994) Regie führt. In *Blood & Wine* verkörpert Stephen Dorff den eigensinnigen, von Grund auf eher introvertierten Stiefsohn des Alex Gate. Als die schöne Gabriella in sein Leben tritt, ändert sich sein Leben komplett; Jason wird zusehends offener.

Die Rolle der Gabriella wird von Jennifer Lopez gespielt – eine Rolle, die ihr wie auf den Leib geschrieben scheint. Doch bevor sie die Gabriella spielen darf, geht einige Zeit ins Land: »Sechsmal sprach Jennifer bei mir vor«, erinnert sich der Regisseur. »Sie hatte die richtigen Voraussetzungen für diese Rolle, aber ich habe das nicht gleich erkannt. Als ich sie vor vielen Jahren zum ersten Mal traf, war sie noch eine Tänzerin und hatte keinerlei Erfahrungen als Schauspielerin. Aber schon damals bemerkte ich, dass sie viel Kraft und Energie besaß. Beim zweiten Zusammentreffen fielen mir dann ihre Sanftheit, ihre Verletzlichkeit und ihre Sensibilität auf. Beim dritten Mal fiel mir ihr schöner

Körper auf. Dann sah ich ihre wilde Entschlossenheit und ihren unbändigen Ehrgeiz. All das zusammen ist genau das, was Gabriella auszeichnet.«

Jennifer ist Feuer und Flamme für die Rolle. Doch an die Zeit des Wartens, bis sie den Zuschlag erhält, denkt sie mit gemischten Gefühlen zurück: »Bob ist ein Regisseur, der seine Entscheidungen sehr sorgfältig trifft. Doch das habe ich erst sehr spät verstanden. Bis es so weit war, ging ich durch die Hölle.« An gleicher Stelle sagt die Latina: »Ich wusste, dass Gabriellas Charakter zu mir passte, aber so etwas hat nie etwas zu bedeuten. Natürlich wurde das Projekt noch interessanter, als klar wurde, dass Jack mitmachen würde. Es war unglaublich – jedes Mal wenn ich etwas Neues hörte, war es gleich ein Volltreffer. Zuerst wurde Michael Caine verpflichtet, dann Stephen Dorff und schließlich auch noch Judy Davis. Ich stand nur noch mit staunendem Mund da und fragte: ›Tatsächlich? Und mich wollen sie immer noch haben?‹« Sie wollen – und das ist tatsächlich eine sehr gute Entscheidung. Nach ihren ersten, eher glücklosen Hollywood-Erfahrungen in *Money Train* und *Jack* benötigt Jennifer Lopez nun endlich eine Rolle, in der sie die gesamte Bandbreite ihres Könnens unter Beweis stellen darf. *Blood & Wine* bietet ihr diese einmalige Chance.

Gabriella hat das Feuer im Blut, das auch die in der Bronx geborene Schauspielerin besitzt. Sie verfügt über die notwendige Energie, um ihr Ziel zu erreichen, und sie ist nicht zuletzt eine Latina, denn Gabriella stammt aus Kuba – ein Grund mehr, aber nicht der ausschlaggebende Grund, weshalb Jennifer die Rolle bekommt. Prinzipiell will Jennifer Lopez nicht auf Latino-Rollen festgelegt werden. In Rafelsons Thriller spielt sie nun allerdings eine heißblütige Kubanerin. Überzeugt hat sie der Hintergrund dieser Rolle: »Es war eine dieser großartigen Rollen, ... die es nicht oft im Leben gibt, und es war eine großartige Story«, erzählt Jennifer in einem *Movietalk*-Interview (www.hollywood.com). »Mir gefiel die Einstellung der Kubanerin, aus Kuba zu fliehen, um ihrer großen Liebe nah zu sein. So habe ich diese Rolle auch angelegt: Ich muss spielen, als ob ich in Alex verliebt sei. Ich mochte diese Rolle, weil es hier um eine Frau ging, die wusste, was sie wollte, und alles daran setzte, dies zu bekommen.«

Bob Rafelsons Regieleistung ist es zu verdanken, dass die Charaktere in diesem Thriller äußerst komplex sind. Die Schlüsselfigur spielt Gabriella, über deren Charakter sich der Regisseur folgendermaßen äußert: »Gabriella ist der zentrale Charakter des Films. Sie ist diejenige, die die anderen Personen zum Handeln motiviert, und sie ist außerdem die Einzige, die am Schluss eine selbstständige Wahl trifft. Alle anderen müssen all das wieder aufgeben, wofür sie sich zuvor entschieden haben. Mit zunehmender Dauer des Films verwischen die Grenzen zwischen Gut und Böse.«
Große Ehrfurcht hat Jennifer Lopez vor allem vor Jack Nicholson. Auf der einen Seite wird damit für die aufstrebende Jungschauspielerin schon im Anfangsstadium ihrer Karriere einer ihrer größten Träume wahr, auf der anderen Seite steht die Aufregung und die Nervosität, einem Superstar wie Nicholson zu begegnen. Im Vorfeld muss La Lopez von Produzent Jeremy Thomas beruhigt werden: »Jack ist ganz anders als die Legenden, die über ihn kursieren. Noch keiner der Schauspieler, die mit ihm zusammengearbeitet haben, fühlte sich je von ihm eingeschüchtert.« In Jennifers Augen ist Jack Nicholson eine beeindruckende Persönlichkeit. Viele Schauspieler, so äußert sie sich einmal in einem Interview, würden oft eher unscheinbar und normal wirken, wenn man sie auf der Straße oder im Restaurant trifft. Jack Nicholson hingegen sei ein *richtiger* Mann.
Jennifer Lopez gerät ins Schwärmen, wenn sie an die Dreharbeiten mit dem alten Haudegen Nicholson denkt. Nie hätte sie zum Beispiel gedacht, dass ein Schauspieler solchen Formats sogar noch etwas von ihr lernen könnte: »Wir hatten eine tolle Zeit zusammen. Eine der ersten Szenen, die wir gemeinsam drehten, war die Tanzszene. Da hatte ich die Oberhand, weil ich eine professionelle Tänzerin bin. Er wollte, dass ich ihm das Tanzen beibringe ...« Diese Szene ist übrigens ursprünglich als klassische Liebesszene konzipiert gewesen. Dass die Sequenz umgeschrieben wird, ist Nicholsons Verdienst. Er möchte, dass sich Alex und Gabriella den Klängen heißer Salsarhythmen hingeben, um zu zeigen, wie sehr Alex von Gabriellas Charme eingenommen ist. (Auf eine Liebesszene müssen Lopez-Fans dennoch nicht verzichten. Schließlich ist da noch Alex' Stiefsohn Jason, der eben-

Auch wenn es nicht so aussieht: In dieser Tanzszene mit Jack Nicholson hatte Jennifer Lopez die Oberhand …

falls von der leidenschaftlichen Gabriella fasziniert ist. Die beiden ergeben ein überaus erotisches und sexy Leinwandgespann.) Jack Nicholson ist zwar ebenfalls sehr angetan von seiner Partnerin, sieht sich allerdings während der Dreharbeiten des Öfte-

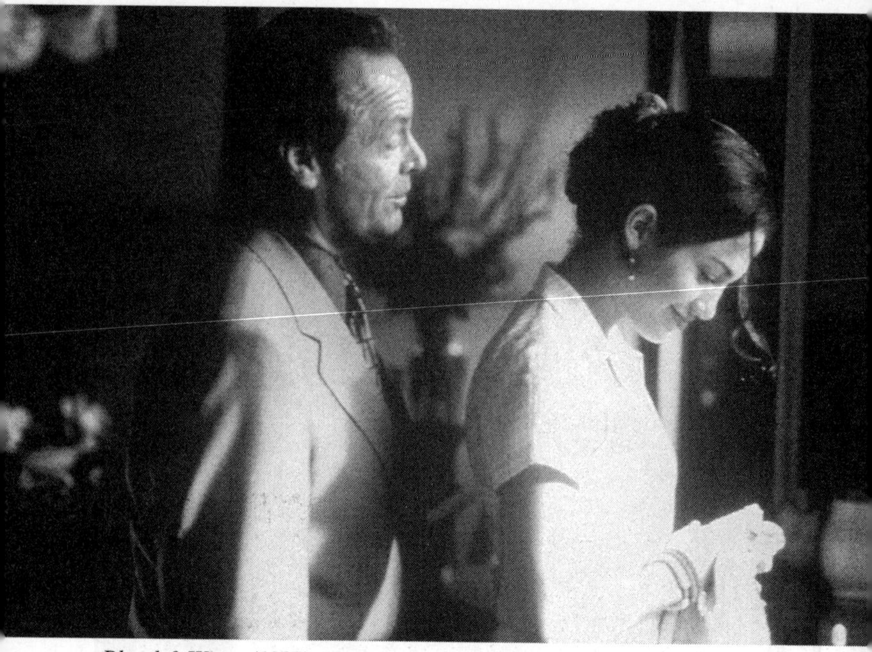

›Blood & Wine‹ (1997)

ren gezwungen, sie wieder auf den Boden der Tatsachen zurückzubringen. Nicholson fühlt sich zwar äußerst geschmeichelt, mit einer ihn anhimmelnden Kollegin zusammenzuarbeiten. Manchmal hat er allerdings schon seine Mühe, Jennifers überwältigende Gefühlsausbrüche ein wenig einzudämmen.
Die pikante Dreiecksgeschichte zwischen Alex, Jason und Gabriella überzeugt durch die sorgfältig ausgewählten Akteure ebenso wie die dichte und glaubwürdige Darstellung ihrer Charaktere. Dies gilt ebenso für die grandiose Judy Davis und den »alten Hasen« Michael Caine. Gewiss sind die Elemente, aus denen *Blood & Wine* zusammengesetzt ist, eher konventioneller Art. Nichtsdestrotz gelingt es Bob Rafelson und seinem Team, einen zugleich spannenden und spritzigen Thriller in Szene zu setzen, dem es nicht an Überraschungen, originellen Ideen und ausgefeilten Dialogen mangelt und der zum Glück auf Zutaten wie Pathos oder Kitsch verzichtet.

Für Jennifer Lopez bedeutet *Blood & Wine* einen Glücksgriff. Regisseur Rafelson und Drehbuchautor Nick Villiers (der das Buch nach Rafelsons Idee schrieb) verstehen es, Jennifer Lopez nicht, wie beispielsweise in *Money Train*, lediglich als schmückendes Beiwerk in Szene zu setzen. Als Gabriella hat Jennifer Lopez ihre erste wirklich große Hauptrolle in einem Hollywood-Film. Ob dies jedoch bedeutet, dass sie demnächst nur noch in erstklassigen Spielfilmen mitwirkt, wird in den nächsten Kapiteln beleuchtet. Eins hat Jennifer in *Blood & Wine* bewiesen: Ihr gelingt es, das gesamte Schauspielerensemble mit ihrem Temperament, ihrem Charme und vor allem ihrem Können mitzureißen.

KRITIKEN:

»Die skurrilen Charaktere und ihre spritzigen Dialoge kommen in der bemerkenswerten Besetzung voll zur Entfaltung. Buch und Regie gelingt es, aus trivialen, genrehaften Motiven einen populären Thriller mit fast schon parodistischen Elementen zu mixen.« *(Lexikon des internationalen Films)*

»Mit viel Witz und nicholsonschem Zynismus legt der Film los, doch mit den Diamanten kommen die Probleme, verdunkelt Rafelson die Spannung mehr und mehr. Schließlich geht es ganz klassisch um Leben und Tod. Verzweiflung, Wut und nackter Überlebenskampf werden zu Tatmotiven, wobei gegen Ende die Spannungsbalance ein bisschen ins Schwanken gerät. Macht nichts, denn alles andere ist gutes intelligentes Kino.« (Frauke Hanck, *Abendzeitung* München, 13. Februar 1997)

»Kühl und tropisch wie ein guter Daiquiri« *(www.cinema.de)*

7. Die Rolle ihres Lebens
Der große Durchbruch dank *Selena*

»Als ich da so vor den Leuten stand, das war ein unvergleichliches Gefühl. Wie soll ich es beschreiben? Ich hatte einfach das Gefühl, dass meine Träume genau dieselben Träume sind wie die der Leute, die im Publikum standen. Und dass meine Hoffnungen auch ihre sind. Und da war ich so glücklich. So unsagbar glücklich.«

SELENA ZU IHREM FREUND NACH EINEM KONZERT

Nach *Meine Familie* steht Jennifer Lopez 1997 in der filmischen Biografie *Selena – ein amerikanischer Traum/Selena* erneut mit Gregory Nava als Regisseur und Edward James Olmos, Constance Marie sowie Jacob Vargas als Schauspieler vor der Kamera (siehe Kapitel 3). Mit ihrer fantastischen Verkörperung der legendären texanischen Tejano-Sängerin gelingt Jennifer Lopez endgültig der große Durchbruch als Schauspielerin.

INHALT: Die 23-jährige Selena (Jennifer Lopez) befindet sich kurz vor ihrem Auftritt im Astrodome in Houston, Texas. Letzte Vorbereitungen werden getroffen. Sie zieht ein glitzerndes violettes Kostüm an. Ihre Eltern (Edward James Olmos, Constance Marie) wünschen ihr viel Glück und sie betritt das Stadioninnere. Über 30.000 Zuschauer jubeln ihr zu. In einer weißen Kutsche fährt sie zu ihrer Bühne in der Mitte der Halle. Sie beginnt ihr Konzert mit einem Medley aus drei verschiedenen Liedern der Discoära der Siebziger: *I Will Survive*, im Original von Gloria Gaynor gesungen, sowie *Last Dance* und *On the Radio*, beide von Donna Summer. Das Publikum tobt.
Schnitt. Blick auf den Mond. Schnitt.
Wir befinden uns im Jahre 1961 in einem kleinen Städtchen namens Corpus Christi. Drei Musiker freuen sich auf ihren ersten Auftritt unter dem Bandnamen »Los Dinos« in einem weißen Club. Doch als man dort sieht, dass sie mexikanischer Abstammung sind, schickt man sie unverrichteter Dinge wieder nach

Hause. Daraufhin treten die drei in einer Latino-Bar auf. Allerdings erfüllen sich hier ihre Hoffnungen, nun richtig aufgehoben zu sein, ebenfalls nicht. Die »Los Dinos« werden – während sie das Lied *We Belong Together* singen – gnadenlos ausgebuht und vor die Tür geworfen, weil sie nichts Mexikanisches spielen können, das Publikum aber zu mexikanischen Liedern tanzen möchte.

Schnitt. Es ist das Jahr 1981 in Lake Jackson, Texas, im Garten einer glücklichen Familie. Vater Abraham Quintanilla sitzt im Haus und singt sein altes Lied von damals, *We Belong Together*. Seine neunjährige Tochter Selena hört es und singt das Stück mit ihrem Vater zu Ende. Dieser ist von Selenas Stimme begeistert. Sofort stürzt er los und kauft der ganzen Familie Instrumente. Auf die Fragen seiner entsetzten Frau Marcela, die befürchtet, er wolle wieder als armer Musiker durch die Lande tingeln, antwortet er, es handle sich diesmal nur um ein Hobby, um Spaß in der Freizeit. Er wolle mit den Kindern eine Rock-'n'-Roll-Band gründen, damit diese nicht auf der Straße herumhingen. So gibt sich Marcela geschlagen. Abrahams Kinder Suzette (Jackie Guerra), A. B. (Jacob Vargas) und Selena sind gar nicht von Vaters Absichten begeistert, sie wollen lieber draußen spielen. Aber der ehrgeizige Vater setzt Suzette ans Schlagzeug, drückt A. B. eine Gitarre und Selena das Mikrofon in die Hand. Von nun an überwacht er die Proben seines Nachwuchses. Auch die Lieder, die sie spielen sollen, schreibt er vor. Während die Kinder verständlicherweise lieber Stücke spielen wollen, die ihnen gefallen, müssen sie den Klassiker *Blue Moon* einüben.

Um seinen Kindern eine Auftrittsmöglichkeit zu verschaffen, eröffnet Abraham schließlich das mexikanische Restaurant »Papa Gayos« – erneut gegen den Willen Marcelas, die die bisher sicheren Einkünfte schwinden sieht. Als Abraham ihr verspricht, seinen Job nicht aufzugeben und das Haus damit zu halten, willigt sie ein und unterstützt ihn. Die Kinder treten auf einer Bühne im Restaurant unter dem Namen »Selena and the Dinos« auf. Während Selena gerade den Judy-Garland-Evergreen *Somewhere Over the Rainbow* singt, gesteht Abraham seiner Frau, dass er seinen Job nun doch gekündigt habe, um sich dem Restaurant intensiver widmen zu können.

Schnitt. Suzette findet Selena auf dem Hausdach sitzend und den Mond betrachtend vor. Auf Suzettes Frage nach ihren Träumen antwortet Selena: »Wenn ich auf der Bühne stehe, weiß ich, dass ich im Leben alles machen kann, was ich will.« (Kurze Schnitte mit Konzertszenen der älteren Selena werden eingeblendet.)
Schnitt. Abraham überredet seine Tochter, spanische Lieder zu singen, und bringt ihr dafür Spanisch bei. Er erzählt ihr von seinem gescheiterten Auftritt mit den anderen »Dinos« in der mexikanischen Bar und ermahnt sie, er habe daraus gelernt, dass man seine Herkunft nicht verleugnen dürfe. Sie akzeptiert seinen Wunsch und schwärmt ihm vor, dass sie die Menschen spüre, wenn sie auf der Bühne steht und singt.
Nach einem Dreivierteljahr geht Abrahams Restaurant Pleite. Die Quintanillas müssen ihr Häuschen räumen und ziehen zu Verwandten. Der Vater arrangiert über Beziehungen einen weiteren Auftrittstermin für seine Kinder. Selena singt vor einem völlig desinteressierten Publikum spanische Tejano-Lieder. Nach diesem Reinfall kritisiert Abraham seinen enttäuschten Nachwuchs so heftig, dass Marcela ihn zur Vernunft bringen und ihm das Alter seiner Kinder in Erinnerung rufen muss. Außerdem wisse er doch, dass Tejano-Musik Männersache sei und Frauen dort keinen Erfolg haben könnten. Abraham vertraut Marcela daraufhin an, dass Selena etwas Besonderes sei. Er spüre, dass sie das gewisse Etwas habe und groß herauskommen könnte. Er entschuldigt sich zwar bei Marcela, peitscht die Kinder aber weiterhin an.
1989 in El Paso, Texas. Selena und ihre Band geben ein Konzert vor einem begeisterten Publikum. Während des Auftritts zieht Selena ihre Jacke aus und tanzt in einem von ihr und ihrer Mutter selbst angefertigten Bustier mit Pailletten weiter. Abraham ist entsetzt. Er stellt sie hinterher zur Rede und verbietet ihr, weiterhin so »nackt« herumzulaufen. Selenas Vergleiche mit Paula Abdul, Madonna und Janet Jackson helfen nichts. Später im Tourbus meint Abraham, er wolle doch nur ihr Bestes. Sie muss ihm klarmachen, dass sie jetzt erwachsen ist und nicht altmodisch auftreten wolle. Sie einigen sich darauf, dass sie über dem Bustier die Jacke anbehält.
Selena frönt gerade ihrem Hobby und entwirft das Outfit für den

nächsten Auftritt der Band, als ein junger, langhaariger Heavy-Metal-Musiker (Jon Seda) bei Abraham vorspielt, um in die Band aufgenommen zu werden. Abraham ist über das Aussehen des Mannes und seinen Musikstil entsetzt, aber A. B. kann seinen Vater davon überzeugen, Chris Perez dennoch einzustellen, da er ein hervorragender Gitarrist ist. Nachdem Suzette Chris die Haare abgeschnitten und ihn umgestylt hat, zeigt sie ihn Selena. Diese ist gleich fasziniert. Selena und Chris verstehen sich vom ersten Moment an ausgezeichnet und verbringen von nun an viel Zeit miteinander.

Die Band ist gerade mal wieder mit dem Tourbus unterwegs und macht eine Rast. Da hört Suzette im Radio zufällig, dass *Corazon* auf Platz eins in den Charts gelandet ist. Alle sind außer sich vor Freude und der Vater sieht seine Mühen belohnt. Chris und Selena tanzen im Bus vor Freude miteinander und küssen sich schließlich leidenschaftlich. Später erzählt Selena ihrer Mutter, dass sie in Chris verliebt ist. Marcela freut sich für ihre Tochter und verspricht ihr, Abraham nichts davon zu verraten. Alle wissen, dass er gegen diese Beziehung wäre.

»Selena and the Dinos« erhalten das Angebot, in Monterrey (Mexiko) aufzutreten. Aufgrund seiner schlechten Erfahrungen in der mexikanischen Bar Anfang der 60er Jahre ist Abraham gegen diesen Auftritt. Er glaubt, dass Amerikaner mexikanischer Abstammung vom mexikanischen Publikum nicht angenommen werden. Außerdem könne Selena nicht gut genug Spanisch, was ein gefundenes Fressen für die Presse sei. A. B. und Selena versuchen, ihren Vater vom Gegenteil zu überzeugen. Die von den konservativen Einstellungen ihres Vaters genervten Kinder überreden ihn schließlich, nach der Kalifornientournee noch einmal darüber nachzudenken.

Chris sieht teilnahmslos dabei zu, wie seine Heavy-Metal-Freunde in L. A. ein Hotelzimmer zertrümmern. Abraham ist stocksauer, weil ein dadurch entstehender Skandal der gesamten Band angelastet werden könnte. Er feuert Chris, obwohl seine Kinder dagegen sind. Daraufhin stellt die enttäuschte Selena Chris zur Rede und wirft ihm vor, nicht nach dem Glück zu greifen, das so nah und erreichbar für ihn wäre.

Vor ihrem Konzert in Monterey tritt Selena vor die Presse. Ob-

wohl ihr im Spanischen manchmal die Worte fehlen, wickelt sie alle mit ihrem Charme ein. Das Konzert findet schließlich vor einer unerwartet großen Menschenmenge statt. Da die Sicherheitsvorkehrungen für diese Menschenmasse nicht ausreichend sind, droht die Bühne einzustürzen. Abraham will den Auftritt abbrechen, um die Band zu schützen. Doch Selena geht wieder hinaus und beruhigt die enthusiastische Menge, indem sie *Como la Flor* in einem ganz langsamen Tempo singt. Das Publikum feiert sie frenetisch. (Zu sehen ist ein dreigeteilter Bildschirm mit Selena, der untergehenden Sonne und dem aufgehenden Mond.)
Nach dem Konzert gehen Selena und Chris Hand in Hand am Ufer entlang. Selena ist sehr glücklich: »Ich habe in meinem Leben einiges entbehren müssen. Ich hatte zum Beispiel nie eine normale Kindheit. Die Highschool habe ich per Fernkurs gemacht. Ich habe mehr Zeit im Bus verbracht als sonst irgendwo. Als ich da so vor den Leuten stand, das war ein unvergleichliches Gefühl. Wie soll ich es beschreiben? Ich hatte einfach das unerklärbare Gefühl, dass meine Träume genau dieselben Träume sind wie die der Leute, die im Publikum standen. Und dass meine Hoffnungen auch ihre sind. Und da war ich so glücklich. So unsagbar glücklich.«
Chris vertraut Selena an, dass er sich nur von ihr verstanden fühlt. »Ich habe darüber nachgedacht, was du mir in jener Nacht in L. A. vorgeworfen hast. Keine Angst – ich bin nicht so dumm. Ich will dich nicht verlieren.« Er erzählt ihr, dass sein Vater die Familie sitzen ließ, als er fünf Jahre alt war, und dass seither kein einziger Tag mehr vergangen ist, an dem er nicht das Gefühl hatte, verlassen worden zu sein. »Aber dann bin ich dir begegnet und ich hatte dieses Gefühl nicht mehr. Ich liebe dich.« Sie küssen sich und die Sonne geht unter.
Abraham sieht Selena und Chris zum wiederholten Male turteln. Da platzt dem eifersüchtigen Vater der Kragen und er fordert die beiden auf, ihre Beziehung sofort zu beenden. Beide wehren sich heftig dagegen, gestehen ihm, dass sie sich lieben, aber Abraham droht mit der Auflösung der Band und feuert Chris, der daraufhin den Bus verlässt. Fortan treffen sich Selena und Chris heimlich. Sie beschließen, heimlich zu heiraten, und setzen dies in die Tat um. Selena erhofft sich, dadurch ihren Vater umzustimmen.

Doch dann kommt die Nachricht von der Heirat der beiden schon im Radio, bevor Selena mit Abraham sprechen konnte. Ängstlich fahren sie am nächsten Tag nach Corpus Christi, wo Selena mit ihrem Vater reden will. Der ist inzwischen geläutert. So erhält sie also Vaters Segen und Chris wird herzlich von der Familie Quintanilla aufgenommen. Selena ist glücklich, das enge Band des Vaters abgestreift zu haben: »Chris, weißt du, dass ich zum ersten Mal in meinem Leben das Gefühl habe, frei zu sein? So, als könnte ich sogar fliegen, wenn ich wollte.«
Im Folgenden ist eine Sequenz aus Konzertausschnitten von Selena zu sehen, in denen sie jeweils in verschiedenen Kostümen das spanische Lied *Bidi Bidi Bom Bom* singt. Währenddessen diskutiert Abraham mit den Verantwortlichen eines Plattenlabels über die Aufnahme eines englischsprachigen Albums.
Selena stellt ihre eigene Modekollektion vor und eröffnet eine Boutique mit ihren selbst entworfenen Kleidungsstücken. Dabei wird zum ersten Mal die 34-jährige Yolanda Saldivar eingeführt,

›Selena‹: Jennifer in der Rolle der gefeierten Tejano-Sängerin

die zum einen Präsidentin des Selena-Fanclubs ist und sich zum anderen um die verschiedenen geschäftlichen Angelegenheiten Selenas kümmert.
Als Selena mit einer Freundin in Los Angeles ein Kleid für die bevorstehende Grammy-Verleihung aussuchen will, wird sie von Passanten erkannt und binnen weniger Minuten gibt es einen wahren Menschenauflauf. Abends erhält sie den begehrten Grammy und dankt ihrer Familie, Chris und ihren Fans: »Liebe Fans, ohne euch wären wir nichts.« Es folgen mehrere Sequenzen mit Selenas Modenschauen. Derweil sammelt Yolanda Fangelder, um Selena ein Geschenk zu machen.
Diese befindet sich inzwischen im Aufnahmestudio, um ihr englischsprachiges Album *Dreaming of You* aufzunehmen. Nachdem sie das Lied *I Could Fall in Love with You* eingesungen hat, lobt Abraham seine Tochter beim gemeinsamen Pizzaessen: »Du bist die erste Frau, die es wirklich geschafft hat, in der Tejano-Musikszene Fuß zu fassen. Du bist sogar die Nummer eins ... Ich hab dich furchtbar lieb und ich bin wahnsinnig stolz auf dich.«
Selena und Yolanda sind mittlerweile Freundinnen geworden. Yolanda schenkt ihr einen Ring, den sie nur mithilfe von Fangeldern kaufen konnte. Davon weiß Selena jedoch nichts.
Chris und Selena besitzen inzwischen ein kleines Häuschen mit Garten. Selena mäht gerade den Rasen, als Chris hinzukommt. Sie äußert erneut den Wunsch, den sie schon als Kind hatte: »Ich will eine Farm. Ich meine, ich möchte keine große Farm, vielleicht zehn Hektar oder so ... Ich will ganz viele Tiere haben, Schatz ... Kühe, Hühner, Pferde, Schweine ... Was hältst du davon, wenn wir selber ein paar kleine Tiere bekommen?« Chris: »Kinder?« Selena: »Warum nicht?« Chris fasst noch einmal zusammen, dass Selena also ihre Karriere beibehalten möchte, Kinder bekommen möchte und eine Farm mit ganz vielen Tieren. Er ist sofort einverstanden und trägt sie ins Haus: »Lass uns gleich anfangen!«
Abraham ruft seine Tochter zu sich und klärt sie über Ungereimtheiten bezüglich Yolandas finanzieller Geschäfte sowie über Fanbeschwerden auf. Selena ist entsetzt und will es nicht glauben. Sie zitieren Yolanda zu sich, doch sie streitet alles ab und behauptet, sie liebe Selena wie eine Tochter. Selena stellt sie

zur Rede und teilt ihr mit, wie enttäuscht sie über Yolandas Verhalten sei und dass diese ihr Vertrauen missbraucht habe. Abermals streitet Yolanda jegliche Schuld ab.
Als sich die Band nach einem großen Konzert in Houston mal wieder im Tourbus befindet, erzählt Selena ihrer Mutter von ihrem Entschluss, nach der Tournee ein Baby mit Chris zu bekommen. Marcela freut sich sehr darüber. Dann wird Selena nachdenklich: »Ich habe viel über die Amerikatournee nachgedacht. Ich habe sogar schon davon geträumt. Es ist schon eine ganz neue Welt für uns. Seit ich als Kind zu singen angefangen habe, arbeiten wir auf dieses Ziel hin. Ich habe ein bisschen Angst davor. Denkst du, dass sie mich lieben werden?« Marcela ist sich sicher: »O ja, natürlich werden sie dich lieben.«
Rückblende: Suzette und Selena als Kinder auf dem Dach des elterlichen Hauses und den Mond betrachtend.
Schnitt: Konzert.
Schnitt: Eine Ambulanz bringt Selena ins Krankenhaus. Durch diverse Journalistenstimmen wird deutlich, dass Yolanda Selena in den Rücken geschossen und sich dann mit einer Pistole in der Hand in ihrem Auto verschanzt hat. Während die niedergeschossene Selena im Krankenwagen liegt, fällt ihr symbolisch der Ring, den Yolanda ihr geschenkt hatte, vom Finger und auf den Boden.
Schnitt: Leise erklingt die Musik Selenas, während man nun leere Konzerthallen sieht. Dazwischen wird immer wieder die Familie gezeigt, wie sie im Krankenhaus vom Tod ihrer Tochter erfährt und zutiefst schockiert und verzweifelt reagiert. Ein erneuter Schnitt zeigt dann hunderte trauernder Fans, die mit Lichtern und Kerzen der verstorbenen Tejano-Sängerin gedenken. In Rückblenden werden Auftritte der echten Selena in der Technik des dreigeteilten Bildschirms gezeigt.

HINTERGRUNDINFORMATIONEN: Gerade mal sechs Wochen nach der Ermordung seiner Tochter kann man in der Zeitung *Houston Chronicle* vom 16. Juni 1995 nachlesen, dass sich Abraham Quintanilla mit einem Filmproduzenten in San Antonio getroffen hat, um über ein Buch und einen Kinofilm zu sprechen, die vom Leben seiner legendären Tochter handeln sollen. Der geschäfts-

tüchtige Vater erklärt, dass ihm einige Angebote diverser Produzenten für einen Independent-Film vorliegen.
Im September des gleichen Jahres entscheidet er sich letztlich für Gregory Nava als Drehbuchautor und Regisseur sowie Moctesuma Esparza (mit seinem Geschäftspartner Robert Katz) als Produzenten. Von diesen beiden erfahrenen Filmemachern sieht er seine Vision für den Film verstanden. »Ich wollte sichergehen, dass es nicht ein übliches Hollywood-Drama, sondern eine wahre Geschichte wird. Wenn sie von der wahren Geschichte abweichen sollten, werde ich sie wieder auf den richtigen Kurs bringen.« Dafür sorgt Quintanilla, indem er als ausführender Produzent über den Inhalt des Films wacht.
Selena wird mit einem Budget von 18 Millionen Dollar veranschlagt, eine Summe, die – gemessen am Hollywood-Standard – klein ist, für Nava aber das bisher größte Budget darstellt. Dennoch ist der Regisseur wütend über die geringe Summe; es sei nur die Hälfte dessen, was ein Steven Spielberg bekomme, und entspreche fast der gesamten Gage, die allein Jim Carrey für seine Darstellung in *The Cable Guy* verdient hätte. Doch solche Diskriminierungen spornen Nava eher noch an, Selenas Leben zu verfilmen.
Der Film wird größtenteils an den Originalschauplätzen in Texas und Mexiko gedreht. Nava betont bereits vor Beginn der Dreharbeiten, dass nicht die Ermordung Selenas im Mittelpunkt des Films stehen werde, sondern das Leben der wunderbaren Sängerin. Dies begründet Nava folgendermaßen: »Ich bin die Gewalt leid, die man immer im Kino und in Filmen sieht … Wir sollten uns von der Angewohnheit in diesem Land verabschieden, ständig die Gewalttäter zu glorifizieren und die Opfer darüber zu vergessen.«
Stattdessen soll Navas Film eine Hommage an Selenas Leben und Karriere sein. »Sie liebte ihre Familie, ihren Ehemann und ihre Fans auf eine Art und Weise, die sehr selten ist. Sie lehrte uns zu bemerken, dass man jede Barriere durchbrechen kann. Und das ist es genau, was sie tat.« Im Film macht Nava deshalb auch die Vorurteile gegenüber Amerikanern mexikanischer Abstammung sowohl seitens der Amerikaner als auch seitens der Mexikaner überdeutlich. Während frühere Stars wie Martin Sheen,

Raquel Welsh und Rita Hayworth ihre Latino-Herkunft verschweigen und ihre Namen ändern mussten, um Erfolg zu haben, durchbrach Selena alle Einschränkungen und hatte überall Erfolg, ohne ihre Identität zu verbergen. »Sie wurde akzeptiert als die, die sie war, und das war sehr wichtig für uns. Ich glaube, sie war eine Galionsfigur für unsere Kultur, für die Tejano- und für die Latin-Musik. Ich glaube, sie hätte es auch in die amerikanische Kultur hineingetragen und in die ganze Welt. Ihr Tod war ein großer Verlust für unsere Gemeinschaft und für das Land.«
Nava kommt als lateinamerikanischem Regisseur eine große Bedeutung in Hollywood zu. Ähnlich wie Jennifer Lopez sich in ihrer Zeit bei *In Living Color* (siehe Kapitel 2) zu afroamerikanischen Filmemachern äußerte, so ist auch Nava der Ansicht, dass die afroamerikanische Gemeinschaft ihre Leute und damit auch schwarze Filmemacher wesentlich stärker unterstützt, als dies Lateinamerikaner für ihre Leute tun. Nava selbst besteht in seinen Filmen – so auch in *Selena* – auf einer rein lateinamerikanischen Besetzung. Dennoch möchte Nava nicht als Latino-Regisseur bezeichnet werden, genauso wenig wie man Martin Scorsese oder Francis Ford Coppola als Italoamerikaner oder John Ford als Amerikaner irischer Abstammung ansieht.
Nava sieht sich selbst als amerikanischen Filmemacher. »Dafür kämpfe ich. Und ich glaube, indem ich um meine Position kämpfe, kämpfe ich darum, dass meine Gemeinschaft genauso akzeptiert wird, wie Ford oder Scorsese akzeptiert werden.« Auch Selena möchte er auf diese Art und Weise betrachtet wissen: »Das Erste, was man zu mir sagte, war: ›War sie nicht Mexikanerin?‹ Ich sagte: ›Nein, war sie nicht! Sie war so amerikanisch wie Elvis, Marilyn Monroe, James Dean und Frank Sinatra.‹ Das ist die Kategorie von Menschen, in die sie hineingehört.«
Ohne Zweifel ist Nava wie geschaffen für die Verfilmung von Selenas Leben. Obwohl er nur vier Filme in 13 Jahren gedreht hat (weil, wie er sagt, niemand lateinamerikanische Filme unterstützen möchte), transportieren alle seine Werke lateinamerikanisches Flair, stellen die Ideale von Familie und Gemeinschaft in den Mittelpunkt und zeigen die Besonderheiten einer bikulturellen Abstammung wie auch den Kampf des oder der Einzelnen gegen die Steine, die durch die Kultur, die Familie oder die Ge-

sellschaft in den Weg gelegt wurden. Selenas Kampf um Unabhängigkeit innerhalb der engen Gemeinschaft der Familie, ihr Triumph über Vorurteile sowohl auf amerikanischer als auch auf mexikanischer Seite und ihr Erfolg in einer von Männern dominierten Musikform (Tejano) machten sie zu einer außergewöhnlichen Figur.

Und so preist Nava im Film ihre Unschuld, ihre Lebensfreude, ihren Großmut und ihren Sinn für Humor. »Sie war wirklich so. Sie hatte ein unglaubliches Durchhaltevermögen und sie konnte den Stier bei den Hörnern packen und eine Situation kontrollieren. Es ist auch wahr, dass sie einerseits das Houston Astrodome füllte und andererseits den Rasen mähte oder bei Kmart einkaufte. Sie war sehr süß, was auch ein Fehler war. Sie vertraute zu schnell und das wurde ihr zum Verhängnis. Sie konnte in niemandem etwas Böses sehen ... Aber sie war wunderbar, auf dem Boden geblieben. Und sie war eine sehr starke, bestimmte junge Frau. Je mehr man über sie herausfindet, desto mehr verliebt man sich in sie. Jedenfalls ging es mir so.«

Seine und die Gefühle ihrer Fans drückt Nava in seiner Hommage durch opulente Bilder, insbesondere die der Konzerte, und durch ihre Musik aus. Wie in einer Oper benutzt Nava jeden Song Selenas, um das Gefühlsleben seiner Protagonistin zu untermalen. Ein weiteres Stilmittel ist in seinem biografischen Drama besonders auffällig: die Technik des dreigeteilten Bildschirms, die er zweimal für längere Zeit einsetzt. Einmal bei Selenas Konzert in Monterrey, wo im rechten und linken Drittel Selena zu sehen ist, während sie *Como la Flor* singt, und dazwischen Aufnahmen der untergehenden Sonne und des aufgehenden Mondes. Ein zweites Mal findet sich der dreifache Splitscreen am Ende des Films, wo Video- und Super-8-Material von der echten Selena mit professionellen 35-mm-Filmausschnitten mit Jennifer Lopez in der Rolle der Sängerin gemischt werden. Nava benutzt diese Technik also vorrangig, um das Charisma der beliebten Sängerin während ihrer Auftritte entsprechend einzufangen. Auch die häufig gezeigten überdimensionalen Aufnahmen des Mondes (bzw. einmal auch der Sonne) dienen diesem Zweck.

Die Produzenten Moctesuma Esparza und Robert Katz sind Partner in ihrer *Esparza/Katz Productions*-Firma. Zusammen

Jennifer in einer Szene mit Jon Seda, der in ›Selena‹ ihren Ehemann spielt

haben die beiden seit 1988 bereits zwölf Filme produziert, darunter das Drama um Spaniens berühmtesten Dichter Gabriel García Lorca, welches in Deutschland lediglich als Video mit dem Titel *Lorca – Mord an der Freiheit/The Disappearance of Garcia Lorca* (USA 1997) auf den Markt kommt. Neben Andy Garcia in der Titelrolle arbeiten Esparza und Katz hier bereits mit Edward James Olmos zusammen. Außerdem beschäftigt das

Produzententeam im Fernsehfilm *Die Heiligen der letzten Tage/The Avenging Angel* (USA 1995) Hollywood-Größen wie Tom Berenger, James Coburn und Charlton Heston. Sie produzieren auch das amerikanische Bürgerkriegsdrama *Gettysburg* (USA 1993), ebenfalls mit Tom Berenger sowie Martin Sheen und Jeff Daniels, das auch im deutschen Fernsehen gezeigt wird. Der 1949 in Los Angeles geborene Moctesuma Esparza studiert an der Filmhochschule der Universität von Kalifornien und ist dort Klassenkamerad von Gregory Nava. Esparzas Dokumentarfilm *Cinco Vidas* gewinnt einen Emmy. Für *Agueda Martinez – Our People, Our Country* (USA 1977) erhält er bei den *Academy Awards* eine Nominierung als bester Kurzfilm. Robert (A.) Katz, Jahrgang 1943, ist vor der Gründung der gemeinsamen Produktionsfirma in einem Redaktionsbüro beschäftigt und produziert einige der erfolgreichsten Home-Videos. Katz ist Mitbegründer der AVSA, einer Produktions- und Distributionsfirma, die u. a. Serien wie *The Body Human* und *Lifeline* produziert, die jeweils einen Emmy und einen Peabody Award gewinnen. Als Regisseur und Drehbuchautor betätigt sich Katz 1998 in der Fernsehproduktion *Steve McQueen: The Kind of Cool.*

Selena – ein amerikanischer Traum ist überwiegend geprägt von den Vorstellungen des ausführenden Produzenten, Selenas Vater Abraham Quintanilla. Als Manager und Sänger der Original-Dinos nimmt er ein Dutzend Alben auf und tourt durch die Vereinigten Staaten und Mexiko. Ab den frühen 80er Jahren managt er die von ihm gegründete Band »Selena y los Dinos«. Später gründet er die Firma Q Productions Inc., die jeweils fünf Erfolg versprechende Künstler managt und produziert sowie neue Talente fördert. Außerdem errichtet Quintanilla das Q Zone Recording Studio, das er immer noch leitet.

Neben Abraham Quintanilla ist der Mexikaner David Wisnievitz mit ausführender Produzent von *Selena.* Mit Produzent Esparza arbeitet Wisnievitz bereits unter Regisseur Robert Redford am Drama *Der Krieg im Bohnenfeld/The Milagro Beanfield War* (USA 1988) und am Westerndrama *Die Ballade von Gregorio Cortez/The Ballad of Gregorio Cortez* (USA 1982) mit Edward James Olmos in der Titelrolle zusammen. Edward James Olmos und David Wisnievitz kennen sich außerdem von den Drehbeiten zu *Sein größtes Spiel/Talent for the Game* (USA 1990). Wisnievitz hat sowieso schon die ganze Riege großer Hollywood-Schauspieler durch seine Arbeit als Produzent kennen gelernt. So beispielsweise Willem Dafoe, Mickey Rourke und Samuel L. Jackson im Thriller *White Sands – Der große Deal/White Sands* (USA 1992); Tom Berenger und Regisseur Dennis Hopper in der Komödie *Chasers – Zu sexy für den Knast/Chasers* (USA 1994); Gwyneth Paltrow und John Hannah in der Romanze *Sie liebt ihn, sie liebt ihn nicht/Sliding Doors* (USA 1998) und John Travolta im Drama *Zivilprozess/A Civil Action* (USA 1998). Der uns bekannteste Kinofilm mit David Wisnievitz als Koproduzenten dürfte allerdings das 1996 gedrehte Drama *Marvins Töchter/Marvin's Room* sein, in dem u. a. Meryl Streep, Diane Keaton, Leonardo DiCaprio und Robert De Niro brillierten.

Selenas verantwortlicher Kameramann ist Ed(ward) Lachmann, der ebenso wie Cutterin Nancy Richardson bereits im Kapitel Zwischen Mexiko und L. A. ausführlich besprochen wird.

Äußerst interessant ist der Komponist des Films, Dave Grusin. Der 1934 im mittlerweile leider berühmt-berüchtigten Littleton/Colorado geborene Amerikaner hat eine 1962 beginnende immense Filmografie als Komponist aufzuweisen. So zeichnet der gelernte Jazzmusiker neben vielen anderen Filmen u. a. für die Musik der unter Regisseur und Hauptdarsteller Warren Beatty entstandenen unterhaltsamen Fantasykomödie *Der Himmel soll warten/Heaven Can Wait* (1978) verantwortlich, für die er eine Nominierung für den Oscar erhält. Auch zum Actionthriller *Tequila Sunrise* (1988) mit Mel Gibson, Michelle Pfeiffer und Kurt Russell steuert er die Musik bei. Unvergesslich bleibt seine mit einem Grammy belohnte Musik im melancholisch-musikalischen Drama *Die fabelhaften Baker Boys/The Fabulous Baker Boys* (1989), in dem Michelle Pfeiffer den Brüdern Jeff und Beau Bridges den Kopf verdreht.

Grusin arbeitet mit einer ganzen Reihe großer Hollywood-Regisseure zusammen, so z. B. mit Brian De Palma für die Komödie *Fegefeuer der Eitelkeiten/Bonfire of the Vanities* (1990), in der Tom Hanks, Bruce Willis, Melanie Griffith, Kim Catrall und Morgan Freeman überzeugen, oder 1988 mit Robert Redford im bereits erwähnten *Krieg im Bohnenfeld/Milagro Beanfield War.*

Hier erhält Grusin für seine Kompositionen einen Grammy und einen Oscar. Ein effektives Team scheint Grusin mit Regisseur Sydney Pollack zu bilden, denn diese Konstellation findet sich gleich mehrfach in Grusins umfassender Filmografie: z. B. bei dem Thriller *Die drei Tage des Condor/Three Days of the Condor* (1975) mit Robert Redford und Faye Dunaway oder in der mit Dustin Hoffman besetzten überaus erfolgreichen Verkleidungskomödie *Tootsie* (1982), für deren Hit *It Might Be You* Grusin eine Oscar-Nominierung für den besten Originalsong erhält; in John Grishams Thriller *Die Firma/The Firm* (1995) mit Tom Cruise, Jeanne Tripplehorn und Gene Hackman, für den Grusin eine Grammy-Nominierung bekommt, sowie zuletzt 1999 im romantischen Drama *Begegnung des Schicksals/Random Hearts*, in dem man u. a. Harrison Ford, Kristin Scott Thomas und Peter Coyote bewundern kann.
Der Szenenbildner in *Selena* ist Cary White, der für verschiedene Projekte bereits Emmy-Nominierungen erhalten hat. Gewonnen hat er diese Trophäe für seine herausragenden Leistungen als Art-Director in *Andrea's Story: A Hitchhiking Tragedy*. Mit Esparza/Katz Productions arbeitet White an dem bereits erwähnten Bürgerkriegsdrama *Gettysburg* (1993).
Die größte Herausforderung für die Filmemacher ist es, die geeignete Schauspielerin zu finden, die Selena gerade bei ihren Konzertauftritten im Film angemessen porträtieren kann. Da der frühe Tod der jungen Sängerin den Fans und auch der Familie Quintanilla noch in frischer Erinnerung ist, muss hier mit großem Fingerspitzengefühl agiert werden. Um möglichst viele Kandidatinnen für die Hauptrolle zu sehen, organisieren Nava und sein Team vier Castings: in Texas, Kalifornien, Florida und Illinois, weil in diesen Gebieten der Anteil der hispanischen Bevölkerung am größten ist. Was die überraschten Verantwortlichen bei den Vorsprechterminen dann erleben, übertrifft ihre Vorstellungen bei weitem und entwickelt sich zu einem der größten Castings der Filmgeschichte: Sage und schreibe 22.000 hoffnungsvolle Aspirantinnen bewerben sich und spielen für die Rolle der Selena als kleines Mädchen und als erwachsene Frau vor. Allein beim ersten Casting in San Antonio erscheinen 6000 Latinas, sicherlich auch ein Beweis dafür, wie beliebt Selena und

wie lebendig sie in der Erinnerung ihrer Fans immer noch ist. Wieder einmal ist es Jennifer Lopez, die sich letztlich gegen sieben verbliebene (drei unbekannte und vier professionelle) Konkurrentinnen durchsetzen und das Filmteam überzeugen kann. Sie äußert sich in *Film Scouts* über das Vorsprechen: »Zuerst kam man rein und las etwas. Dann gab es einen großen Leinwandtest. Wir mussten drei oder vier dramatische Szenen aus dem Film nachspielen und zwei ihrer Songs. Natürlich kann man nicht den kompletten Charakter in einem Casting zeigen, aber man kann zeigen, ob man das entsprechende Charisma und die Fähigkeit hat, die Rolle zu spielen.«

›Selena‹ (1997)

Jennifer überzeugt die Crew offensichtlich auf der ganzen Linie. »Wir waren begeistert, Jennifer für diese sehr spezielle Story gewinnen zu können«, erzählt Nava, der mit Jennifer auch schon *Meine Familie* drehte. »Die Kombination aus ihrem enormen Talent, ihrer Wärme, ihrer Anziehungskraft und Stärke machte sie zur idealen Kandidatin, um Selena zu porträtieren.« Entschieden wehrt er sich dagegen, Jennifer beim Casting bevorzugt zu haben. »Ich musste hart dafür kämpfen, Jennifer die Hauptrolle im Film geben zu können. Die Studios wollen nur weiße Schauspielerinnen. Die Wahrheit ist, ich habe jedem die gleiche Chance gegeben. Aber als wir uns die Tests ansahen, war klar, dass Jennifer die beste Wahl ist.«

Jennifer hat auch überhaupt kein Problem damit, dass sie sich – obwohl sie die prominenteste Kandidatin ist – um diese Rolle bewerben und vorsprechen muss. Gegenüber *Mr. Showbiz* erklärt sie: »Ich bin immer noch in einem Stadium meiner Karriere, dass ich mich um Dinge bemühen muss, die ich möchte. Ich wäre dumm, wenn ich das nicht täte. Selbst wenn ich vom Kaliber einer Sandra Bullock oder Julia Roberts wäre, würde ich für eine Rolle, die ich haben möchte, sagen: ›Kann ich reinkommen und vorsprechen?‹ Das ist der Weg, wie du an gute Rollen herankommst. Du kannst nicht zusehen, wie sie erst jemandem anderen angeboten wird, bevor man dich dann fragt.«

Selena – das kurze Leben eines Stars

Selena Quintanilla wird am 16. April 1971 in Lake Jackson, Texas, als drittes Kind von Marcela und Abraham Quintanilla jr. geboren. Ihre Schwester Suzette ist vier Jahre, Bruder Abraham III. (A. B.) acht Jahre älter. Vater Abraham war als Jugendlicher selbst Musiker, allerdings erfolglos. Selenas Elternhaus ist patriarchalisch geprägt, aber dennoch liebevoll.
Selena ist sechs Jahre alt, als ihr Vater ihre Stimme entdeckt. Die Garage wird daraufhin zum Musikstudio umgebaut und die Familienband »Selena y los Dinos« bzw. »Selena and the Dinos« gegründet mit Selena als Sängerin, Suzette am Schlagzeug und A. B. am Bass. Die Kinder, die lieber spielen und

Discomusik hören würden, müssen nun Songs vor allem aus den 50er Jahren und spanischsprachige Texte einüben.
Der Vater eröffnet ein mexikanisches Restaurant, um seinen Kindern eine Auftrittsmöglichkeit zu bieten. Selenas Band wird schon bald eine lokale Größe. Als das Restaurant Pleite geht, zieht die Familie nach Corpus Christi um. Doch Abraham bemüht sich weiterhin um Auftritte für seinen Nachwuchs und kauft einen Van. Von nun an leben die Familie und zwei weitere Bandmitglieder *on the road* und spielen in kleinen Clubs oder bei Festivitäten. Selenas Vater betätigt sich als Manager und Tontechniker, Mutter Marcela als Lichttechnikerin.
Im Alter von zwölf Jahren nimmt die immer bekannter werdende Selena mit ihren Dinos die erste kommerzielle Platte auf, die 1984 mit dem Titel *Mis Primeras Grabaciones* auf einem kleinen Independent-Label erscheint. 1988 ist Selena so populär, dass sie bei den jährlich stattfindenen Tejano Music Awards in San Antonio zur Sängerin des Jahres gewählt wird – eine Auszeichnung, die sie bis zu ihrem Tod sieben Jahre in Folge erhalten soll.
Allmählich macht sich Selena auch außerhalb von Texas einen Namen. 1989 wird sie als »neue Gloria Estefan« von der EMI entdeckt. Ihr Durchbruch gelingt 1991 mit *Buenos Amigos*, einem Duett mit Alvaro Torres. Die Ballade erreicht Platz eins der Billboard Latin Tracks Charts und macht Selena in den USA bekannt. Mit ihren nachfolgenden Tejanohits *La Carcacha* und *Como la Flor* erobert Selena die Menschen südlich der Staaten, insbesondere die Mexikaner.
Am 2. April 1992 heiratet die fast 21-Jährige den Gitarristen ihrer Band, Christopher Perez, der 1988 zu der Band stieß. Mit ihm kauft sie sich ein Haus in La Molina, ganz in der Nähe ihrer Eltern und ihres Bruders A. B.
Im März 1994 erhält die Ausnahmekünstlerin für ihr Album *Selena Live* einen Grammy für das beste mexikanisch-amerikanische Album. Aus dem maßgeblich von Bruder A. B. geschriebenen und produzierten spanischsprachigen Album *Amor Prohibido* schaffen es 1994 gleich vier Singles auf Platz

eins der Latin Charts: *Amor Prohibido*, *No Me Queda Más*, *Bidi Bidi Bom Bom* und *Fotos y Recuerdos*. Das Album verdrängt Gloria Estefan von Platz eins der Latin Charts und verkauft sich über 800.000-mal.
Bei der EMI-Schwester SBK nimmt Selena 1994 ihr erstes englischsprachiges Album auf. Damit ist sie der erste Latinostar, der einen solchen Vertrag mit SBK unterzeichnen darf. Das Album entsteht allerdings nur schleppend, da Selena gleichzeitig mit der Band tourt, in Werbe- und Kinofilmen mitspielt und ihre beiden 1993 in San Antonio und Corpus Christi eröffneten Modeboutiquen führt. Zu dem Zeitpunkt ist die »mexikanische Madonna« bereits eine der erfolgreichsten lateinamerikanischen Entertainerinnen mit einem geschätzten Jahreseinkommen von fünf Millionen Dollar.
Im Februar 1995 dominiert Selena erneut die jährlichen Tejano Music Awards in San Antonio, indem sie in sechs von 15 Kategorien gewinnt, u. a. als Sängerin und als Entertainerin des Jahres. *Amor Prohibido* wird zum Album des Jahres gewählt. Zwei Wochen später zieht Selena im dritten Jahr hintereinander 60.000 Menschen an, die ihr Konzert im Houston Astrodome in Texas sehen möchten.
Eine enge Freundschaft verbindet Selena mit der Präsidentin ihres Fanclubs, Yolanda Saldivar, der sie sogar die Geschäftsführung ihrer beiden Boutiquen anvertraut. Bald darauf entdeckt die Familie, dass Saldivar Gelder unterschlagen hat, und sie entlässt sie. Am 31. März 1995 bittet Saldivar Selena in Corpus Christi unter einem Vorwand zu sich und schießt ihr in den Rücken.
Der Tod der erst 23-jährigen Selena Quintanilla Perez löst eine Welle der Fassungslosigkeit und Trauer unter ihren Fans aus. Das nicht mehr vervollständigte erste englischsprachige Album Selenas, *Dreaming of You*, kommt nach ihrem Tod auf den Markt. Selena hat erst sechs englische Songs aufgenommen, sodass man das Album um sechs weitere spanische Hits von ihr ergänzt. Selbst zwei Jahre nach ihrem Tod erhält Selena bei den jährlichen Tejano Music Awards drei der begehr-

ten Auszeichnungen: für den Song des Jahres *(Siempre Hace Frio)*, für den Tejano Crossover Song *(No Quiero Saber)* und als Sängerin des Jahres.
Tejano entwickelt sich in den 90er Jahren zu einem der am schnellsten wachsenden Genres der amerikanischen Musik.

Schon vor Beginn der Dreharbeiten zeigt es sich für Jennifer, wie wichtig es sein wird, die Rolle der beliebten Tejano-Sängerin angemessen zu spielen. »Am Anfang war ich nervös. Als ich die Rolle bekam, wusste ich nicht, wie populär diese Frau war und wie viele Fans sie in der Latino-Presse hatte und in der lateinamerikanischen Gemeinschaft in diesem Land wie auch außerhalb des Landes. Ich war ein wenig überwältigt.«
Doch der hohe Status Selenas in der Öffentlichkeit ist nicht der einzige Druck, dem sich Jennifer vor dem Dreh gegenübergestellt sieht. Neben den Gerüchten über ihre Bevorzugung beim Casting muss sie sich auch Äußerungen in der lateinamerikanischen Presse gefallen lassen, sie könne als New Yorkerin puerto-ricanischer Herkunft keine Texanerin mexikanischer Herkunft spielen und sie spreche nicht besonders gut Spanisch (obwohl dies Selena ja auch nicht tat). Nach anfänglichen Schwierigkeiten lernt Jennifer jedoch den Umgang mit diesen Repressalien. »Ich dachte zuerst: ›Sie mögen mich nicht!‹ Aber dann merkte ich, dass ich das Ganze persönlich nahm. Es war aber nicht persönlich gemeint. Jede Schauspielerin wäre dieser enormen Prüfung unterzogen worden, weil Selena so beliebt und die Wunde so frisch war.« Also konzentrierte sie sich wieder verstärkt auf ihre Rolle.
Auf die Frage des Blattes *Hispanic*, was Jennifer an Selena besonders schätzt, antwortet sie: »Dieser Film feiert das Leben einer liebenswerten Person. Selena hatte nicht nur enormes Talent, sondern auch ein wunderbares Herz und ich glaube, das ist es, was die Fans an ihr so sehr liebten. Ich wusste, dass die Erinnerung an sie noch sehr frisch war, und so war es das Wichtigste für mich, meine Sache gut zu machen.«
Wie immer, wenn Jennifer etwas gut machen will, bereitet sie sich intensiv auf ihre Arbeit vor. Von Anfang an versucht sie, Selena praktisch wieder auferstehen zu lassen und nicht bloß eine

schlechte Imitation zu sein. »Das war das Wichtige: sie realistisch darzustellen. Wenn das nicht gelingt, können sich die Menschen nicht mit ihr identifizieren. Eine Imitation zu sein wäre ein großer Fehler gewesen. Und schlechte Schauspielkunst. Deshalb näherte ich mich ihr, wie ich mich allen Charakteren nähere: durch Nachforschen. Alles, was ich von ihr finden konnte: Interviews, Backstage-Material, alles. Jedes kleine Indiz für ihre Persönlichkeit: inwiefern sich ihre Bühnenvorstellung von ihren Interviews unterschied, wie sich ihre englischen von ihren spanischen Interviews unterschieden. Alle Facetten, die für mich wichtig waren.«

Mit viel Fingerspitzengefühl begegnet sie bei ihren Recherchen Christopher Perez, dem verwitweten Ehemann Selenas. »Anfangs dachte ich, Chris könne mir wahre Einblicke in Selenas Seele geben, denn er ist der Einzige außerhalb der Familie, der sie gut kannte. Aber als ich Chris dann traf, wollte ich ihn nicht verletzen. Er hatte einen großen Verlust und hatte immer noch damit zu kämpfen. Er ist sehr ruhig, genau wie im Film, und sehr süß. Ich wollte nichts kaputtmachen. Greg [Nava] führte ein intensives Interview mit Chris und Jon Seda wurde ihm ein guter Freund. So erfuhr ich viel über Greg und Jon. Ich wollte einfach nicht in seiner Wunde herumstochern. Ich denke, ich war eine wandelnde Erinnerung für ihn, und deshalb wollte ich nicht zu ihm gehen.«

Ist es nicht fast schon eine logische Folge, dass bei der Verkörperung einer ermordeten Sängerin die Angst entsteht, selbst einmal Opfer einer solchen Gewalttat zu werden? »Diese Angst ist immer da«, gibt Jennifer gegenüber *Mr. Showbiz* zu. »Ich habe Manager, die mich ständig warnen, vorsichtig zu sein. Ich habe Leibwächter. Aber du kannst deshalb nicht aufhören zu leben. Meine Eltern kamen eines Tages zum Set und sprachen mit Selenas Eltern und hinterher sagte mein Vater zu mir: »Ich weiß nicht, was ich täte, wenn uns eines Tages so etwas passieren würde, wenn wir dich verlören.« Ich sagte: »Über so etwas darfst du nicht nachdenken. Selenas Vater beschützte seine Tochter sehr und dann kam die Mörderin aus dem eigenen Umfeld. Soll ich ein Leben in ständiger Angst führen, niemals hinausgehen und ständig Angst haben?«

Die Rolle als Selena gibt Jennifer die Möglichkeit, ihre Talente als Live- bzw. Bühnenmusikerin zu demonstrieren. Außerdem kann sie hier seit längerer Zeit wieder auf ihre hochwertige tänzerische Ausbildung zurückgreifen. Sehr intensiv arbeitet sie mit der Choreografin des Films zusammen, Miranda Garrison, um Selenas flüssigen, natürlichen Tanzstil möglichst wirklichkeitsgetreu zu imitieren. Keine leichte Aufgabe für die trainierte Latina.
»Die Tanzszenen bedeuteten eine der größten Herausforderungen für mich. Es ist sehr schwierig, sich all die Dinge abzugewöhnen, an die dein Körper gewöhnt ist und was für ihn natürlich ist. Ich musste lernen, was Selena tat, was sich sehr von meinen eigenen tänzerischen Instinkten unterscheidet.«
Doch aufgrund ihrer intensiven Vorbereitung auf die Rolle und der detailgetreuen Arbeit, die sie leistet, erfüllt sie die hohen Erwartungen hervorragend. Bester Beweis hierfür sind die Aufnahmen zur Eingangsszene im Film, wo Selena vor einem Rekordpublikum im Houston Astrodome auftritt. Als Gregory Nava die Einwohner San Antonios einlädt, als Zuschauer für diese Szene mitzuspielen, kommen über 35.000 Menschen. Teilweise sind sie aus Mexiko City, aber auch aus Chicago und Miami angereist. Natürlich reagiert Jennifer Lopez zunächst ängstlich auf dieses Massenpublikum, vor dem sie nun auftreten soll. Immerhin sind die Leute eigentlich gekommen, um ein letztes Mal von Selena Abschied zu nehmen und nicht um eine Lopez auf der Bühne zu sehen.
»Es war die erste Konzertszene, die wir drehten, und aufgrund der Kontroversen um meine Person hatte ich Angst vor dem, was mich da erwartete. 70.000 Menschen hatten Tickets. Ungefähr die Hälfte wird zu sehen sein. Ich fragte: ›Wie viele Plätze werden sie hier besetzen?‹ – ›Eine Menge.‹ – ›Ich muss meine Mutter und meinen Vater anrufen.‹ Ich ließ sie einfliegen, sodass sie bei mir sein konnten. Dann war ich bereit, hinauszugehen, mein Herz klopfte. ›Ich mache es nicht, Ma. Das hier sind alles Selena-Fans. Was, wenn sie mich ausbuhen?‹ – ›Mach dir keine Sorgen, Liebling. Du hast bei den Proben einen wirklich guten Job gemacht. Sie werden dich lieben.‹ Wir gingen hinaus – und sie begannen zu rufen und mir zuzujubeln und es war wunderbar.«
Und wirklich: Als die Kameras laufen, die Fans Selena singen

hören (Lopez darf in dem Film nicht selbst singen) und als dann die als Selena geschminkte und gekleidete Jennifer auf die Bühne kommt, ist das Publikum aus dem Häuschen, so frappierend ist die Ähnlichkeit mit der wahren Selena. Produzent Katz erinnert sich an jene Nacht: »Diesen Auftritt nachzuspielen war das erste Mal, dass wir Jennifer vor einem Publikum auftreten sahen, und es war emotional überwältigend. Abraham Quintanilla saß neben mir und Tränen liefen sein Gesicht hinunter. Es war so emotional, weil es aussah, als sei Selena zu ihren Fans zurückgekehrt. Niemand kam in dieser Nacht unberührt davon.«
Der Komödiant Paul Rodriguez, ein Freund der Familie, unterhält die Massen im Astrodome während der Pausen zwischen den Aufnahmen. Auch er ist überwältigt: »Wenn man Jennifer sah, hätte man schwören können, dass die Ermordung Selenas nur ein böser Albtraum war.«
Nach den Dreharbeiten zu dieser Szene mit ihrem Auftritt vor tausenden begeisterter Fans wächst in Jennifer der Wunsch, dies einmal für sich selbst aufgrund eigener Leistung zu erleben. Ihr Vorhaben, eine eigene CD aufzunehmen, wird geboren. »Ich hatte fast vergessen, wie es ist, auf einer Bühne aufzutreten, weil ich so sehr mit dem Drehen von Filmen beschäftigt war. Es war großartig, vor Publikum aufzutreten und ein direktes Feedback zu erhalten. Ich wurde ein bisschen übermütig: Die erste Show, die ich machte, sahen 35.000 Menschen. Es gefiel mir! Noch in derselben Woche teilte ich meinem Manager mit, dass ich Songs aufnehmen möchte. Ich werde ein Album aufnehmen. Ich liebe das so sehr. Das werde ich also vielleicht dieses Jahr noch tun.«
Wer Jennifer Lopez kennt, weiß, dass sie nicht nur große Töne spuckt. Tatsächlich setzt sie ihr Vorhaben sofort in die Tat um. Mehr zu ihrer CD *On the 6* in Kapitel 12 »Mit der Metro in die Vergangenheit«.
Sicherlich findet man einige Parallelen zwischen Selena und ihrer Darstellerin Jennifer Lopez. »Wir befanden uns an einem ähnlichen Punkt in unserer Karriere: Wir hatten einen gewissen Erfolg, aber wir waren noch nicht sehr populär. Wir hatten eine Menge Parallelen in unserem Leben und Selena und ich sind ähnliche Persönlichkeitstypen«, erzählt Jennifer *Mr. Showbiz*. Kein Wunder also, dass die selbstbewusste Schauspielerin so

Bei der Premiere von ›Selena‹: Jennifer Lopez mit Rebecca Lee Meza, die Selena als junges Mädchen spielt

manche Charaktereigenschaft der Tejano-Sängerin mag: »Was sie [Selena] so populär machte, war unter anderem, dass sie einfach sie selbst war. Sie versuchte nicht, ihre Figur zu verstecken. … Nie hätte sie gesagt: ›Vielleicht sollte ich diesen Minirock nicht tragen, vielleicht würde mein Hintern weniger groß aussehen, wenn ich stattdessen den anderen anziehe.‹ Sie betonte, was sie zu bieten hatte. Und Frauen sahen sie an und sagten: ›Mein Körper sieht genauso aus. Sie zeigt ihn, warum also sollte ich mich dafür schämen?‹«

Diese durchweg positive Einstellung zum eigenen Körper und das entsprechende Selbstbewusstsein legt Jennifer ebenfalls an den Tag, wie in Kapitel 16 nachzulesen sein wird. In gewisser Weise dient Selena Jennifer sogar als Vorbild. »Sie ist für mich ein Beispiel dafür, wie man mit seinen Fans umgeht. Das lernte ich, als ich den Film drehte. Sie war sehr gut zu ihren Fans. Sie war immer gütig und hat sich die Zeit genommen, mit ihnen zu reden. Sie begriff, dass die Fans das Allerwichtigste sind.« Eine weitere Parallele zwischen der Tejano-Sängerin und der Hollywood-Schauspielerin ist die Tatsache, dass sie Latinas sind. Jennifer meint dazu: »Eine Latina in diesem Land zu sein, das ist die Parallele. Natürlich gibt es da eine Menge Differenzen. Da gibt es die ›Nuyoricanische‹ Kultur in New York City und dann gibt es dort eine davon vollkommen verschiedene Tejano-Kultur. Aber es gibt Parallelen zwischen uns: aufzuwachsen und in einer gewissen Art und Weise behandelt zu werden oder eben gar nicht behandelt zu werden. Eine Minderheit zu sein. Eine Frau zu sein.«

Das staatenübergreifende Casting nach einer Darstellerin für Selena führt im Übrigen zu einer besonderen Entdeckung: Beim Vorsprechen der Bewerberinnen in San Antonio wird die zehnjährige Becky Lee Meza auserkoren, die Rolle der Selena als kleines Mädchen zu spielen. Nava erinnert sich an die Reaktionen seines Teams auf das junge Talent: »So wie Selenas Talent und Starqualitäten sie aus der Anonymität herauskatapultierten an die Spitze der Musikindustrie, genau so faszinierte uns Becky unter den tausenden von Mädchen, die wir sahen. Wir waren erfreut, sie gefunden zu haben, auch weil sie aus Selenas Heimatstaat Texas stammt.« Für die junge Becky selbst ist es eine Ehre, diese Rolle spielen zu dürfen. »Für mich ist ein Traum wahr geworden. Sie [Selena] war ein Vorbild für mich. Seit ich ganz klein bin, schaue ich mich im Spiegel an und singe und tanze und spiele und nun ist es wahr geworden.« Becky hatte das letzte Konzert Selenas im Houston Astrodome vier Wochen vor ihrer Ermordung live miterlebt.

Da Selenas Geschichte aber nicht die Story einer einzigen Person, sondern die einer ganzen Familie ist, gilt es noch weitere wichtige Rollen im Film zu besetzen. Die zentrale Figur im Leben der Musikerin war ihr Vater. Abraham Quintanilla wird im Film von Edward James Olmos gespielt, der wie Lopez bereits in *Meine Familie* mit Nava zusammengearbeitet hat (siehe Kapitel 3). Der 1947 geborene Kalifornier ist aufgrund seiner Vergangenheit als Rockmusiker für Selenas Vater die ideale Verkörperung: »Man muss Musiker sein, um zu verstehen, wie es ist, mit der Musik verbunden zu sein. Wenn sie einmal in deinem Herzen ist, dann ist sie dort dein Leben lang. Ich liebe die Musik und als ich jung war, hatte ich den Traum, Mainstream-Erfolg zu haben. Das habe ich damals nicht geschafft. Aber als ich das Talent meiner Kinder sah, projizierte ich dies auf sie und zusammen haben wir den Traum wahr gemacht.«
Olmos arbeitet sich – wie Jennifer Lopez als Selena – auch physisch an seine Rolle als Abraham Quintanilla heran und nimmt dafür u. a. 25 Kilo zu. Wie echt er aussieht, wird dadurch bewiesen, dass er beim Dreh einmal sogar mit dem wahren Quintanilla verwechselt wird. Vor der Familie hat Olmos großen Respekt: »Es gab einige schwierige Momente aufgrund der Tatsache, dass es eine wahre Geschichte ist. Ich ziehe meinen Hut vor der ganzen Familie für ihren Mut, dies hier durchzuziehen. Sie haben sich ihren Sinn für Familienbindung, Nächstenliebe und ihre Würde bewahrt.«
Die Rolle von Selenas Ehemann Christopher Perez spielt Jon Seda, einer der wenigen, die zuvor nicht bereits mit Gregory Nava gedreht haben. Der 1970 in New Jersey geborene Amerikaner macht sich durch seine herausragende schauspielerische Leistung in *I Like It Like That/Live is Trouble* (USA 1994) einen Namen. Dem deutschen Publikum dürfte er aus dem Film *12 Monkeys* (USA 1995) ein Begriff sein, wo er als Jose an der Seite von Bruce Willis und Brad Pitt spielt. Außerdem ist er 1996 in *Zwielicht/Primal Fear* mit Richard Gere in der Hauptrolle zu sehen. Weitere nennenswerte Filme mit Seda sind *Dear God* (USA 1996) und *The Sunchaser/Sunchaser – Die Suche nach dem Heiligen Berg* (USA 1996).
Aufgrund der engen Kooperation zwischen Selenas Familie und

dem Filmteam hat auch Jon Seda die Möglichkeit, den wahren Chris Perez bei der Vorbereitung auf seine Rolle kennen zu lernen. Die beiden verstehen sich so gut, dass sie Freunde werden. Jon über Chris: »Chris hat ein unglaublich großes Herz. Man muss schon ein sehr starker Mensch sein, um mit dem fertig zu werden, womit er es in seinem Leben schon zu tun hatte. Er inspiriert mich wirklich.« Christopher Perez leiht Jon Seda für die Filmarbeiten sogar seine eigene Gitarre und zeigt ihm, wie man darauf spielt.
Die Kalifornierin Constance Marie (siehe Kapitel 3), im Film als Selenas Mutter zu sehen, amüsiert sich über die verzwickten Familienverhältnisse in *Meine Familie* und *Selena*: »In *Meine Familie* spielten Jennifer Lopez und Jacob Vargas meine Eltern und nun spiele ich in *Selena* ihre Mutter! Eddie Olmos, der in diesem Film meinen Ehemann spielt, war in *Meine Familie* mein Bruder. Ich fürchte, ich brauche eine lange Therapie! Aber wir arbeiten alle großartig zusammen. Es ist wie in einer Familie.«
A. B. Quintanilla sucht sich für die filmische Biografie über seine Schwester sein Alter Ego selbst aus. Seine Wahl fällt auf Jacob Vargas (siehe Kapitel 3). Der viel beschäftigte Mexikaner freut sich über diese Auszeichnung. »A. B. erzählte mir, er wolle mich für die Rolle. Er sagte: ›Ich habe deine Arbeit gesehen. Ich vertraue dir.‹ Deshalb ist es eine große Ehre für mich, von A. B. selbst ausgewählt worden zu sein.«
So mancher Schauspieler muss für seine Rolle erst einmal ein bestimmtes Musikinstrument lernen. Jackie Guerra beispielsweise sieht sich der Herausforderung gegenübergestellt, im Film die Schlagzeug spielende Schwester Suzette zu mimen. »Meine musikalischen Fähigkeiten beschränkten sich darauf, im Auto den Radiosender zu wechseln. Aber zum Ende der Dreharbeiten hin hatte es mich gepackt. Ich bestellte eine elektronische Drum-Ausrüstung. Mittlerweile bin ich eine wirklich gute Karaokedrummerin!« Jackie Guerra gibt kurz vor *Selena* ihr Kinofilm-Debüt in der romantischen Komödie *Eat Your Heart Out* (USA 1997) mit Laura San Giacomo und Linda Hunt in den Hauptrollen. Von ihrem Talent beeindruckt entwickelt man bei Columbia Television daraufhin eine eigene Talkshow für Guerra. Guerra ist eigentlich nicht die erste Wahl des Filmteams für die Darstellung

von Suzette. Diese möchte aber unbedingt Selenas ältere Schwester spielen. Als sie Suzette dann schließlich einmal trifft, sieht sie sich bestätigt. *Hispanic* erzählt sie: »Es war unglaublich, als wir die exakt gleichen Dinge bestellten. Wir hatten sogar die gleichen Schuhe an. Erst fand ich es ein bisschen unheimlich, dass Suzette und ich uns so ähnlich waren, aber dann dachte ich, so muss es sich für Zwillinge anfühlen, die bei der Geburt getrennt wurden.«

Lupe Ontiveros (siehe Kapitel 3) alias Yolanda Saldivar arbeitet mit Nava zuvor nicht nur in dessen Familienepos *Meine Familie*, sondern auch in seinem Oscar-nominierten Werk *El Norte* (1983) zusammen.

Die drei Mitglieder der Band »Selena y los Dinos«, die nicht zur Familie Quintanilla gehören, spielen sich im Film selbst: Sänger und Songwriter Pete Astudillo, Schreiber Rick Vela und Keyboarder Art Meza. Vor allem Astudillo ist als Musiker kein unbeschriebenes Blatt. Während seiner Zeit bei den Dinos erhält er u. a. den Tejano Music Award als bester männlicher Newcomer und den Premio Lo Nuestro Award für den Song *Como la Flor*, den er zusammen mit A. B. Quintanilla geschrieben hat. Außerdem wird er mit Selena zusammen als Sangesduo des Jahres bei den Tejano Music Awards sowohl 1992 als auch 1993 ausgezeichnet. Er nimmt ein eigenes Soloalbum mit dem Titel *Entregate a Mi* auf.

Tejano-Musik

auch Tex Mex Music, Barrio Music, Musica Chicana

Ritchie Valens (1941–1959) gelingt mit *La bamba*, der Popversion eines alten mexikanischen Songs, 1958 ein internationaler Hit. Damit ist die Tejano-Musik geboren, die auf der Grundlage der Kultur der Chicanos – der in den USA lebenden Bevölkerungsminderheit mexikanischer Abstammung – basiert und unterschiedliche Elemente südamerikanischer Folklore in sich vereinigt: volkstümliche Elemente der Chicanos (Sones, Fandangos, Cumbias), Boleros der mexikanischen

Marimba- und Mariachiorchester, Corridos der indianischen Volkssänger und die südtexanische Conjunto Music mit Jazz und Rock 'n' Roll. Selbst deutsche und böhmische Polkas und Walzer sind darin enthalten. Bestimmendes Instrument ist anfangs das von deutschen Einwanderern mitgebrachte Akkordeon, das Bajo-Sexto (eine spezielle Gitarre), Tololoche (Kontrabass), indianische Flöte und Marimba. Später kommen mit dem wachsenden Einfluss der Rockmusik Drums und Elektrogitarren hinzu.
In der kurzen Blütezeit der Tejano-Musik Ende der 50er, Anfang der 60er Jahre können sich neben Valens vor allem Chan Romero und Chris Montez einen Namen machen. Erst Anfang der 80er Jahre rückt die durch New-Wave- und Funkeinflüsse angereicherte Musik wieder ins Zentrum kommerzieller Aufmerksamkeit. Neben den international bekannten Gruppen Del Fuegos und Los Lobos sind vor allem Valerio Longoria, Santiago Jimenez, Flaco Jimenez, Freddy Fender, Doug Sahm mit seinen Gruppen Texas Tornados und Sir Douglas Quintet sowie die Sängerinnen Lydia Mendoza und Selena Quintanilla Perez zu nennen.

Das Engagement und die Mithilfe der Familie Quintanilla bei den Dreharbeiten zu *Selena* sind enorm. Abraham und Marcela verbringen viele Stunden mit Edward James Olmos und Constance Marie. Olmos erinnert sich: »Es ist sehr schwierig, in die Augen einer Mutter oder eines Vaters zu schauen und sie nach der Schönheit, der Liebe und den lustigen Zeiten zu fragen, die sie mal hatten, aber nie wieder haben werden.« Auch mit Jennifer Lopez und Becky Lee Meza verbringen die Quintanillas viel Zeit, erzählen ihnen Anekdoten, öffnen ihre Familienalben und zeigen Heimvideos.
Fast jeder Schauspieler trägt bei den Dreharbeiten Kleidungsstücke oder andere Utensilien der entsprechenden Familienmitglieder, sicher auch ein Zeichen der tiefen Verbundenheit, die zwischen manchen entstanden ist. A. B. Quintanilla leiht Vargas seine extravagante Sonnenbrille und seinen Schmuck und Suzette wählt sogar Guerras komplette Garderobe aus. »Suzette hat

mir sehr geholfen. Sie erklärt mir jeweils den Hintergrund einer Geschichte und sie zeigte mir, wie sie die Drum-Sticks hält.«
Die Familie Quintanilla ist verständlicherweise gerade bei der Darstellung ihrer Tochter Selena sehr akribisch in Bezug auf Details, ob es sich nun um den Original-Nagellack handelt oder um bestimmte Gesten. Während eines Takes beispielsweise beugt sich Marcela zu ihrem Mann hinüber und sagt: »Wartet! Jemand muss Jennifer sagen, dass dies nicht die Art und Weise ist, wie Selena das Mikrofon gehalten hat.« Auf den Einwand ihres Mannes, dass die Zuschauer ein solch kleines Detail nicht bemerken würden, meint sie: »Selenas Fans werden es merken.« Und so wird Jennifer angewiesen, das Mikro anders zu halten. Gregory Nava sieht sich durch die Anwesenheit der Familie nicht in seinen Rechten beschränkt. Im Gegenteil: »Indem die Familie hier ist, ist es einfacher, die Wahrheit einzufangen, weil sich jeder an Selena erinnert«, erklärt er der Zeitschrift *People*.
Ungefähr 50-mal muss Jennifer während der Aufnahmen das Kostüm wechseln. Alle Kostüme sind exakte Imitationen von Selenas selbst entworfenen und getragenen Kleidungsstücken. Dafür sorgt Julie Ramirez, die ehemalige Schneiderin Selenas. Sie ist für die Kostüme von Jennifer Lopez verantwortlich. »Jennifer hat die gleichen Maße wie Selena. Ich habe alle Schnittmuster aufgehoben und als der Film gedreht werden sollte, suchte ich sie einfach wieder heraus.«
Jennifer Lopez spürt die hohen Erwartungen, die in sie gesteckt werden. Sie ist sich permanent über die Gegenwart der Familie Quintanilla und deren kritische Begutachtung bewusst. »Es ist die schwierigste Rolle, die ich je hatte, weil Selena kein fiktionaler Charakter ist – und weil ihre Familie hier direkt vor mir sitzt, während ich spiele. Ich war noch nie an einem Set wie diesem. Wo es ›gewöhnlich‹ ist, dass man umhergeht und die Menschen weinen sieht.«
Sicherlich bürgt die Anwesenheit von Selenas Familie während der Dreharbeiten und vor allem die wachsamen Augen des ausführenden Produzenten Abraham Quintanilla für eine fast hundertprozentige Authentizität. Wie man an der Reaktion der Fans erkennen kann, ist dies auch absolut gelungen. Doch zu viel Authentizität hat auch ihren Preis. Vor allem die starke, teilwei-

se schönfärberische Prägung des Films durch Abraham Quintanilla ist nicht von der Hand zu weisen. Weniger (Einflussnahme) wäre hier vielleicht mehr (Realitätsnähe) gewesen. Auf der anderen Seite zeigt der Film dadurch überdeutlich, inwieweit der Vater die treibende Kraft hinter der Karriere seiner Tochter war und wie er die gesamte Familie nach seinen Vorstellungen formte. (Immerhin lebte die Familie zur Verwirklichung seines Traumes viele Jahre lang in einem Bus.)

In der Verfilmung von Selenas Leben werden die Aktivitäten des Vaters jedoch durchweg positiv bewertet, alles tut er angeblich nur zum Wohle von Selena und der Familie. Nie sieht sich Selena in Navas Werk irgendwelchen Widerständen gegenüber, weder beruflich noch privat, wenn man einmal von dem kurzen Ärger mit ihrem Vater absieht, als sie Chris heiraten möchte. Gerade dieses Beispiel steht aber symbolhaft für die kritiklose Verherrlichung eines im Grunde ehrgeizigen und egozentrischen Vaters. Obwohl Abraham im Film durchaus in einer manchmal schroffen und kontrollierenden Art und Weise gezeigt wird, so tut er dies doch immer nur zum Wohle seiner Tochter, weshalb diese ihn sehr verehrt.

Als Selena nach ihrer heimlichen Heirat mit ihrem Vater reden will, ist der inzwischen natürlich längst geläutert. »Das klingt für dich jetzt vielleicht ein bisschen merkwürdig, aber ich bin froh, dass du es gemacht hast. Die Sache lag mir wie ein Stein auf der Seele. Ich habe dich durch mein Verhalten doch dazu gezwungen. Ich weiß ja, was ich für ein Sturkopf bin. Du hast getan, was du tun musstest. Aber ich habe es wirklich nur gut mit dir gemeint … Als Chris damals im Bus gesagt hat, dass er dich liebt – ich wusste sofort, er meint es ernst. Aber es hat mir Angst gemacht. Ich will dich doch nicht verlieren.«

In dieser Sequenz wird weder die Eifersucht eines Vaters auf den möglichen Nebenbuhler um die Liebe seiner Tochter angedeutet noch seine Sorge, die von ihm mühsam aufgebaute Karriere seiner Tochter könne einen Bruch erfahren, was wohl in Wirklichkeit die Gründe für sein Verbot der Liebesbeziehung gewesen sein dürften. Der Sinneswandel des Vaters kommt im Film allzu plötzlich und ohne Hintergrund daher.

Außerdem werden in dem Film nie die Anstrengungen und Entbehrungen thematisiert, der Kampf, der notwendig ist, um eine solche Karriere zu machen. In der Szene, als Schwester Suzette – natürlich rein zufällig – aus dem Radio hört, dass der Song *Corazon* auf Platz eins der Latin Charts gelandet ist, fragt man sich, wie es dazu kommen konnte. Immerhin hatte Selena bis zu diesem Zeitpunkt im Film nie ein Plattenstudio betreten und kein Album aufgenommen.

Worauf in der Biografie auch nicht näher eingegangen wird, ist die Person Yolanda Saldivar. Zwar ist Navas Absicht, Mord- und Totschlag nicht in seinem Werk zu zeigen, vollkommen begrüßenswert, doch hätte man sich ein wenig mehr Aufklärung darüber gewünscht, wie Yolanda Selena überhaupt so nahe kommen konnte bzw. warum die beiden so enge Freundinnen geworden sind. So bleibt die Frage offen, warum Selena ihr die Geschäftsführung ihrer Boutiquen anvertraute. Yolanda-Darstellerin Lupe Ontiveros erscheint in weniger als fünf Szenen. Nicht genug, um nachzuvollziehen, wie es zu der entsetzlichen Tat kommen konnte.

Ebenfalls störend ist die – in amerikanischen Filmen häufig anzutreffende – geballte Ansammlung von Klischees. Dies beginnt mit den Kindern, die lieber im Garten spielen als Musik machen wollen und von ihrem Vater zum Üben gezwungen werden, und endet bei dem konservativen Papa, der seine Tochter nicht in einem Bustier auftreten lassen will und von dieser überzeugt werden muss, dass dies zum heutigen Outfit gehöre. Auch Dino-Gitarrist Christopher Perez muss zur klischeehaften Überzeichnung herhalten, schließlich ist er nur deshalb Heavy-Metal-Musiker geworden, weil er eine lieblose Kindheit erlebt hat und sich gegen seine Eltern auflehnt. Aber im Grunde seines Herzens ist er ein gutmütiger, sensibler junger Mann, den es für Selena zu entdecken gilt. Und nachdem Selena ihren Vater durch ihre heimliche Heirat überzeugt hat, wird Chris letztlich herzlich in die Familie aufgenommen, obwohl zuvor niemand in der Familie gewagt hatte, dem Patriarchen eine eigene Meinung entgegenzusetzen. Doch nun ist alles gut. So einfach kann das Familienleben sein.

Heftig ist auch der Dialog zwischen Abraham und seinen Kindern Selena und A. B., als es um die Diskriminierung der Chicanos geht: »Wenn du Amerikaner mexikanischer Abstammung bist, hast du es schwer. Für die Gringos bist du der letzte Dreck, wenn du nicht fließend Englisch sprichst. Für die Mexikaner bist du der letzte Dreck, wenn du nicht fließend Spanisch sprichst. Wir müssen doppelt so perfekt sein wie alle anderen.« Nach weiteren Erklärungen seines Standpunktes ergänzt er: »Den Mexikanern müssen wir beweisen, wie mexikanisch wir sind, und den Amerikanern, wie amerikanisch. Wir müssen mexikanischer sein als die Mexikaner und amerikanischer als die Amerikaner – am besten beides gleichzeitig. Das ist anstrengend!«

Gegen Navas Absicht, den auf dem amerikanischen Kontinent teilweise extremen Rassismus zu thematisieren, ist absolut nichts zu sagen. Doch es geschieht in einer solch plumpen und aufdringlichen Art und Weise, dass es, zumindest aus europäischer Sichtweise, schon wieder auf die Nerven geht. Sicher hätte man die Problematik auch mit weniger deutlichen und eindeutigen Dialogen verstanden, zumal diese Sequenz bei weitem nicht die einzige in dieser Form und mit diesem Thema ist. Schließlich wird Selena von ihrem Vater beim Pizzaessen zur Meisterin der Rassenintegration erklärt: »Du betrittst Mexiko und die Leute, die uns normalerweise hassen, lieben dich … Du hast die Barrieren, die viele Menschen abschrecken, einfach überwunden. Du bist durch sie hindurchgegangen, als gäbe es sie nicht; aber vielleicht existieren sie für dich gar nicht.«

Trotz dieser wenigen Kritikpunkte sollte man *Selena* jedoch insgesamt gesehen in guter Erinnerung behalten als eine nette und engagierte Hommage an die Ausnahmesängerin und als tröstliche Erinnerung für ihre Fans. Durchweg positiv bis ausgezeichnet bewertet werden vor allem die Leistungen des Schauspieler-Ensembles, allen voran die Leistung von Jennifer Lopez. Bei den American Latino Media Arts Awards 1998 in Pasadena ist *Selena* denn auch nicht zu schlagen und erhält insgesamt vier Auszeichnungen: als bester Film, für die beste Schauspielerin (Jennifer Lopez), für den besten Schauspieler (Edward James Olmos) und für den besten Regisseur (Gregory Nava).

Jennifer Lopez erhält aufgrund ihrer herausragenden schauspielerischen Präsentation im selben Jahr zudem den Lone Star Film & Television Award als beste Schauspielerin sowie Nominierun-

Bei der 55. Verleihung der Golden Globes Awards geht Jennifer Lopez 1998 zwar leer aus, hat aber für ›Selena‹ schon mehrere Auszeichnungen bekommen.

gen für den Golden Globe und den MTV Movie Award. Mit einer Gage von einer Million Dollar wird sie mit *Selena* zur höchstbezahlten lateinamerikanischen Schauspielerin.

KRITIKEN:
»Spannende und ausgewogene, glaubwürdige und zeitweise sogar mitreißende Biografie mit Spitzendarstellern.« *(Movieline)*

»Der Film basiert auf wahren Begebenheiten und pendelt geschickt zwischen Frauenfilm, Aufsteigerstory, Liebesgeschichte und mitreißenden Konzertmitschnitten, sodass die Hommage nicht nur für Musikfans reizvoll ist. Die Hauptdarstellerin bestimmt und trägt den Film, indem sie ihre Rolle voller Überzeugung und Vitalität spielt.« *(Lexikon des internationalen Films)*
»Die wahre Geschichte von Selena – ein Schicksal, das die USA in Atem hielt. Packend inszeniert von Regisseur Gregory Nava im schweißtreibenden Rhythmus des Tejano-Beats. Die Familie Selenas beteiligte sich von Anfang an an dem aufwändigen Projekt, das die Spitzenriege latinoamerikanischer Schauspieler versammelt: neben Edward James Olmos und Jon Seda eine atemberaubende Jennifer Lopez in der Titelrolle.« (Dirk Jasper, *CyberKino*)
»*Selena* wird von einer neuerdings viel beschäftigten Jennifer Lopez mit Ausdruckskraft, Herz und einer unglaublichen Anmut gespielt.« (Lisa Schwarzbaum, *Entertainment Weekly*)
»Navas Film erinnert an Selena in ihrer mädchenhaften, strahlenden, verträumten Fröhlichkeit und in ihrer Hingabe an ihre Familie und er tut das, was Filme letztlich am besten können: diese Dinge für die Fans am Leben erhalten.« (*New Times Los Angeles*, 20. März 1997)
»Wie bei vielen anderen Biografien über Popsänger fragt man sich auch hier: ›War das alles?‹ Während er das tragischerweise kurze Leben von Selena nachzeichnet, vertuscht Regisseur Gregory Navas Film die Konflikte und Rückschläge, sodass nur eine unerbittlich fröhliche Erfolgsstory übrig bleibt, der lediglich ein trauriges Ende beschieden war. Die Konzertszenen sind nur für die große Leinwand geeignet, aber trotz der Starpower der Lopez, die sowohl auf als auch jenseits der Bühne brilliert, kommt das meiste in *Selena* doch zu gemütlich daher. Es hätte auch ein Fernsehfilm sein können.« (Michael Sauter, *Entertainment Weekly*, zum Video)
»Auf vielerlei Art behandelt *Selena* das Leben der ermordeten Tejano-Sängerin wie ein magisches Märchen voll breiter Lächeln, Gelächter und vieler Kodak-Momente. Leider ist die Story aufgesetzt und substanzlos. Den Stil in *Selena* wahrt Jennifer Lopez, deren fantastische visuelle Darstellung das Aussehen

und das Charisma der Sängerin einfängt.« (Eileen Fitzpatrick, *Billboard,* 5. April 1997)
»Man hätte sich lieber eine Biografie über sie [Selena] angeschaut, deren ausführender Produzent nicht ihr Vater ist. Bei *Selena* haben wir es mit einer typischen Musikerbiografie mit all ihren visuellen und verbalen Klischees zu tun.« (John Simon, *National Review*, 21. April 1997)
»Ein Teil des Misserfolgs kann Navas Drehbuch zugeschrieben werden. In seinen früheren Filmen schrieb seine Frau Anna Thomas die Drehbücher, die sehr bewegend waren, manchmal lustig und vor allem realistisch. Aber *Selena* gleicht oft einer Mischung aus Soap-Opera und TV-Movie. Das Zitat der jungen Selena ›Wenn ich auf der Bühne bin, fühle ich, dass ich alles tun kann, was ich möchte‹ könnte auch aus *Beverly Hills 90210* entnommen sein.« (*Albuquerque Tribune*, 21. März 1997)

8. Überleben auf dem Amazonas

Trash trotz Staraufgebot: *Anaconda*

»Eine Anakonda verfügt über Hitzesensoren. Ein warmer Körper ist für sie nicht schwer zu finden. Sie packt zu, umschlingt dich, hält dich fester als deine große Liebe, und du erhältst den Vorzug, das Brechen deiner Knochen zu hören, bevor ihr Druck deine Adern explodieren lässt. Dann verschlingt sie dich mit Haut und Haaren. Die Anakonda ist eine perfekte Tötungsmaschine!«

JON VOIGHT ALIAS PAUL SARONE IN *ANACONDA*

INHALT: Der Fluss plätschert in aller Ruhe dahin. Langsam geht die Sonne auf, idyllische Panflötenklänge stimmen die Zuschauer ein auf eine Abenteuerreise auf dem größten Fluss Südamerikas, dem Amazonas. Die Musik bekommt einen leicht bedrohlich wirkenden Anstrich. Unheimliches Blubbern setzt ein, eine gefährliche Situation kündigt sich an.

»Das kleine Latino-Mädchen von der Uni«, Terri Flores (Jennifer Lopez), wie sie von ihrem Freund, dem Anthropologen Dr. Steven Cale (Eric Stoltz), genannt wird, darf ihren ersten Dokumentarfilm drehen. Cale ist einem der letzten großen Rätsel dieser Welt auf der Spur, dem noch unentdeckten Shirishama-Indianerstamm. Die ambitionierte Terri Flores hat die Aufgabe, die Entdeckung des Stammes filmisch festzuhalten. Mit einem aus Holz gezimmerten Flussboot bricht die Crew Richtung Dschungel auf.

Mit von der Partie sind außer Steven Cale und Terri Flores der Kameramann Danny Rich (Ice Cube) sowie deren Assistenten: der nervöse und unsichere Warren Westridge (Jonathan Hyde) in seiner Funktion als Kommentator, der naive und unloyale Gary Dixon (Owen Wilson), dessen Freundin Denise Kalber (Kari Wuhrer), die für den richtigen Ton des geplanten Dokumentarfilms zuständig sein soll, und der ortskundige Mateo (Vincent Castellanos), der als Kapitän das Boot lenken wird.

Alles könnte so idyllisch und romantisch sein, wenn sie nicht einen Fremden mit an Bord nehmen würden, der mit seinem Boot gestrandet ist. Das gutgläubige Forscherteam ahnt zu diesem Zeitpunkt noch nicht, dass es sich bei dem Fremden um den schmierigen und skrupellosen Schlangenjäger Paul Sarone (Jon Voight) handelt. Vielmehr hofft das Team, von Sarones Amazonaserfahrung profitieren zu können.

»Das kleine Latino-Mädchen von der Uni«: Jennifer als Terri Flores in ›Anaconda‹

Sarone interessiert sich jedoch überhaupt nicht für das Anliegen Cales und zieht diesen daher eiskalt aus dem Verkehr. Nach einem von Sarone provozierten Sturz ins Amazonaswasser verschluckt Cale tragischerweise eine Wespe, die nur mithilfe eines Luftröhrenschnittes entfernt werden kann. Für den Rest der Expedition ist Cale nun nicht mehr zu gebrauchen und er verbringt bis kurz vor Ende der Geschichte seine Zeit im Koma. Der Kahn schippert weiter. Die Gruppe muss wenig später einen Holzdamm in die Luft sprengen, woraufhin es unzählige Schlangenbabys hagelt; eines von ihnen hat es auf Warren abgesehen und beißt ihm in den Finger.

Doch die Schlangenkinder sind eher ungefährlich; die eigentliche große Gefahr lässt nicht lange auf sich warten. Eine Anakonda taucht auf. Sarone nutzt die Gunst der Stunde und wirft der Schlange Captain Mateo zum Fraß vor, den diese genüsslich verspeist. Nun irren Terri und Co. orientierungslos irgendwo im Amazonasbecken mit ihrem Schiff umher. Der ortskundige Mateo ist längst verdaut; nur der erfahrene Sarone kann ihnen noch heraushelfen.

Allerdings soll die Fahrt weder zu dem gesuchten Indianerstamm noch zu einem Krankenhaus für Steven Cale führen. Sarone wittert das große Geld und will endlich eine Anakonda fangen, natürlich lebendig. So instrumentalisiert Sarone die Mitreisenden immer mehr, indem er sie einschüchtert, von perfekten Killermaschinen redet oder beispielsweise den wankelmütigen Gary davon überzeugt, dass mit einem Film über die Erbeutung einer Riesenboa eine Menge Geld zu machen ist.

Aber dann taucht der Riesenwurm wieder aus den Tiefen des Flusses auf. Terri will ihre Freunde schützen und die Schlange töten, als diese sich auf Gary stürzt. Doch Paul Sarone kann sie davon abhalten, Gary zu retten, der daraufhin zu einer köstlichen Mahlzeit für das Schlangentier wird. Für Terri, Danny, Steven, Warren und Denise steht eindeutig fest: Sie müssen Sarone ausschalten.

An einem lauen Abend kommt Terri zu Sarone in die Kajüte und lässt ihren ganzen Sexappeal spielen. Sie umgarnt den alten Schlangenjäger, sie küssen sich sogar. Danny, von Anfang an sehr argwöhnisch Paul gegenüber eingestellt, überwältigt Sarone

schließlich. Gefesselt muss Sarone nun sein weiteres Dasein fristen. In der Nähe eines Wasserfalles läuft das Schiff zu allem Unglück auf Grund. Mithilfe einer Seilwinde soll der Kahn wieder zum Schwimmen gebracht werden. Denise will sich in der Zwischenzeit an Sarone für den Tod ihres Freundes rächen und bedroht ihn mit einem Messer. Doch der Gefesselte ist schneller, bringt sie mit seinen Beinen zum Stolpern, schnappt sich mit den Füßen das Messer und kann sich schließlich befreien.
Derweil fallen Denise und Warren Westridge der doppelzüngigen Bestie als Nächstes zum Opfer. Danny, ebenfalls in Gefahr, wird von Terri gerettet, als sie auf die Schlange schießt. Nun gerät Terri in Lebensgefahr, Sarone will sie aus dem Verkehr ziehen, doch dann taucht Steven auf, dem es wieder ein wenig besser zu gehen scheint, und er betäubt Sarone von hinten mit einer Kanüle. Sarone fällt ins Wasser und verschwindet. Das Schiff ist wieder flott, es fehlt lediglich Sprit. Das erhoffen sie in einem heruntergekommenen Haus zu finden. Terri und Danny werden fündig und entdecken etliche Benzinfässer. Doch der totgeglaubte Sarone taucht plötzlich wieder auf, überwältigt die beiden, fesselt sie und übergießt sie zu allem Überfluss noch mit Affenblut.
Und wieder erscheint die Riesenschlange. Diesmal dringt sie von oben in das Gebäude ein, züngelt eifrig und macht sich an den beiden Gefesselten zu schaffen. Sarone wirft ein Netz über die Anakonda und Terri und Danny; sie sitzen in der Falle. Sarone hätte sein Ziel erreicht, würde sich das Netz nicht plötzlich lösen, die Schlange nun auf einmal Appetit auf den flüchtenden Sarone bekommen und sich lüstern auf ihn stürzen. Sarones Beine zappeln noch aus dem Maul des Ungeheuers, dann verschwindet auch der Tierjäger im Magen der Boa.
Natürlich kommt es zu einem traditionellen Showdown, der eher unfreiwillig komisch als packend und erschreckend ist. Sarone taucht noch einmal auf, wird vor Terris Augen von der Anakonda schleimüberklebt ausgespuckt, zwinkert ihr mit seinem rechten Auge zu und haucht endgültig seinen Odem aus. Zum Schluss sehen wir dann noch einen einstürzenden Schornstein, eine brennende Riesenschlange und eine mitgenommene Miss Flores, die sich aber schon bald wieder erholt. Danny Rich, Terri und ihr Freund Steven Cale haben schließlich überlebt und den drei

Überlebenden offenbart sich am Ende des Films eine wunderbare Entdeckung: Im Sonnenuntergang der Amazonassonne tauchen die bislang unentdeckten Ureinwohner auf. Sanfte Panflötenklänge erklingen; weit und breit ist keine Schlange mehr zu sehen.

HINTERGRUNDINFORMATIONEN: »Als ich *Anaconda* las, erkannte ich eine faszinierende Geschichte, die den Zuschauer vor Angst in den Kinosessel drücken konnte. Außerdem ermöglichte es die Story, einen Blick auf die dunklen Seiten menschlicher Natur zu werfen, was mich sehr fesselte. Zudem halte ich das Filmen selbst für ein Abenteuer. Ich liebe meine Arbeit und sehne mich nach dem Gefühl von Abenteuer, das sich bei Reisen in sehr entlegene Gebiete einstellt. Im Herzen des amazonischen Regenwaldes zu filmen, mit all den damit verbundenen Belastungen und Problemen, bedeutet eine Herausforderung ...«
Mit diesen verheißungsvollen Worten fasst Regisseur Luis Llosa seine Motivation zusammen, aufgrund derer *Anaconda* entstand. Wer den Film jedoch gesehen hat, und das waren im Frühjahr/Sommer 1997 nicht gerade wenige (der Film spielte über 100 Millionen US-Dollar ein), wird sicherlich zwiespältige Gefühle in Bezug auf das hier wiedergegebene Zitat haben. Von einem spannenden Abenteuerfilm, der das Kinopublikum in seinen Bann zieht, ist *Anaconda* weit entfernt. Zu klischeehaft, zu plakativ ist die Figurenzeichnung; die Geschichte ist vorhersehbar und die Spezialeffekte erwecken gemessen an den heutigen Standards höchstens ein müdes Schmunzeln. Da bietet ein Tierfilm im öffentlich-rechtlichen Fernsehprogramm über Reptilien unserer Welt sicherlich mehr Spannung als das sich hier über die Leinwand schlängelnde Gummimonster.
Susan Ruskin, Produktionschefin der jungen Firma CL Cinema Line Films, spürt das Drehbuch zu *Anaconda* auf, von dem sie und die Produzenten Verna Harrah, Carole Little und Leonard Rabinowitz sofort sehr angetan sind. Gemeinsam mit dem Koproduktionspartner Columbia Pictures wird 1996 geplant, *Anaconda* zu verfilmen. Susan Ruskin traut dem Projekt ein hohes Potenzial zu, da es die optimale Kombination einer Actionstory mit Gruselelementen sei. Ruskin, die bereits für George Lucas

Mit Jon Voight in ›Anaconda‹

und Robert Stigwood arbeitete, war maßgeblich an Filmerfolgen wie *Die Frau in Rot/The Woman in Red* (USA 1984) oder *Die Glücksjäger/See No Evil, Hear No Evil* (USA 1989) beteiligt. Um den Schrecken auf die Leinwand zu bringen, greift Ruskin nicht auf das Science-Fiction-Genre zurück. Auch Fantasygebilde entsprechen nicht den Vorstellungen der Macher, sondern real existierende Bestien sollen ihr Unwesen treiben: »Schlangen wie unsere Anakonda existieren – in mythischen Größenordnungen.

Nichts an unserer Geschichte hat mit Fantasterei zu tun. Und auf einer anderen Ebene sprechen diese riesigen Kreaturen elementare Ängste über Schlangen an, die die Menschen ihre ganze Entwicklungs- und Religionsgeschichte hindurch schon immer hatten.«

Hohe Ansprüche, die es also zu erfüllen gilt. Als Regisseur des Schlangenfilms kommt der Peruaner Luis Llosa in die engere Wahl. Vielleicht wird er deshalb ausgewählt, weil er bereits einige Projekte buchstäblich in den Sand gesetzt hat und daher zu günstigen Konditionen zu haben ist. Llosas Regiewerke zeichnen sich meist durch ihre konventionelle Machart aus und wirken darüber hinaus sehr klischeebeladen und vorausschaubar. Oft sind es auch einfach nur Billigproduktionen. Zu Llosas Filmen zählen der fragwürdige Thriller *Die Stunde des Meuchelmörders/Hour of the Assassin* (USA 1987); der Actionfilm *Snipers – Der Scharfschütze/Snipers* (USA 1992, mit Tom Berenger) oder der plakative Actionthriller *The Specialist*, bei dem Sylvester Stallone und Sharon Stone 1994 die Hauptrollen spielen.

Immer wieder taucht der Amazonas als Leitmotiv in Llosas Filmen auf. Zuletzt 1993 in der Abenteuerstory *Mörderischer Amazonas/8000 League Down the Amazonas*. Einen großen Flop landet Llosa 1991 mit dem anrüchigen Sex-and-Crime-Streifen *Fire on the Amazon*, der nie in die Kinos kommt. In Deutschland wird der Film sogar nie veröffentlicht. *Fire on the Amazon* ist übrigens eine der ersten Hollywood-Produktionen der zu dieser Zeit noch unbekannten Sandra Bullock, die sich später nur ungern an die Dreharbeiten erinnert: »*Fire on the Amazon* war ein *richtig schlechter* Film.«

Dabei sind gerade dieser Film und *Mörderischer Amazonas* für die Produzentinnen ausschlaggebend, Luis Llosa für *Anaconda* zu verpflichten: »Als wir uns zum ersten Mal mit ihm zusammensetzten, wussten wir, dass wir die richtige Kombination von kreativem Talent und Erfahrung gefunden hatten. Und er besaß eine klare Vorstellung davon, wie er diese Geschichte auf die Leinwand bringen wollte. Zum Beispiel hatte er die Idee, den Film mit weitumspannenden Schauwerten und Ausblicken zu eröffnen. Die Ausdehnung des Regenwaldes, des Dschungels und des Horizonts ist ziemlich bemerkenswert am Amazonas.

Und wenn sich die Reise fortsetzt ... gerät man in immer enger werdende Nebenflüsse. So entwickelt sich mit dem Film ein Gefühl der Bedrängung. Und die Klaustrophobie wächst mit der Story, dem Wald und der Schlange, die dich umschließen. Es war diese Vorstellung, die uns bewusst machte, dass er der richtige Mann für dieses Projekt war.«
Es stimmt: Die Landschaftsaufnahmen, zumindest die am Anfang des Films, sind recht gut gelungen. Auch klaustrophobische Gefühle treten durchaus ein und verführen einen dazu, den Kinosaal vorzeitig zu verlassen – wobei hier weniger die Momente des Schreckens, sondern die an sich schrecklichen Filmmomente dies forcieren. Luis Llosa ist wirklich der richtige Mann für dieses Projekt. Nur einer wie er kann aus der platten Drehbuchvorlage das entsprechende Filmchen mit B-Movie-Charakter auf die Leinwand zaubern. Es gibt auch durchaus Kritiker, die den Film in der C-Movie-Kategorie ansiedeln.

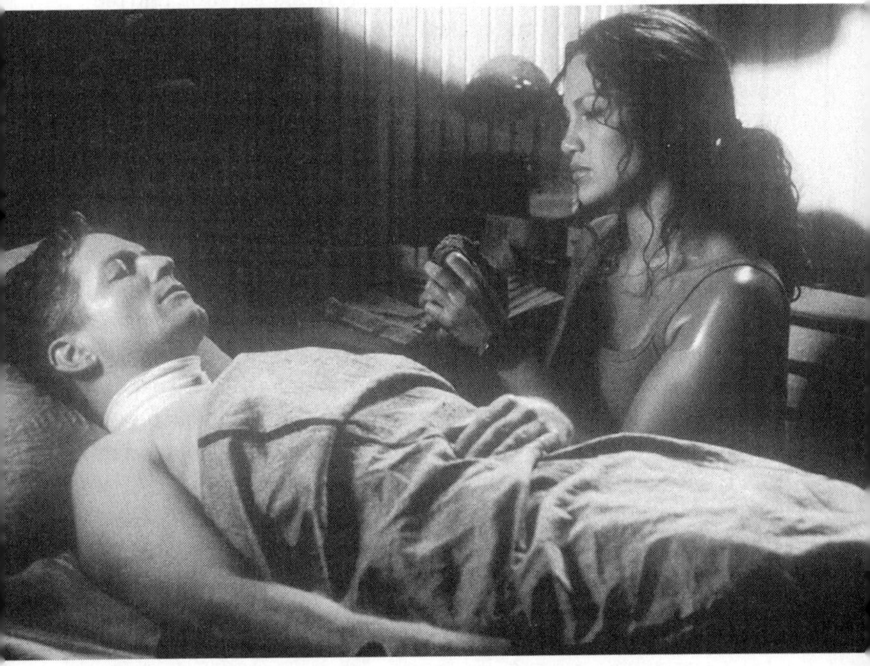

Mit Eric Stoltz in ›Anaconda‹

Ein Film wie *Anaconda* setzt auf Effekte, genauer gesagt auf Spezialeffekte. Steven Spielberg und Roland Emmerich beweisen in den 90er Jahren, dass es dank modernster Computertechnik kaum ein Problem ist, überdimensionale Wesen wie Dinosaurier oder Riesenechsen lebensecht auf die Leinwand zu bannen. *Jurassic Park* (USA 1993) und *Godzilla* (USA 1997) sind in dieser Hinsicht wegweisend. Lassen sich also beispielsweise Dinosaurier so naturgetreu auf die Leinwand bringen, dass man meint, sie wären zu neuem Leben erweckt, dürfte dies bei einer Anakonda doch eher eine Anfängerübung für erfahrene Tricktechniker sein. Also geht man bei der Animationsfirma Sony Pictures Imageworks daran, riesige, fotorealistische Schlangen zu kreieren.

John Nelson ist verantwortlich für die Special-effects, die *Anaconda* ausmachen sollen. Er gibt sich überzeugt von seinem Vorhaben: »In der jüngeren Vergangenheit benötigten wir das Zusammenspiel von Modellen, Miniaturen, Handanimation und die Arbeit des optischen Printers, um Figuren und Kreaturen zu erschaffen. Jetzt haben wir den Computer. Alle Bildkompositionen entstehen nun dort, was uns die Möglichkeit gibt, uns kleinsten Bereichen des Bildes mit viel größerer Liebe zum Detail zu widmen. Computeranimation erlaubt uns Dinge mit der Anakonda zu tun, die keine lebende oder animatronische Schlange bewerkstelligen könnte, ohne die Darsteller zu töten.«

Gut erkannt. Es wäre schon ein wenig bedauerlich gewesen, wenn der eine oder andere Darsteller einem »wahren« Reptil zum Opfer gefallen wäre. Die Segnungen der Computeranimation können also gar nicht hoch genug gepriesen werden. Was dann allerdings tatsächlich auf der Leinwand zu sehen ist, ist meilenweit von dem entfernt, was tricktechnisch heutzutage machbar ist. Dem Lindwurm sieht man an, dass er nichts weiter ist als ein überdimensionaler Gummischlauch aus Plastik mit einem Kopf, der in vergleichbarer Form in gängigen Scherzartikelläden erworben werden könnte.

Die Schlangen in *Anaconda* brauchen den Vergleich mit dem legendären Plastik-Oktopus aus Ed Woods *Bride of the Monster* (USA 1955) nicht zu scheuen. Der angeblich unbegabteste Regisseur Hollywoods, Edward D. Wood jr., bannt das wahrscheinlich miserabelste Special-effects-Monster in Form eines Riesenkraken auf Zelluloid. Der renommierte und zu dieser Zeit fast totkranke *Dracula*-Darsteller Bela Lugosi musste sich seinerzeit die Tentakel des Oktopus selbst um sich schlingen, da dem Gummimonster der Motor fehlt.

Ähnliche Eindrücke entstehen, wenn man sich Szenen aus *Anaconda* vor Augen hält. Da ist z. B. das turtelnde Pärchen Denise Kalber und Gary Dixon im Dickicht des Dschungels, das vor einem imaginären Kunststoff-Warzenschwein flüchten muss. Die präsentierten Computertricks sind zweitklassig und dürften vielleicht nur den einen oder anderen Trash-Liebhaber erfreuen. Doch Computertricks sind nicht alles. Luis Llosa nutzt für seinen Horrorfilm auch echte Anakondas: dreißig an der Zahl. Man verzichtet aber darauf, die ganz großen dieser Spezies zu nehmen, und begnügt sich mit Schlangenbabys bzw. kleineren Anakondas.

Anakonda (Eunectes)

Diese in Südamerika vorkommende Schlangenart gehört zur Unterfamilie der Boaschlangen (kurz auch Boas) und gilt als das längste Kriechtier, das derzeit auf der Welt beheimatet ist. Unterteilt wird sie in zwei Arten. Die Südanakonda (Eunectes notaeus) bringt es auf eine durchschnittliche Gesamtlänge von 3,25 Metern. Die Große Anakonda (Eunectes murinus), um die es in dem Film geht, kann jedoch bis zu 150 Kilogramm wiegen und zwischen acht und neun Meter lang werden. Es gibt durchaus noch größere Exemplare; so soll das bislang längste gefangene Tier 11,5 Meter gemessen haben. Die Haut der Großen Anakonda weist große dunkle Flecken auf und hat einen gelblich grünen, graubraunen Farbton. Auf der Kopfoberfläche befinden sich Platten aus Schild, die in Schuppen übergehen.

Verbreitet sind die Anakondas in den Flussgebieten Brasiliens und Guyanas. Obwohl sie sich fast nur im Wasser aufhalten, besteht ihre Beute hauptsächlich aus großen Vögeln und Säugetieren. Die Riesenschlangen bilden also für Menschen durchaus eine reelle Gefahr. Ihr Tötungsverhalten mutet

äußerst brutal an. Damit Anakondas ihre Opfer am Stück verspeisen können, zerquetschen oder erdrücken sie sie und brechen ihnen sämtliche Knochen.
Sie bewegen sich geräuschlos und schnell in den Flüssen der Tropen. Wie jedes andere Boaweibchen bringt auch die Anakonda ihre Jungen lebend auf die Welt. Dabei kann ein Wurf zwischen 30 und 80 Anakondababys umfassen, von denen jedes bei der Geburt bereits 70 Zentimeter lang ist.
Der legendäre Tierforscher und Zoologe Prof. Dr. Bernhard Grzimek (1909–1987) begab sich 1967 in das Amazonasbecken, um Anakondas aufzuspüren. Ein Auszug aus seinem Bericht: »Einmal paddelten unsere Expeditionsmitglieder einen etwa 50 Meter breiten Wasserarm entlang, an dessen rechter Seite der Mangrovenbewuchs plötzlich einem nur von niedrigen Gräsern bedeckten schlammigen Ufer wich. Da sah Pedro Riccardi, wissenschaftlicher Assistent der Universität von Caracas, einen bräunlich olivgrünen Schlammhaufen, ungefähr einen Meter hoch, doppelt so breit und von großen schwarzen, eiförmigen Flecken bedeckt. Unsere indianischen Ruderer und wir alle erkannten jetzt auch, dass es sich um eine Anakonda handelte – und was für eine! Ihr Körperumfang betrug bestimmt 90 Zentimeter; der Kopf war nicht sichtbar … Die Anakonda war ungefähr 20 Meter von uns entfernt. Pedro Riccardi nahm eine kleine Kokosnuss und schleuderte sie nach der Schlange. Das riesige Reptil erhob sofort den Kopf aus seinen Körperschlingen und blickte zu unseren Booten herüber. Weil sich niemand von uns auch nur rührte, züngelte sie einige Male und schaute sich noch stromabwärts um. Wir konnten gute Aufnahmen von diesem Tier machen, das etwa acht Meter oder noch mehr messen mochte … Unsere Indianer begrüßten es mit Erleichterung, als wir die Rückfahrt antraten.«

Grzimeks beeindruckender Erlebnisbericht aus den Tiefen des Amazonasdschungels zeigt, wie spannend es sein kann, eine Anakonda aufzuspüren. Doch bei *Anaconda* klaffen Realität und Fiktion stark auseinander. So sind die Aufnahmen für Llosas Film leider keineswegs beeindruckend oder aufregend.

Auch die Story lässt viel zu wünschen übrig. Alles ist vorausschaubar und die Figurenzeichnung bleibt schablonenhaft. Keine der Figuren macht auch nur irgendeine Art der Entwicklung durch. Jon Voight ist von Anfang an der Schurke, und dies steht ihm buchstäblich von seinem ersten Auftritt an ins Gesicht geschrieben. Dieser Ausdruck wirkt ihm derart in sein Antlitz eingebrannt, dass es schon wieder unglaubwürdig wirkt und eher zu einem Schmunzeln verleitet. Jeder Autofahrer, der einen Anhalter mitnehmen wollte, würde eine Person mit dem Gesichtsausdruck »Hasch mich, ich bin der Mörder« gewiss am Straßenrand stehen lassen. Unser Dschungelteam ist da schon ein bisschen gutgläubiger. Nichtsdestotrotz gibt Jon Voight in Gestalt des Paul Sarone noch das beste Bild ab.
Erstaunlich ist auch die »Leidensgeschichte« des Dr. Steven Cale. Er, der eigentliche Initiator der Expedition, wird bereits nach einer Viertelstunde aus dem Verkehr gezogen, vegetiert bis kurz vor Schluss als Koma-Patient dahin, um im Showdown plötzlich wieder quicklebendig und geistesgegenwärtig seine Freundin Terri Flores zu retten. Danny Rich, der Kameramann der Dschungelcrew, ist von Anfang an immer skeptisch, lässt Vernunft und Ausgeglichenheit walten und ist natürlich einer derjenigen, die am Ende überleben dürfen. Danny Rich, leidenschaftslos von Ice Cube gespielt (was mit der Inszenierung und nicht mit dem Schauspieler zusammenhängt), wirkt so, als ob er froh sei, wenn das unsägliche Filmabenteuer endlich vorbei ist. Natürlich darf der naive Trottel nicht fehlen, hier in der Person des albernen Warren Westridge; ein Überläufer, Gary Dixon, ist ebenfalls an Bord, und mit Denise Kalberg ist zu allem Überfluss noch eine weibliche Figur dabei, die Angst und die vermeintlich typische weibliche Hysterie verkörpern darf.
Nicht zu vergessen die Hauptfigur, Terri Flores, gespielt von Jennifer Lopez. Eine tragende Rolle mimt Jennifer Lopez in diesem Film nicht. Als Forscherin und Dokumentarfilmerin darf sie ihren ersten Film drehen – was jedoch nur ein Alibiaufhänger für *Anaconda* ist. Von ihren Dreharbeiten ist jedenfalls im Verlauf der Geschichte nicht mehr viel zu merken. Eher kann man davon ausgehen, dass Jennifer als Eyecatcher fungieren soll. Ein sexy Top, freie Schultern, ihre rassigen Locken und eine sinnliche

Stimmlage, zumindest in der deutschen Synchronfassung, sollen wahrscheinlich das größtenteils männliche Publikum an die Sitze fesseln bzw. erst einmal an die Kinokassen locken. Was im Übrigen im Sommer 1997 durchaus von Erfolg gekrönt ist. In den USA sticht *Anaconda* sogar Jim Carreys schrille Anwalts- und Flunkerkomödie *Der Dummschwätzer/Liar Liar* aus. Somit wird *Anaconda* einer der Blockbusters des Kinosommers '97 in den Vereinigten Staaten.

Überraschend für einen Film dieser Machart ist allerdings das immense Staraufgebot. Dies ist gewiss darauf zurückzuführen, dass Luis Llosa mit seinem Schlangenfilm den Versuch unternimmt, das Monsterfilmgenre wieder zu beleben; ein Genre, das in den USA vor allem in den 30er und 40er Jahren überaus populär war. Für viele der teilnehmenden Akteure ein durchaus reizvolles Projekt. Allen voran der Oscar-prämierte Charakterdarsteller Jon Voight (*Asphalt Cowboy/Midnight Cowboy*, USA 1969; *Der Richter und sein Henker/End of the Game*, USA 1976; *Mission: Impossible*, USA 1996; *Der Staatsfeind Nr. 1/Enemy of the State*, USA 1998), der hier sein Bestes gibt, um den fiesen Schurken Paul Sarone zu mimen. Voight wird übrigens 1997 noch einmal in einem Film mit Jennifer Lopez vor der Kamera stehen: *U-Turn – Kein Weg zurück.*

Dann ist da noch Superstar Eric Stoltz, der sich in den 80er Jahren mit Filmen wie *Die Maske/The Mask* (USA 1984) oder *Ist sie nicht wunderbar?/Some Kind of Wonderful* (USA 1986) nach oben spielt. 1994 verkörpert der gelernte Theaterschauspieler in Tarantinos *Pulp Fiction* den Dealer Lance.

Gangsta-Rapper Ice Cube spielt den rationalen Danny Rich. Cube ist einer der einflussreichsten Gangsta-Rapper der USA (*AmeriKKKa's Most Wanted*, 1990). Neben zahlreichen Solohits und Alben ist er maßgeblich an Produktionen für Hip-Hop-Bands wie »Public Enemy« oder »Cypress Hill« beteiligt. Mittlerweile genießt er auch einen guten Ruf als Schauspieler; vor allem seine herausragende Leistung in *Boyz'n the Hood – Die Jungs im Viertel/Boyz'n the Hood* (USA 1991) von John Singleton bringt ihm hohes Ansehen. Sein schauspielerisches Potenzial aber kann Ice Cube in *Anaconda* genauso wenig entfalten wie seine Mitstreiter.

›Anaconda‹ (1997)

Für Jennifer Lopez ist die Rolle der Terri Flores eher der Sprung in ein neues Genre als eine neue schauspielerische Herausforderung. Als man ihr die Rolle anbietet, ist sie durchaus fasziniert. Schließlich wollte die Latina immer schon einmal hinter die Kulissen eines Monsterfilms blicken. Patrick Stoner vom US-Magazin *Flicks* fragt Lopez im Juli 1997 Folgendes: »Als du aufwuchst und Filme wie diese sahst, hättest du dir gewünscht, mal in einem Film dieser Art mitzuwirken?« Darauf antwortet Jennifer: »Nein, überhaupt nicht. Ich habe Filme wie *Der weiße Hai* oder Ähnliches gesehen – das waren toll gemachte Filme. Doch als ich das Skript [zu *Anaconda*] las, wusste ich, das ist es.« Über ihre Rolle als Terri Flores meint sie in *Flicks*: »… Ich wusste, die Sache wird von Anfang an sehr anstrengend sein, doch ich mochte die Tatsache, dass ich einen starken Frauencharakter spielen würde, der idealistisch und allen Anforderungen gewachsen ist. Die Tatsache, dass eine Heldin im Mittelpunkt steht, hat mich gereizt.« Bezweifelt werden darf jedoch Jennifers Aussage, dass sie stolz

sei, keine Latina zu spielen. Schließlich wird gleich zu Beginn von *Anaconda* darauf hingewiesen, dass sie »das Latino-Mädchen von der Uni« sei. Offen bleibt bei diesem Satz, ob er von Dialogautoren lediglich als Ironie hineingeschrieben wurde.
Bei mehreren Gelegenheiten äußert sich Señora Lopez über ihre Haltung zu *Anaconda*. In einem *Movietalk*-Interview ist bezüglich ihrer Einstellung zu dem Film Folgendes zu hören: »Ich mag die Action, ich mag die Spannung, die mit den Dreharbeiten verbunden war. Ich habe sehr gerne *Selena* oder *Blood & Wine* gedreht, doch das hier ist ein ganz anderer Film. Das war sehr spannend und es hat gut geklappt.«
Dennis Hensley von der amerikanischen Ausgabe des Lifestyle-Magazins *Cosmopolitan* befragt Jennifer im April 1997, ob sie die Actionszenen in *Anaconda* gerne gedreht habe. Ihre Antwort: »In dieser Beziehung bin ich sehr zäh. Einige Schauspielerinnen verhalten sich nach dem Motto ›Besorgt mir ein Stuntdouble, ich möchte nicht rennen‹. Doch ich mache alles. Es gibt Fotos von mir, da habe ich abends die Kostüme für *Selena* an, während ich eigentlich *Anaconda* drehte. Ich war von den Hüften an abwärts wie die ›Elefantenfrau‹ gekleidet. Das war ein *major film*, bei dem ich einige blaue Flecken davon getragen habe.«
Ihr Gegenspieler Jon Voight äußert sich in einem Interview mit dem amerikanischen Filmmagazin *Premiere* folgendermaßen über seine Kollegin: »Jennifer lässt sich durch keine Aufgabe entmutigen. Sie sucht auch keinen Rat – sie weiß genau, was sie will. Sie hat die Disziplin einer Tänzerin, das macht ihre exakte Professionalität aus. ›Ihr wollt, dass ich jetzt schreie, dann werde ich jetzt schreien.‹ Sie tut das, was von ihr verlangt wird, und jeder weiß es.«
Jennifer genießt es, an der Seite von Ice Cube zu spielen. Sie ist ein großer Fan seiner Musik und fühlt sich in gewisser Weise mit ihm sogar seelenverwandt. So sind sie beide typische Stadtmenschen, die sich nun zum ersten Mal in einer unbändigen Naturkulisse zurechtfinden müssen. Sowohl Ice Cube als auch Jennifer Lopez vermissen vor allem Klimaanlagen. So aufregend und ereignisreich die Drehtage im Urwald auch sind, Jennifer sehnt sich schon bald nach den bevorstehenden Studioaufnahmen in Los Angeles.

KRITIKEN:
Anaconda fällt bei den Kritikern größtenteils durch. Positive Stimmen zu dem Film sind eher selten; und wenn es solche Stimmen gibt, so meinen sie, eine Hommage auf alte Gruselfilmklassiker oder eine Persiflage auf Genrekonkurrenten zu entdecken.
»... Die Schlange schockt einfach nicht. Immerhin: Wer den fehlenden Horror mit Humor nimmt, begibt sich auf einen vergnüglichen Trip in die trashige Welt des B-Movies.« (*TV Movie* 15/1997)
»Bei *Anaconda* verpasst man nichts, wenn man zwischendurch mal pinkeln muss ... Die angepeilte Zielgruppe – B-Movie-Fans, Trash-Jünger und Horror-Buffs – wird mit Lärm, Schleim und bösem Witz ordentlich bedient ... Regisseur Luis Llosa hat bereits vor einigen Jahren mit dem Action-Kracher *Sniper* bewiesen, dass er nicht mehr als ein uninspirierter Handwerker ist.

»Ich habe einige blaue Flecken davongetragen«: Jennifer in einer Actionszene mit Ice Cube

Diesmal allerdings ist es seinen Autoren und Darstellern gelungen, die schlichte Denkweise ihres Inszenators mit überlebensgroßen Witzen und Gesten bis an die Grenze der Parodie zu manövrieren und das Spektakel somit verdaulich zu machen.« (*Cinema* 7/1997)

»... Wenn's einen hier gruselt, dann wegen der zum Teil sichtbar preiswerten Effekte und des Dünnsinndrehbuchs. Ansonsten ist dank unfreiwilliger Komik Lachen angesagt. Ein komischer Tierfilm sozusagen.« (W. O. P. Kistner, *Abendzeitung* München, 17. Juli 1997)

»*Anaconda* ist in keinster Form unterhaltsam, es sei denn, man ist Fan von wirklich schlechten Filmen ... Die einzige Szene, die ihren Eintrittspreis lohnt, ist die Szene, die später als ›die Blinzelszene in *Anaconda*‹ in die Filmgeschichte eingehen wird.« (*The Toronto Star, Metro Edition*, 11. April 1997)*

»... [*Anaconda*] ist unterhaltsamer als all die pseudowichtigen Megabudget-Mutationen, die uns Hollywood in den letzten Jahren servierte. Weil der Film ehrlich ist: Er weiß, dass sein Titelmonster aussieht wie eine Wurstpelle, dass seine Effekte billig sind, dass seine Story hirnverbrannt ist. Und doch – oder gerade deshalb – lädt er uns ein, Spaß zu haben.« (*musikexpressSOUNDS*, 8/1997)

Und was lässt einem nun den Schauer über den Rücken laufen? Vielleicht das aufschlussreiche offizielle Presse-Info der Verleihfirma Columbia TriStar? Einige Auszüge sollen hier zum Abschluss den geneigten Leserinnen und Lesern nicht vorenthalten werden. Dem Verfasser des folgenden längeren Zitates darf eine gehörige Portion stilistischer Kreativität bescheinigt werden: »Hölle und Paradies verschmelzen im brasilianischen Regenwald, der letzten Zuflucht unberührter Natur, in der Schönheit und Grausamkeit scheinbar harmonisch nebeneinander existieren. Über 6400 Kilometer frisst sich der Amazonas durch das Land, prägt ein Ökosystem, in dem Töten die einzige Antwort auf die Frage des Überlebens ist. Millionen großer und kleiner

---

* Gemeint ist die Szene gegen Ende des Films, in der eine Anakonda den verspeisten Sarone in Gegenwart von Terri Flores wieder ausspuckt und dieser mit seinem rechten Auge, von Schleim überströmt, ein letztes Mal blinzelt.

Dramen spielen sich hier täglich ab und die Täter von gestern können morgen schon die Opfer sein. Glieder einer Nahrungskette, an deren Spitze ein Killer von mythischen Proportionen steht. Der den Tod in seinen Muskeln trägt und alles in seinem Magen beerdigt, was ihm vor die zischende Zunge kommt. Sogar Menschen wie den kräftigen, vernarbten Jäger, der irgendwo im Labyrinth des Stroms auf seinem Kahn vor dem übermächtigen Gegner zu fliehen versucht. Hinauf zur Spitze des Mastes, zitternd den Tod erwartend, der in seinem Rücken zum vernichtenden Schlag ausholt. Nur die Kugel in den eigenen Kopf gewährt Erlösung vor den schlimmsten Qualen.«
In diesem Sinne: Guten Appetit!

9. Am Ende der Welt

Bizarre Leidenschaft in *U-Turn*

»Die Sonne Arizonas brennt brüllend heiß vom Himmel, doch durch Grace McKenna wird alles noch heißer! Sie ist schön, geheimnisvoll und wie so viele Wüstenkreaturen – giftig.«

COLUMBIA TRISTAR ÜBER GRACE MCKENNA

INHALT: Die glutheiße Sonne brennt auf die asphaltierten Pisten, ein alter Ford Mustang fährt durch eine trostlose Einöde, Tierkadaver und Holzkreuze befinden sich überall am Wegesrand. Wir sind dort, wohin sich in der Regel kein Tourist verirrt, in den amerikanischen Wüstengebieten von Arizona und New Mexico, irgendwo im Niemandsland. Fährt man durch die verstaubten Wüstenstädtchen, überkommt einen das Gefühl, sich fernab jeglicher Zivilisation zu befinden. Eines dieser trostlosen Wüstenkäffer ist Superior – einer jener Orte, in die sich niemand freiwillig hineinbegeben würde.

Auch Bobby Cooper (Sean Penn) nicht, ein ehemaliger Tennisstar und Lebenskünstler. In seinem 64er Ford Mustang fährt er über eine gottverlassene Wüstenstraße und ist eigentlich guter Dinge. Sein Ziel ist Las Vegas; dort kann er seinem Schuldner Mr. Arkady (Valery Nikolayev), einem Angehörigen der gefürchteten Russenmafia, endlich seine Spielschulden in Höhe von 13.000 Dollar zurückzahlen. Schließlich ist Bobby mit der Zahlung schon seit zwei Wochen überfällig, was ihn bereits zwei Finger gekostet hat. Die restlichen Finger würde er gerne behalten.

Doch es kommt wie im richtigen Leben alles anders, als man denkt. Ausgerechnet der geplatzte Kühlerschlauch seines Mustangs zwingt den Glücksritter Bobby dazu, in »Harlin's Garage« einen Zwischenstopp einzulegen. Diese Werkstatt, die genauso heruntergekommen ist wie ihr Besitzer Darrell (Billy Bob Thornton), bietet Bobby weit und breit die einzige Möglichkeit, seinen Wagen wieder flottmachen zu lassen. Da dies einige Zeit dauern wird, begibt sich Bobby Cooper zu Fuß in das nahe gelegene Kaff Superior. Dort trifft er als Erstes auf einen versifften Blinden (Jon Voight), dessen ständiger Begleiter ein toter Hund ist und dessen Lieblingsthemen und Lebensweisheiten sich immer um Tod, Sterben und Scheinwahrheiten ranken.

Im roten Minikleid: Jennifer als Grace McKenna in ›U-Turn‹

Der einzige Lichtblick im tristen Superior ist die exotische Schönheit Grace McKenna (Jennifer Lopez), die gerade vor Bobbys Augen die Straße entlanggeht und Vorhänge für ihr Haus in den Wagen trägt. Bobby ist sofort von den erotischen Reizen Graces angetan und bietet ihr seine Hilfe an. Dabei verwickelt Grace den Unbekannten gekonnt in einen Flirt. Als die beiden gemeinsam in Graces Auto zu deren Haus aufbrechen wollen, fährt Sheriff Potter (Powers Boothe) vorbei. Potter hat das Talent, immer dann auf der Bildfläche zu erscheinen, wenn niemand mit ihm rechnet.
Wenig später befindet sich Bobby in dem noblen Anwesen von Grace. Grace, bekleidet mit einem roten Minikleid, ist sich ihrer Wirkung auf Männer im Allgemeinen und speziell auf Bobby bewusst und verwickelt ihn in ein heißes Katz-und-Maus-Spiel. Immer wieder scheint sie anzudeuten, dass sie mit Bobby ein ungezügeltes Liebesabenteuer erleben will. Grace steht auf einer Leiter, um die Vorhänge anzubringen. Bobby sieht ihren Hintern, ihre Beine. Mit unschuldigem Blick bittet sie ihn, sie festzuhalten. Bobby lässt sich nicht lange bitten und packt mit beiden Händen ihre Hüften. »Fester, ich zerbrech schon nicht!«, fordert sie Bobby auf und dessen Hände wandern daraufhin zu ihrem Po. Anschließend hebt Glücksritter Bobby Grace von der Leiter, will sie jedoch nicht loslassen. Er küsst sie ein erstes Mal, dann lässt er sie los, er möchte keine Spielchen mehr und geht zur Tür. »Was genau willst du?«, fragt ihn Grace, wieder mit einem Ton der Unschuld in ihrer Stimme. Dann kommt Bobby zurück, reißt Grace an sich und sie küssen sich leidenschaftlich.
Doch das Glück währt nicht lange; die Tür wird plötzlich aufgerissen, Graces Mann Jake (Nick Nolte) stürmt wutentbrannt auf die beiden zu und schlägt Bobby zu Boden. Bobby kann fliehen und läuft zurück zu »Harlin's Garage«, wird aber vor seinem Ziel von Jake eingeholt, der ihm wider Erwarten ein ungewöhnliches und zugleich unmoralisches Angebot unterbreitet. Bobby, fremd und unbekannt in Superior, soll Jakes Frau Grace umbringen. Jake, wesentlich älter als seine Frau, gilt als einflussreicher Geschäftsmann und ist die wichtigste Person im Ort. Er hat die Spielchen seiner Ehefrau satt, da sie sich angeblich mit jedem in Superior einlässt. Außerdem würde eine stattliche Lebensversi-

cherung in Höhe von 50.000 Dollar winken. Bobby bekäme natürlich einen entsprechenden Anteil für seine »Arbeit«.
Bobby lehnt jedoch ab. Er habe zwar schon viele krumme Dinge gedreht, einen Mord möchte er aber nicht unbedingt auf seinem Konto verbuchen. Allerdings bewegt ihn kurz darauf der Einkauf in einem Lebensmittelladen zum Umdenken. Denn ausgerechnet dieser Laden wird Ziel eines dreisten Überfalles. Die Gangster machen auch vor Bobby nicht Halt und rauben ihm das Geld, das er braucht, um seine Schulden zu begleichen. Die paar Dollar, die Bobby noch hat, reichen nun nicht einmal mehr dafür, die Wagenreparatur zu bezahlen – ganz zu schweigen von den Schulden. Der einzige Ausweg: Jakes Angebot.
Grace und Bobby fahren in die Wüste. Gemeinsam stehen sie auf einem Felsen. Bobby könnte Grace nun hinunterstürzen, doch Grace wickelt ihn mit ihrem Sexappeal und Charme ein; sie ahnt, dass sie hier zu Tode kommen könnte: »Ich wette, du weißt jetzt nicht, ob du mich töten oder vögeln sollst!«, haucht sie ihm zärtlich zu. Dieser Satz rettet ihr das Leben; Bobby entscheidet sich für Letzteres und die beiden beginnen sich an Ort und Stelle zu lieben.
Doch kurz vor Bobbys Höhepunkt fleht sie ihn an aufzuhören und fängt an, von ihrer Vergangenheit zu berichten. Jakes dunkle Seiten werden aufgedeckt und ein neues Mordkomplott entsteht: Nun ist es Grace, die Bobby als Mörder anheuern möchte, damit ihr Mann Jake in die ewigen Jagdgründe eingeht. Jake lässt sich von Graces Geschichte überzeugen. Auch finanziell ist ihr Angebot deutlich lukrativer. Schließlich soll Jake im Schlafzimmer in einem Safe im Boden mehr als 100.000 Dollar versteckt haben.
Bobby Cooper, der eigentlich nur eins wollte, nämlich möglichst schnell Superior verlassen, um nach Las Vegas zu gelangen, ist nun in den Fängen des exzentrischen Ehepaares Jake und Grace McKenna gefangen. Grace hütet ein unglaubliches Geheimnis: Sie ist Jakes Tochter, der sie vergewaltigte, als sie noch ein Teenager war. Aus falsch verstandener Liebe heiratete Grace Jake. Seit Jahren führen die beiden nun eine Inzestbeziehung, die auf den brutalen und abartigen Fantasien Jake McKennas beruht. Am Ende von *U-Turn* steht ein für das Genre typischer blutiger

und rauer Showdown, der aber durchaus auch seine bizarren und zynischen Elemente besitzt.

HINTERGRUNDINFORMATIONEN: Oliver Stone, gewiss einer von Amerikas umstrittensten Regisseuren, dreht mit *U-Turn – Kein Weg zurück/U-Turn* seinen vielleicht unspektakulärsten Film, der so ganz anders ist als die großen mehrstündigen Werke, die er zuvor auf die Leinwand gebracht hat. Hier wird weniger an das Gewissen der Nation appelliert und es wird auch keine Vergangenheitsbewältigung betrieben, wie dies in Stones genialen Anti-Vietnam-Epen *Platoon* (USA 1986) oder *Geboren am 4. Juli/Born on the Fourth of July* (USA 1989) geschieht. Vielmehr werden in *U-Turn* die Tiefen der menschlichen Seele ausgelotet.
Oliver Stone wird oft als das Gewissen Amerikas bezeichnet. Kaum ein Hollywood-Regisseur dreht so viele sowohl umstrittene als auch hoch gepriesene Filme. Für große Diskussionen mit reichlich Zündstoff sorgt Stone neben seinen Vietnam- auch mit seinen Politfilmen – und das bei Fans, Kritikern und Politikern gleichermaßen. 1991 rüttelt er die amerikanische Öffentlichkeit auf mit dem Porträt *John F. Kennedy – Tatort Dallas/JFK* (Hauptrolle: Kevin Costner), in dem die – möglicherweise – wahren Hintergründe über die Ermordung John F. Kennedys aufgerollt werden. Gleiches gilt vier Jahre später für den Film *Nixon* (USA 1995, Hauptrolle: Anthony Hopkins) über den 37. US-Präsidenten Richard Milhous Nixon (im Amt von 1969–1974), der im August 1974 über die Watergate-Affäre stürzt. Trotz heftigster, vor allem innenpolitischer Auseinandersetzungen werden sowohl *JFK* als auch *Nixon* weltweite Publikumserfolge; Stones Filme werden in der Regel von den Kritikern frenetisch gefeiert. *Nixon* erhält vier Oscar-Nominierungen und das Magazin *Entertainment Weekly* wählt ihn zum Film des Jahres 1995.
Der 1946 in New York geborene dreifache Vater und dreifache Oscar-Preisträger* liefert nun mit *U-Turn* einen eher unpoliti-

* Stone nimmt folgende Oscars entgegen: 1979 für das Drehbuch für *12 Uhr nachts – Midnight Express/Midnight Express*; 1987 für *Platoon* und 1990 für *Geboren am 4. Juli*, jeweils als Regisseur. Nominiert war Stone bislang elfmal.

Loten die Tiefen der menschlichen Seele aus: Jennifer Lopez und Sean Penn in ›U-Turn‹

schen Film, der sich als ausgezeichneter Genremix aus Western und *film noir* mit psychologischem Tiefgang erweist. Stone geht es bei *U-Turn* um eine neue Herausforderung, da er einen vergleichbaren Film bislang noch nicht gedreht hat. Schon seit einiger Zeit sucht er nach einem geeigneten Stoff, um ein Revival des *film noir* in Angriff zu nehmen. Der Roman (und ursprüngliche Arbeitstitel von *U-Turn*) *Stray Dogs* von John Ridley, der auch das Drehbuch schreibt, ist die ideale Vorlage: »Das Drehbuch war bezaubernd, eine pure Genregeschichte, die aber auch auf ihren eigenen Beinen stehen konnte.«
Über die Wiederbelebung des *film noir* sagt Stone an gleicher Stelle: »*U-Turn* gab mir die Möglichkeit, ein 90er-Jahre-Update eines klassischen Genres zu machen, das man gemeinhin mit den 40er Jahren in Verbindung bringt. Ich denke, dass die Figuren des *film noir* in ihrer Essenz nicht unbedingt schäbig, sondern dass sie

ehrlich sind. Am Ende sympathisiert man mit ihnen, weil man weiß, dass man sich selbst womöglich auch so verhalten würde, wenn man von den Umständen dazu gezwungen werden würde … Die Wahrheit ist: Wir alle treffen schlechte Entscheidungen. Im *film noir* treiben die Figuren immer in eine Ecke, ein Loch, eine Sackgasse, eine Umleitung, einen U-Turn*.«

Film noir

Der Begriff *film noir* (im Deutschen auch »Schwarze Serie«) taucht Mitte der 40er Jahre zum ersten Mal auf. Französische Filmkritiker, vor allem Nino Frank, fassen damit eine Reihe von Hollywood-Filmen zusammen, die vornehmlich in den 40er und 50er Jahren entstehen und deren Charakteristika eine bedrückende Atmosphäre sowie ein ausgeprägtes Spiel mit Licht und Schatten sind. Gedreht wird im Normalformat und in Schwarzweiß. Düstere Elemente prägen die Stimmung der Filme.

Mithilfe einer kontrastreichen Beleuchtungstechnik werden die unterschiedlichen Gesichter der Protagonisten aufgezeichnet. Die Antihelden der »schwarzen Filme« provozieren und irritieren das Publikum. Sie erwecken Hass und Mitleid gleichermaßen. Oft wirken sie auf den ersten Blick abstoßend. Vielfach jedoch gilt, dass sich die Zuschauer in Teilen in den Charakteren wieder finden und ihre eigene dunkle Seite in den Leinwandfiguren entdecken. Weitere Stilmittel sind Rückblenden oder Stimmen aus dem Off. Die Grundstimmung der schwarzen Serie ist pessimistisch, oft mit zynischen Zwischentönen. Großer Wert wird auf psychologische Tiefe gelegt.

Kriminalgeschichten, Western und Dramen sind die Hauptgattungen. Im Mittelpunkt steht stets ein Einzelgänger, ein

* »U-Turn« ist in der englischen Sprache eine im Straßenverkehr gebräuchliche Bezeichnung für »Wende« bzw. »Wendemöglichkeit«. »No u-turns« bedeutet entsprechend »Wenden verboten«. »To do a u-turn« bedeutet im übertragenen Sinne allerdings auch »seine Meinung völlig ändern«. Auf den Film *U-Turn – Kein Weg zurück* lassen sich sicherlich alle drei Bedeutungen beziehen. Der Held geht in eine Sackgasse ohne Wendemöglichkeit und ändert seine Meinung.

Antiheld (Privatdetektiv, Krimineller), der sich in einer hoffnungslosen Situation befindet. Der *film noir* ist als Gegenströmung zu den sozialkritischen und moralisierenden Dramen der 30er Jahre zu sehen. Als Vorlagen dienen häufig Romanhelden.
Auslöser der *film-noir*-Bewegung ist 1941 John Hustons Regiedebüt *Die Spur des Falken/The Maltese Falcon*, der nach Dashiell Hammetts gleichnamigem Detektivroman entsteht. Sowohl für Huston als auch für Hauptdarsteller Humphrey Bogart bedeutet *Die Spur des Falken* den internationalen Durchbruch. Rückblickend soll Bogart in späteren Jahren einmal gesagt haben, dass *Die Spur des Falken* einer der wenigen Filme sei, auf die er besonders stolz ist. Bogart spielt in dem Film den einsamen Privatdetektiv Sam Spade.
Zwischen 1941 und 1958 entstehen viele Filme, die diesem Genre zuzuordnen sind. Neben John Huston gelten Fritz Lang, Billy Wilder, Howard Hawks, Orson Welles und auch Stanley Kubrick zu den renommiertesten Regisseuren dieser Gattung. Eine Auswahl: *Frau ohne Gewissen/Double Indemnity* (Regie: Billy Wilder; Hauptdarsteller: Fred MacMurray; USA 1944); *Tote schlafen fest/The Big Sleep* (R: Howard Hawks; H: Humphrey Bogart; USA 1946); *Goldenes Gift/Out of the Past* (R: Jacques Tourneur; H: Robert Mitchum; USA 1947); *Asphalt-Dschungel/Asphalt Jungle* (R: John Huston; H: Sterling Hayden; USA 1950); *Boulevard der Dämmerung/Sunset Boulevard* (R: Billy Wilder; H: William Holden; USA 1950); *Niagara* (R: Henry Hathaway; H: Marilyn Monroe; USA 1952); *Der Tiger von New York/Killer's Kiss* (R: Stanley Kubrick; H: Frank Silvera; USA 1954); *Die Rechnung ging nicht auf/The Killing* (R: Stanley Kubrick; H: Sterling Hayden; USA 1956); *Im Zeichen des Bösen/Touch of Evil* (R: Orson Welles; H: Charlton Heston; USA 1958).

Das traditionelle Kennzeichen des *film noir*, die Ausweglosigkeit, die Sackgasse, spiegelt sich in sämtlichen Charakteren von *U-Turn* wider. Allen voran der Reisende Bobby Cooper, der in die Sackgasse gerät, als er in dem Wüstenkaff Superior an-

kommt. Doch nicht nur Cooper ist hier gestrandet. Die Einwohner Superiors sind ein Völkchen mit Psychosen und Neurosen. Sie sind oft schäbig und ordinär – und doch irgendwie liebevoll. Dies gilt für die Haupt- genauso wie für die Nebencharaktere.
Da ist der kesse Teenager Jenny (Claire Danes), der mit dem Halbstarken Toby N. Tyler alias TNT (Joaquin Phoenix) zusammen ist, sich aber genüsslich an den Fremden Bobby heranmacht. TNT mit seiner 50er-Jahre-Pomade sieht das natürlich überhaupt nicht gern, greift jedes Mal in das Flirten seiner Liebsten ein und will eine Blutrache inszenieren, was ihm jedoch nie gelingt. Der Blinde (Jon Voight), der namenlos bleibt, ist ein alter, heruntergekommener Schurke mit faulen Zähnen und fettigen Haaren, dem man nichts glauben darf. Gestrandet ist auch der Mechaniker Darrell. Nur mit dessen Hilfe bestünde für Bobby die einzige reale Möglichkeit, Superior wieder zu verlassen. Doch Darrell wirft ihm andauernd Steine in den Weg. So wird seltsamerweise die Reparatur von Bobbys Mustang von Tag zu Tag teurer.
Und dann sind da noch Grace und Jake McKenna. Grace möchte nichts lieber als den Ort verlassen und frei wie ein Adler sein. Doch ihr sind die Hände gebunden, zu tief ist sie noch in ihre unglückseligen Kindheits- und Jugendtraumata involviert, die sie an ihren Mann binden, den einflussreichen Geschäftsmann Jake. Einen richtigen Ausweg gibt es hier für keinen. Der Mikrokosmos Superior ist ein Ort, aus dem es kein Entrinnen gibt; und außer Glücksritter Bobby Cooper will auch keiner wirklich dieser Stätte entfliehen.
Oliver Stone gibt in *U-Turn* jeder einzelnen Figur seine ganz individuelle Note. Das ist es auch, was diesen Film vor allem ausmacht. Jeder Charakter ist auf seine Art abstoßend und liebenswert zugleich. Irgendwo wird jeder Betrachter des Films fündig und entdeckt seine eigenen dunklen Seiten und Gedanken, ganz getreu dem *film-noir*-Muster.
U-Turn bietet ein außergewöhnliches Starensemble auf, das bis in die Nebenrollen hochkarätig und überzeugend besetzt ist. Sean Penn, der 1981 gemeinsam mit Tom Cruise in *Die Kadetten von Bunker Hill/Taps* debütiert, gilt heute als einer der überragenden Schauspieler Hollywoods. Der 1960 in Los Angeles ge-

borene Penn verdient sich seine ersten Meriten als Theaterschauspieler, in Fernsehserien und TV-Movies, bis er 1981 in seinem ersten großen Hollywood-Film auftritt.
Penns Rollen und damit auch seine Reputation zeichnen sich dadurch aus, dass er sich nicht in ein bestimmtes Charakterbild pressen lässt. In *Die Zeit verrinnt – Die Navy ruft/Racing with the Moon* (USA 1984) spielt er seine romantische Seite aus, in Brian De Palmas *Die Verdammten des Krieges/Casualties of War* (USA 1989) mimt er hingegen einen skrupellosen Sergeanten. Unvergesslich ist seine beeindruckende und beklemmende Darstellung eines zum Tode verurteilten Mörders, der auf seine Hinrichtung wartet, in Tim Robbins' *Dead Man Walking* (USA 1995). Vielleicht die beste Rolle Penns. In *U-Turn* schließlich überzeugt er als glückloser Spieler und verzweifelter Loser. Jennifer Lopez äußert sich in einem Interview mit der amerikanischen *Cosmopolitan* über Sean Penn: »Er war sehr, sehr nett … Er ist eine sehr erotische Person.«

Mit Nick Nolte in ›U-Turn‹

Mit Nick Nolte verpflichtet Stone einen der größten Charakterdarsteller Hollywoods überhaupt. Nach diversen Theatererfahrungen schafft Nolte in den 70er Jahren mit der Seifenoper *Reich und arm/Rich Man, Poor Man* seinen Durchbruch, der ihn 1977 an die Seite von Jacqueline Bisset zu seinem Filmdebüt *Die Tiefe/The Deep* führt. Seitdem ist Nolte immer wieder in den unterschiedlichsten Rollen und Filmen zu sehen: in Komödien (*Zoff in Beverly Hills/Down and Out in Beverly Hills*, USA 1986, *Das Bankentrio/Three Fugitives*, USA 1989), als kauziger Meeresforscher in der John-Steinbeck-Verfilmung *Straße der Ölsardinen/Cannery Row*, USA 1982), dem Actionblockbuster *Nur 48 Stunden/48 Hrs.* (USA 1982), dem Psychothriller *Kap der Angst/Cape Fear* (USA 1991), an der Seite von Barbra Streisand in dem Melodram *Herr der Gezeiten/The Prince of Tides*, als US-Präsident Thomas Jefferson in *Jefferson in Paris* (USA 1995) oder als frustrierter Polizist in *Der Gejagte/Affliction* (USA 1998). In allen diesen Filmen brilliert Nolte durch seine Vielseitigkeit. In *U-Turn* spielt Nolte den skrupellosen, psychopathischen und sexbesessenen Geschäftsmann Jake McKenna. In seiner Rolle um Jahre gealtert, ist Nolte auf den ersten Blick kaum zu erkennen. Doch sofort nimmt man ihm auch diese Figur ab, den ekelhaften und miesen Schänder Jake McKenna.

Weitere Topstars, die in *U-Turn* überzeugen, sind *Gladiator*-Darsteller Joaquin Phoenix als TNT, die erfrischende Claire Danes, die unter anderem 1996 in Baz Luhrmans surrealer Shakespeare-Adaption von *Romeo und Julia/Romeo and Juliet* die Julia spielte sowie Billy Bob Thornton (u. a. *Armageddon – Das Jüngste Gericht/Armageddon*, USA 1998; *Mit aller Macht/Primary Colors*, USA 1998) oder Powers Boothe (*Nixon*, USA 1995; *Sudden Death*, USA 1995).

Außerdem mit dabei: Jon Voight als blinder Mann. Voight ist damit bislang der einzige Charakterdarsteller Hollywoods, mit dem Jennifer Lopez nach *Anaconda* zum zweiten Mal vor der Kamera steht. Doch diesmal sind die Rollen von Voight und Lopez nicht direkt miteinander verwoben; sie spielen eher nebeneinander her.

Jennifer Lopez verkörpert die attraktive und exotische Apache-Schönheit Grace McKenna, die verheiratet ist mit Jake, den sie

Diesmal ist sie eine Apache-Indianerin: Jennifer in ›U-Turn‹

allerdings loswerden möchte. Jennifers erster Auftritt ist Sex und Verführung pur. In ihrem roten Minikleid läuft sie durch Superior, gabelt Bobby Cooper auf und nimmt ihn mit zu sich nach Hause. Der von Bobby erhoffte Beischlaf bleibt jedoch aus. Grace versteht es bestens, ihre Reize zur Geltung zu bringen. Vor allem der Hintern von Jennifer Lopez wird hier – zwar verhüllt,

aber dennoch durchaus fantasieanregend – in der Szene, in der sie auf einer Leiter steht und Vorhänge anbringt, zur Schau gestellt.
Sexy ist auch die Sequenz, in der Jennifer auf dem Bett sitzt, ihre Beine gespreizt sind und sie Bobby zu sich hinunterzieht. Ein Bild, das nach wie vor viele männliche Lopez-Fans zum Schwärmen bringt. Mehrmals ist Jennifer Lopez in Liebesszenen zu sehen: einmal mit ihrem Mann, dem sie sich leidenschafts- und widerstandslos hingibt, sowie zweimal mit Bobby. Eine Stelle wurde bereits oben verraten; die zweite findet beim packenden Finale des Films statt und soll hier nicht weiter beschrieben werden, um die Spannung derjenigen nicht zu schmälern, die *U-Turn* noch nicht gesehen haben. Jennifers Körper ist allerdings in keiner dieser Szenen vollständig nackt zu sehen. (Die brisante Thematik Nacktszenen beziehungsweise Nacktaufnahmen wird in Kapitel 16 eingehend behandelt.)
»Wenn Hollywood mir Rollen anbietet, in denen der ethnische Hintergrund egal ist, bedeutet das für mich einen noch größeren Schritt in die richtige Richtung.« So äußert sich Jennifer Lopez 1996 in einem Interview mit dem Magazin *Latina*. Mit *U-Turn* ist sie auf dem richtigen Weg. Auch wenn sie hier wieder als schöne Exotin brilliert, genauer als Apache-Indianerin, so spielt sie diese Rolle nicht als Latina, sondern als eine Schauspielerin, die wegen ihrer Talente und ihres Charismas überzeugen kann. Schließlich wird für den Film nicht speziell nach einer Akteurin mit einem dunklen Teint gesucht, denn auch Sharon Stone ist für die Rolle der Grace McKenna im Gespräch. Letztendlich entscheidet sich Oliver Stone allerdings für Jennifer Lopez, da diese der Rolle ein ganz besonderes erotisches Flair geben kann, das mit dem heißen Wüstenklima optimal harmoniert.
Jennifer arbeitet gern mit dem erfolgreichen Regisseur zusammen, obwohl es am Anfang einige Probleme gibt. Oliver Stone muss Jennifer in Bezug auf den Drehplan oft entgegenkommen und Kompromissbereitschaft zeigen, da sie aufgrund ihrer wachsenden Popularität noch anderen Verpflichtungen nachzukommen hat. Ein Großteil des Zeitplanes orientiert sich deshalb an den Terminen der Hauptdarstellerin. Den Dreharbeiten fiebert Jennifer Lopez regelrecht entgegen. Sie hat sich immer ge-

wünscht, einmal für Oliver Stone vor der Kamera zu stehen. Nun hat sie sogar eine der erotischsten Schauspielerinnen Hollywoods, *Basic-Instinct-* und *Sliver*-Star Sharon Stone, aus dem Rennen geworfen.
Ein paar Jahre zuvor spricht Jennifer schon einmal bei Oliver Stone vor; allerdings ohne Erfolg. Damals schwört sie sich, niemals für ihn zu spielen, da er sie nicht besonders freundlich behandelt. Stone, mittlerweile von Jennifers schauspielerischen Qualitäten überzeugt, soll sie geradezu auf Knien angefleht haben, die Grace McKenna zu spielen. Eine derartige Überzeugungskraft lässt Jennifer den Schwur von damals brechen. In *Eonline* wird sie auf die Zusammenarbeit mit dem Topregisseur angesprochen: »Er ist nicht verrückt, er ist ein Genie. Ich mag Oliver sehr, ich mochte es sehr, mit ihm zusammenzuarbeiten. Er hat mich großartig behandelt – er ist ein Regisseur, der für die Schauspieler da ist.«
Trotz der Herausforderung stellt die Rolle der Grace McKenna Jennifer auch vor große Probleme. Sie muss einen inneren Kampf mit sich selbst austragen und ist emotional sehr durcheinander, wie in *Vibe* nachzulesen ist: »Ich habe den wunderbarsten Vater, versteht Ihr, was ich meine? Ich denke nicht gerne darüber nach, dass Väter ihre Töchter missbrauchen könnten oder ihre Ehefrauen umbringen. Ich musste zuerst meinen Schauspielcoach anrufen und er faxte mir daraufhin diesen Artikel über Meryl Streep, in dem sie über schwierige Wege sprach. Der Artikel handelte davon, dass man keine Angst haben sollte, diese Wege zu gehen. Am Ende des Tages ist es dann schließlich nur ein Job. Ich werde dafür bezahlt, diesen Weg zu gehen.«
Zu dem Schauspielerensemble soll noch angemerkt werden, dass die Jungschauspielerin Liv Tyler (*Armageddon*, USA 1998; *Cookie's Fortune*, USA 1999), Tochter des Aerosmith-Sängers Steven Tyler, einen der in Hollywood-Filmen so beliebten Cameo-Auftritte hat: einen Gastauftritt, ohne im Abspann genannt zu werden. Liv spielt die Ticketverkäuferin, die Bobby Cooper eine Busfahrkarte nach Mexiko verkauft.
Zu einem filmischen Gesamtkunstwerk wie *U-Turn* zählt neben der hervorragenden Kameraführung, der Schauspieler- und der Regieleistung auch die richtige Musik. Um die für *U-Turn* not-

wendige musikalische Western- und *film-noir*-Stimmung zu erlangen, entscheidet sich Stone für einen der erfolgreichsten und angesehensten Soundtrack-Komponisten aller Zeiten: Ennio Morricone. Der gebürtige Römer soll laut der *Internet Movie Database* in seinen über 35 Berufsjahren bis jetzt (Stand: August 2000) 382 Filme vertont haben. Einen Namen macht Morricone sich in den 60er Jahren mit den Soundtracks für die unter der Regie Sergio Leones entstandenen so genannten Spaghettiwestern wie etwa *Für eine Handvoll Dollar/Per un pugno di dollari/A Fistful of Dollars* (Italien 1964) und den legendären Klängen der Mundharmonika in *Spiel mir das Lied vom Tod/ C'era una volta il west/Once Upon a Time in the West* (Italien 1968).

Morricones unvergesslichen Sound machen epische Orchestrierungen und einfallsreiche Instrumentierungen aus. Vor allem seine Musiken zu den Italowestern sind mittlerweile Evergreens. Auch ausländische Regisseure werden auf Morricone aufmerksam. Für Bernardo Bertolucci oder Paolo Pasolini ist er fast schon ein Stammkomponist. Amerika entdeckt Morricone in den Achtzigern, zum Beispiel für die Filme *Frantic* (USA 1988) oder *Die Unbestechlichen/The Untouchables* (USA 1987). 2000 steuert er den Soundtrack zum neuen Gérard-Depardieu-Film *Vatel* (Frankreich 2000) und zum Science-Fiction-Streifen *Mission to Mars* (USA 2000) bei.

In *U-Turn* sind die typischen Westernklänge à la *Spiel mir das Lied vom Tod* zu hören. Wieder »singt« die Mundharmonika, wenn die glühend heiße Sonne vom Himmel brennt, diesmal jedoch in der Wüste Arizonas. Auch ansonsten wird auf die Filmmusik großer Wert gelegt. Vornehmlich Countrygrößen wie Patsy Cline *(Your Cheatin' Heart)*, Johnny Cash *(Ring of Fire; Honky-Tonk Girl)* oder Ricky Nelson *(Lonesome Town)* sind mit den genannten Songs im Film zu hören.

U-Turn ist – für amerikanische Verhältnisse – ein Low-Budget-Film – und genau so realisiert Stone ihn. Es ist kein aufgeblasener Megafilm wie seine Vorgängerproduktionen. 20 Millionen Dollar stehen zur Verfügung. Produzent Clayton Townsend wird von Oliver Stone ausdrücklich angewiesen, den Kostenplan nicht zu überziehen: »Die schwerste Herausforderung für mich war es

also, all die üblichen Verdächtigen, mit denen wir schon an so vielen Filmen gearbeitet haben, davon zu überzeugen, dass wir *U-Turn* preiswert würden machen müssen und dass es keine Möglichkeit geben würde, das Budget in irgendeiner Form zu strecken. Tatsache ist, dass fast das gesamte Equipment auf dem absoluten Stand der Dinge war, wir die Dollars aber dahin stecken wollten, wo sie am dringendsten benötigt wurden.«
Um dies zu erreichen, ist Teamgeist gefragt. Die Dreharbeiten dauern insgesamt 42 Tage. Gedreht wird hauptsächlich in Superior, aber unter anderem auch in der Spielerstadt Las Vegas. Oliver Stone sagt in einem Gespräch mit Anke Sterneborg vom Nachrichtenmagazin *Focus* über das bewusst niedrig gehaltene Budget: »Mir hingen die aufgeblasenen Budgets zum Hals raus. Deshalb wollte ich einen Film drehen, der weniger als 20 Millionen Dollar kostet. Ohne den großen Druck, den ich bei meinen politischen Epen auf den Schultern spürte – das war meine Vorstellung von Spaß.«

Hervorragend geführte Schauspieler: Lopez und Penn in Oliver Stones ›U-Turn‹

Dieser Spaß wird wirklich übermittelt. Nie bleibt *U-Turn* oberflächlich, die Geschichte ist spannend bis zum Schluss, die Schauspieler sind hervorragend geführt und der Film ist erstklassig fotografiert. Das Resultat: Western meets *film noir* – ein spannendes Genrecrossover. Ein großer Kassenerfolg wie andere Stone-Filme ist *U-Turn* allerdings nicht, da er weniger auf den Massengeschmack abzielt. Dafür findet er sein Publikum bei zahlreichen Independent-Freunden und Programmkinofans.

KRITIKEN:
»Oliver Stone hat ein beeindruckendes Schauspielerensemble zusammengestellt, um seine verrückte, kleine Stadt zu bevölkern ... Entstanden ist ein provokanter, boshafter Thriller voller Sex, Mord, Betrug und schwarzem Humor.« (Dirk Jasper, Filmlexikon im *Deutschen Entertainment Magazin*/www.dem.de)
»Mit surrealistischem Witz, subversiver Anarchie und vor allem phänomenaler Energie beweist Oliver Stone Hollywood, sich selbst und uns allen, dass er immer noch kleine, raue, hitzige Filme machen kann. Sein existenzialistischer Film noir im Western-Ambiente vermittelt das Lebensgefühl der 90er Jahre – ganz authentisch spürbar in der amerikanischen Originalfassung.« (Frauke Hanck in der *Abendzeitung* München, 23. April 1998)
»*U-Turn* ist ein amerikanischer Klassiker, womöglich der beste amerikanische Film des Jahres. *U-Turn* ist ein postmoderner Western in der Tradition von Stephen King, David Lynch, Jean-Luc Godard und Sam Peckinpah ...« (Judy Gerstel, *The Toronto Star, Metro Edition*, 3. Oktober 1997)
»Die stetigen Wendungen erhalten die Spannung bis zum unglaublichen Ende ... Totale Hoffnungslosigkeit. So brutal wie witzig.« (*cinema* 4/1998)

10. Heißer Flirt im Kofferraum

Mit *Out of Sight* zum Weltstar

»Jennifer gehört zu jenen Menschen, die beim Betreten eines Raumes die molekularen Aktivitäten verändern. Es ist ein gewisser Geist und eine gewisse Lebenskraft, die sich mit ihr bewegen.«

REGISSEUR STEVEN SODERBERGH
ÜBER JENNIFER LOPEZ

Ein glückloser Bankräuber in den Vierzigern trifft bei einem Ausbruchversuch auf eine toughe Polizistin in den Zwanzigern. Natürlich verlieben sich die beiden. Natürlich kommen Gewissens- und Interessenkonflikte auf. Und am Ende wird alles gut. Ein bisschen Sex, ein bisschen Crime. Eine vorhersehbare Kriminalgeschichte mit romantischen Verwicklungen. So simpel ließe sich Steven Soderberghs *Out of Sight* in wenigen Worten zusammenfassen. Doch weit gefehlt. *Out of Sight* ist ein Filmkunstwerk der besonderen Art: stimmungsvoll, sexy, amüsant. Oder, um es gleich vorweg mit den Worten der Kritikerin Frauke Hanck von der Münchener *Abendzeitung* zu formulieren: »So intelligent und elegant hat man sich schon lange nicht mehr unterhalten im Kino.« Und nicht zuletzt katapultiert *Out of Sight* zwei der erotischsten Filmschauspieler der Gegenwart in Hollywoods Olymp.

INHALT: Jack Foley (George Clooney) gilt als der bekannteste Bankräuber der USA. Laut Informationen des FBI überfiel er mehr Banken als jeder andere, der im Computer der Bundesbehörde registriert ist. Und wahrscheinlich ist er gleichzeitig der galanteste Bankräuber aller Zeiten. Mit dem Charme eines Cary Grant gelingt es ihm, ganz ohne Waffengewalt immer wieder an das Geld anderer Leute zu gelangen. Lieber überzeugt Jack durch Intellekt und Wortgewandtheit.
So spaziert Foley in irgendeine Bank Floridas und wendet sich an die junge Schalterangestellte, die nun ihren ersten Banküber-

Federal Marshall Karen Sisco in Aktion …

fall erleben darf. Der Ablauf des Verbrechens weicht allerdings von dem ab, wie man sich einen »klassischen« Überfall dieser Kategorie gemeinhin vorstellt. In der Vorhalle der Bank unterhalten sich zwei herumstehende Kunden. Foley weist die Angestellte darauf hin, dass einer von beiden angeblich sein Komplize sei, der dem anderen gleich zwischen die Augen schießen würde, wenn sie kein Geld herausrücke. Die Angestellte ist rasch überzeugt und Foley um einige tausend Dollar reicher.
Sichtlich zufrieden mit den Tageseinnahmen verlässt Foley das Geldinstitut, doch dann überkommt ihn das alte Leid: Sein Fluchtwagen lässt ihn im Stich. Der Motor springt nicht an. Foley wird verhaftet und landet im Glades-Gefängnis in Florida. Die Gefängnisstrafe summiert sich aufgrund der diversen Überfälle in Foleys Vergangenheit mittlerweile auf stolze 30 Jahre. Keine besonders verheißungsvolle Aussicht also. Da hilft wieder einmal

nur eins: Gemeinsam mit seinem Kumpel Buddy Bragg (Ving Rhames) bricht er aus dem berüchtigten Glades-Gefängnis aus. Zufällig zur falschen Zeit am falschen Ort befindet sich allerdings die ehrgeizige Federal Marshall Karen Sisco (Jennifer Lopez), die den Ausbruch mitbekommt. Karen sollte dort eine Vorladung abliefern und wird Zeugin des Ausbruchs.
Mit einer Schrotflinte bewaffnet, will sie Foley in Schach halten, doch Komplize Buddy kann sie überwältigen. Schließlich haben die beiden Verbrecher keine Zeit zu verlieren. Stellt sich die Frage, was sie mit der unliebsamen Zeugin anstellen. Kurzerhand landen sowohl Karen als auch Jack im Kofferraum eines alten Ford, den Buddy Richtung Freiheit steuert.
Eng aneinander liegend kommen sich Jack und Karen unvermeidlich näher. Karen, ihm den Rücken zugewandt, ist zunächst wenig begeistert von dieser doch eher unbequemen Situation. Foley, der sie mit dem Strahl einer Taschenlampe ableuchtet, ist von der attraktiven Polizistin sehr angetan. Die Hand des Bankräubers findet den Weg zu Karens Oberschenkel. Die beiden kommen ins Gespräch. Sie unterhalten sich über Handschellen, Karens 900-Dollar-Kostüm, Atemsprays, über Jacks »Karriere« und über Filme. Die im Kofferraum Eingepferchten offenbaren sich ihre Leidenschaft für Kinofilme:

KAREN: »Sie halten sich doch bestimmt für so eine Art Clyde Barrow?«
JACK: »Der von *Bonny und Clyde*?«
KAREN: »Ja!«
JACK: »Ja.«
JACK [fängt an zu lachen]: »Die Stelle im Film, wo sie erschossen werden, Warren Beatty und Di …«,
[JACK gerät ins Stocken, KAREN hilft ihm weiter]:
»Faye Dunaway.«
JACK [schwärmend]: »Die war Klasse.«
Karen stimmt nickend zu.
JACK: »Ja, und der Typ, der sagt, dass er sich nichts mehr gefallen lassen will, das war …«
[JACK stockt wieder]
KAREN: »Peter Finch.«

JACK: »Ja, Peter Finch. ›Ich lass mir nichts mehr gefallen.‹ Erinnerst du dich noch, wie sie erschossen werden? Ich weiß noch genau, was ich damals dachte. Ja. Was für ein Superabgang, wenn man dran glauben muss.«

Karen dreht ihren Kopf zu Jack. Sie lächelt sanft. Der Bankräuber bescheinigt Karen, dass man sich mit ihr gut unterhalten könne. Auf die Frage, was aus ihnen wohl geworden wäre, wenn sie sich unter anderen Umständen kennen gelernt hätten, wehrt Karen energisch ab: »Nichts!«

Jack kramt weiter in seiner cineastischen Erinnerung und denkt an den Film *Die drei Tage des Condors** mit Faye Dunaway und dem jungen Robert Redford. Karen kennt den Film auch. Allerdings konnte sie damals eines nicht nachvollziehen. Zu Foley gewandt meint sie: »Wissen Sie, ich habe das überhaupt nicht verstanden. Wie sie so schnell zueinander kamen. Ich meine, ins Bett gingen.« Schnell dreht sie den Kopf wieder weg. Jack will ihr gerade antworten, als der Fluchtwagen plötzlich stoppt. Zumindest verbal wird dieser Flirt zunächst abrupt beendet.

Jack springt aus dem Kofferraum, während sich Karen geistesgegenwärtig ihre Pistole schnappt und lauthals »Hände hoch!« ruft. Bankräuber Foley knallt den Kofferraumdeckel zu, durch den Karen mit aller Macht ballert. Buddy möchte Karen zurücklassen, Jack hingegen möchte sie mitnehmen. Nun taucht ein weiterer Komplize auf, der überdrehte und nervöse Autodieb Glenn Michaels (Steve Zahn), der sich als nicht sehr loyal erweisen wird, vor allem weil er wieder einmal zugekifft ist.

Mittlerweile ist der Kofferraumdeckel des Fords richtig durchlöchert. Diesmal ist es Buddy, der eine Schrotflinte hält, Karen muss sich ergeben. Fast schon lasziv lässt sie ihre Waffe, eine Sig Sauer .380, die sie noch vor ein paar Stunden von ihrem Dad zum Geburtstag geschenkt bekam, fallen. Jack schmilzt bei diesem Anblick geradezu dahin. Ein fataler Fehler! Buddy und Jack planen, dass Glenn den neuen Fluchtwagen fahren soll, Karen soll

* Der Film lautet im Original *The Three Days of the Condor* und entsteht 1974 unter der Regie von Sydney Pollack. Der Thriller spielt im Agentenmilieu vor dem Hintergrund der Watergate-Affäre.

diesmal auf dem Rücksitz Platz nehmen. Glenn und Karen begeben sich schon einmal in den Wagen. Die smarte Federal Marshall kann den naiven Glenn leicht überreden, ohne die beiden anderen abzuhauen. Denn die Bundespolizistin hat ein hervorragendes Gedächtnis und erinnert sich noch sehr gut daran, dass sie Glenn bereits zweimal wegen Drogenvergehens hinter Gitter gebracht hat. Glenn könnte mit einem blauen Auge davonkommen und nicht wegen Mithilfe ins Kittchen wandern, wenn er sich von seinen Komplizen loslöst. Überzeugt drückt Glenn daraufhin aufs Gas. Jack und Buddy bleiben fassungslos auf dem Highway zurück und starren ins Leere, ins Dunkle der Nacht.

Jack liegt in einer Badewanne in irgendeinem Motel. Neben ihm brennt eine Kerze. Eine erotische Spannung liegt in der Luft. Karen kommt mit einer Pistole bewaffnet in das Badezimmer, um Jack zu verhaften. Ihre Blicke treffen sich kurz. Dann zerrt

Die Polizistin und ihr Daddy: Jennifer Lopez und Dennis Farina in ›Out of Sight‹

Jack sie zu sich in die Wanne. Sie lässt die Waffe fallen und sie küssen sich intensiv.
Ein paar Sekunden später befinden wir uns wieder in der Realität. Alles war nur ein erotischer Traum Karens, die zu Hause, umsorgt von ihrem Dad, Marshall Sisco (Dennis Farina), im Krankenbett liegt, um sich von den Blessuren ihrer kurzen Entführung zu erholen. Ihr Vater kommt ins Zimmer und meint, sie hätte im Schlaf gesprochen. Karen ist erschrocken: »Was habe ich gesagt?« – »Sie mich auch«, lautet die lakonische Antwort ihres Vaters.
Kurz darauf sitzen Karen und ihr Dad am Tisch und lesen Zeitung, als ein Mitarbeiter von der Task Force vorbeischaut, um sich über Karens Befinden zu informieren. Plötzlich klingelt das Telefon. Karens Vater hebt ab, am anderen Ende ist Jack Foley, der nach Karen verlangt. Da Foley immer noch im Besitz von Karens Handtasche ist und damit auch ihrer Papiere, war es ihm ein Leichtes, ihre Nummer herauszufinden. Karen entschuldigt sich und verlässt den Raum, um in Ruhe mit Jack zu telefonieren. Es wird weiter geflirtet. So behauptet Foley frech, dass sie ihn niemals der Polizei ausliefern werde, weil sie sich nicht den Spaß verderben wolle.
Dass Foley Recht hat, wird deutlich, als Karen alles daransetzt, den Ausbrecher selber dingfest zu machen, und sie auch den Auftrag dazu bekommt. Karen wird Teil einer Spezialeinheit, deren Aufgabe es ist, Foley wieder hinter Schloss und Riegel zu bringen. Buddy und Jack sind im Adams Hotel in Florida untergetaucht. Wenig später erscheint die Task Force dort, unter maßgeblicher Beteiligung Karen Siscos. Die beiden Ausbrecher verlassen gerade ihr Zimmer und befinden sich im Fahrstuhl, als die Polizei ihr Zimmer stürmen will. In der Lobby des Hotels sitzt Karen. Als sich die Fahrstuhltür öffnet, treffen sich die Blicke der beiden. Jack winkt ihr zu. Karen, zunächst wie erstarrt, greift reflexartig zu ihrem Walkie-Talkie. Doch sie verzichtet darauf, Kommandos zur Ergreifung der Flüchtigen zu geben. Wie versteinert starren sich die zwei an. Ein Augenblick, der nur wenige Sekunden dauert, bis sich die Fahrstuhltür wieder schließt.
»Sie hat mich angesehen, Buddy.« – »Wer?« – »Karen.« Jack lässt seine Hand, die sich noch immer in der Winkestellung befindet,

langsam sinken. Buddy ist von der Vorstellung, dass sein Kumpel ausgerechnet einer Polizistin hübsche Augen macht, entsetzt. Die Federal Marshall sitzt weiter regungslos in der Lobby. Sie reagiert nicht auf ihr Walkie-Talkie, als sie angefunkt wird. Ausreichend Zeit für Jack und Buddy, das Hotel mit einem Fluchtwagen durch die Tiefgarage zu verlassen; ganz im Sinne von Karen. Das Auto fährt vor dem Hotel vorbei, im Vordergrund sitzt Karen in der Lobby, ohne Regung.
Sie wollen es noch einmal versuchen. Den ganz großen Coup. Ein letztes Mal. Aus ihrer Zeit im Gefängnis kennen sie den Milliardär Richard Ripley (Albert Brooks), der unerlaubte Insidergeschäfte durchführte und deswegen drei Jahre im Knast verbringen durfte. Allerdings beging Ripley einen Fehler: Er war allzu geschwätzig. So schwärmte er immer wieder von seiner exquisiten Rohdiamantensammlung, die er in einer Villa in Detroit versteckt habe.
Diese Steinchen gilt es zu besorgen. Daher setzen sich Jack und Buddy nach Detroit ab, wo sie auch wieder auf Glenn und den ehemaligen Mithäftling Snoopy Miller (Don Cheadle) treffen. Auch Karen ist über die Pläne informiert und nimmt Jacks Fährte auf.
Der eigentliche Coup ist jedoch ganz anderer Natur und findet kurz vor dem Edelsteinraub statt – in einer Bar der amerikanischen Autostadt. Karen Sisco sitzt ganz allein in dieser Bar, wehrt erfolgreich die platte Anmache von zwei schmierigen Typen ab, bis Jack plötzlich vor ihr steht. Sie fordert ihn auf, sich zu setzen. Zunächst spielen sie eine Art Rollenspiel und geben vor, sich nicht zu kennen.
Karen agiert als Werbeagentin Celeste. Doch sie geben dieses Spiel auf und kehren in die Realität zurück.

KAREN: »Verstehst du eigentlich das Ganze?«

JACK: »Das muss ich nicht. Es passiert einfach. So als würde man jemanden zum ersten Mal sehen, auf der Straße, und man sieht sich ein paar Sekunden lang und es gibt eine Art Wiedererkennung. Als wüssten beide etwas und im nächsten Moment ist dieser Mensch weg. Es ist zu spät, irgendetwas zu unternehmen. Und man erinnert sich immer daran, weil es da war, und man denkt, ob man etwas verpasst hätte. Was wäre wenn, was wäre wenn ich stehen geblieben wäre? Wenn ich etwas gesagt hätte? Wenn wenn … Was wäre wenn …? So was geschieht vielleicht ein paar Mal im Leben.«

KAREN: »Oder nur einmal.«

JACK: »Oder nur einmal.«

Jack nimmt ihre Hand, als sie zu ihrem Bourbonglas greift, und streichelt ihr sanft übers Gesicht. Es folgen immer wieder Einblendungen, bei denen sich die beiden erotischen Spielchen hingeben. Sie deuten darauf hin, was bald geschehen wird. Karen denkt für sich »Ob ich mich an dich erinnere?« – »Ich war auf der Suche nach dir«. Die Spannung knistert unendlich. Beide überlegen, was wohl wäre, wenn sie sich eine Auszeit gönnen würden? Daraufhin fordert Karen Jack auf, ihr zu folgen. Sie gehen aufs Zimmer und schlafen miteinander.

Der Morgen danach ist gekennzeichnet von Unsicherheit. Soll sie ihn »gebumst« haben, weil sie es mal mit einem Bankräuber machen wollte, und er sie, weil er mit einer Polizistin schlafen wollte? Jack vergewissert sich, ob es Karen ernst mit ihm sei. Karen hingegen will wissen, was aus beiden werden wird. Daraufhin Jack: »Du weißt es.«

Ein Schnitt. Karen räkelt sich genüsslich im Bett, Jack ist bereits weg. Auf seinem Kopfkissen liegt ihre Sig Sauer .380, die sie zärtlich in die Hand nimmt und sinnlich betrachtet.

Der große Coup steht an. Jack und seine Komplizen überfallen Richard Ripleys Villa. Nach den begehrten Halbedelsteinen muss sprichwörtlich geangelt werden. Sie befinden sich auf dem Boden eines Aquariums. Der Showdown beginnt. Die Task Force taucht auf. Karen kommt ihrer vermeintlichen Pflicht nach, schießt den smarten Jack an, er wird verhaftet.

Jack Foley soll als Gefangener von Detroit nach Glades transportiert werden, gemeinsam mit einem anderen Gefangenen. Karen ist diejenige, die den Transport begleitet. Sie sorgt dafür, dass dieser andere Gefangene ein Ausbruchsfachmann ist, der bereits zehnmal aus einem Gefängnis entfliehen konnte.

Jack und sein Mithäftling kommen ins Gespräch. Auf der langen

Fahrt nach Florida werden die beiden wohl noch einiges zu bereden haben …

HINTERGRUNDINFORMATIONEN: Die Wurzeln zu *Out of Sight* liegen im Jahr 1996. In diesem Jahr erscheint der gleichnamige Roman des US-amerikanischen Kultautors Elmore Leonard (Jahrgang 1925). Leonard, dessen Schriftstellerkarriere nach einem Job in einer Werbeagentur bereits in den 50er Jahren beginnt, ist zweifelsohne einer der am meisten gelesenen Autoren des letzten Jahrhunderts in Amerika. Am Anfang seiner Laufbahn widmet er sich fast ausschließlich dem Westerngenre. Erste Berühmtheit erlangt er mit dem preisgekrönten Westernroman *Hombre* (1967 verfilmt mit Paul Newman; lief in Deutschland unter dem Titel *Man nannte ihn Hombre*). 1977 wird der Roman von den »Western Writers of America« zu einem der 25 besten Western aller Zeiten gekürt. Weit über 30 Romane hat der Schriftsteller bis heute verfasst; die meisten sind verfilmt. In den 90er Jahren wird vor *Out of Sight* Leonards Roman *Schnappt Shorty/Get Shorty* (mit John Travolta, Gene Hackman und Danny DeVito) gedreht.
Danny DeVito ist es letztendlich zu verdanken, dass auch *Out of Sight* auf die Leinwand gebracht wird. Gemeinsam mit seinen Partnern Stacey Sher und Michael Shamberg von der Produktionsfirma Jersey Films sind sie bereits 1995 als Produzenten für *Schnappt Shorty* und 1993 für *Pulp Fiction* mit verantwortlich. DeVito und Co. bemühen sich intensiv, sich die Rechte für *Out of Sight* zu sichern, und sind buchstäblich aus dem Häuschen, als ihnen selbige tatsächlich zugeteilt werden. Nun wird noch ein kompetenter Drehbuchautor benötigt. Gefunden ist er schnell: Scott Frank.
Der aus Nordkalifornien stammende Autor adaptierte bereits die Vorlage von *Schnappt Shorty*. Diese Adaption brachte ihm übrigens eine Golden-Globe-Nominierung ein. DeVito äußert sich begeistert über Frank: »Wir haben immer gerne mit Scott Frank gearbeitet. Er ist ein großartiger Schriftsteller, der irgendwie zur Jersey-Familie gehört.« – »Meine Beziehung zu Scott ist seit jeher hervorragend«, lobt auch Leonard den Drehbuchschreiber. »Er bewahrt die Dialoge, so weit es möglich ist, und

bleibt so nahe an der Geschichte, wie er nur kann. Ehrlich gesagt, er kann meine Bücher viel besser adaptieren, als ich das je könnte.« Auch Scott Frank gerät ins Schwärmen über die Vorlagen des Kultautors: »Elmore hat großartige Figuren, mit denen man viel anfangen kann. Sie sind so klar und scharf gezeichnet, dass es nicht schwer ist, sich vorzustellen, wie sie handeln.«

Damit diese Charaktere ausgezeichnet agieren können, bedarf es nicht nur eines hervorragenden und erfahrenen Regisseurs, sondern auch der entsprechenden schauspielerischen Leistungen. Zunächst sei hier aber kurz auf den Regisseur Steven Soderbergh eingegangen.

Seine Karriere im Filmgeschäft beginnt der in Georgia geborene Soderbergh zunächst als Cutter, dann dreht er in den 80er Jahren einen Dokumentarfilm über die Rockgruppe »Yes« (größter Hit: *Owner Of A Lonely Heart*, 1983) mit dem Titel *9012LIVE*, der 1986 sogar für einen Grammy Award nominiert wird. Danach schreibt er vornehmlich Drehbücher, eines davon verfilmt er 1988/89: *Sex, Lügen und Videos/Sex, Lies And Videotapes* (USA 1989), in dem er Andie MacDowell, James Spader, Peter Gallagher und Laura San Giacomo ihre sexuellen Vorlieben ausplaudern lässt. Im Mittelpunkt steht Graham, der es liebt, wenn Frauen vor der Videokamera über Sex reden. Das Gleiche findet Ann heraus, die Frau seines ehemaligen Studienfreundes John. Dies bedeutet für Ann und John das Ende ihrer tristen Ehe und für Ann und Graham den Beginn eines neuen Lebens. Soderberghs Film wird 1989 bei den Filmfestspielen in Cannes frenetisch gefeiert und erhielt zu Recht die Goldene Palme für Film und Darsteller.

Fortan reißen sich die großen Hollywood-Studios um den Newcomer, doch Soderbergh hält sich zurück, weist große Angebote ab. Sein Ziel besteht darin, die Filme und Ideen zu verwirklichen, hinter denen er wirklich steht. Der überzeugte Independent-Filmer flieht aus Amerika und zieht sich zurück nach Europa, genauer gesagt, nach Prag. Dort entsteht 1992 mit Jeremy Irons und Jeroen Krabbé ein schwermütiges Filmporträt über den österreichischen Schriftsteller Franz Kafka (1883–1924). Der Film *Kafka* floppt. Es folgen einige nur mittelmäßig erfolgreiche Filme Mitte der 90er Jahre (*König der Murmelspieler/King of*

Ein höchst attraktiver und charmanter Bankräuber: George Clooney mit Jennifer Lopez in ›Out of Sight‹

the Hill, USA 1993, und *Die Kehrseite der Medaille/Underneath*, USA 1995).

Ein Jahr vor *Out of Sight* ist Soderbergh wieder als Drehbuchautor tätig, für den Thriller *Freeze – Alptraum Nachtwache/ Nightwatch.* Bei dem Film handelt es sich um das Remake des dänischen Filmerfolges *Nattevagten.* Der Regisseur des Originals, Ole Bornedal, zieht auch die Fäden in der amerikanischen Neuverfilmung, in der Ewan McGregor den Jurastudenten Martin Bells mimt, der im Rahmen eines Aushilfsjobs in der Pathologie unheimliche Abenteuer durchstehen muss. Bornedal und Soderbergh werden für *Freeze* gemeinsam als Drehbuchautoren genannt. Der Horrorthriller fällt von dem dänischen Original aufgrund der entschärften Inszenierung deutlich ab und beim Publikum durch.

Soderberghs jüngster Film ist das Justizdrama *Erin Brockovich* mit einer fantastischen Julia Roberts in der Titelrolle (USA 2000). *Erin Brockovich* ist übrigens ebenfalls eine Produktion von Jersey Films.

Danny DeVito sorgt schlussendlich dafür, dass Soderbergh 1998, neun Jahre nach seinem Debüt, endlich wieder einen kommerziellen Erfolg verbuchen kann. DeVito interessiert sich bereits seit *Sex, Lügen und Videos* für Soderbergh. Dieser gibt ihm jedoch in regelmäßigen Abständen einen Korb. 1997 ist die Zeit allerdings endgültig reif für die lang ersehnte DeVito-Soderbergh-Kooperation. Die Filmfirma Universal lädt Soderbergh ein und arrangiert ein Treffen mit dem Trio von Jersey Films: »Wir hielten schon immer sehr viel von den Arbeiten von Steven Soderbergh«, so Michael Shamberg. Soderbergh zeigt sich sofort von dem Projekt angetan und hat schon genau im Kopf, wie der Film realisiert werden würde. »Er ist ein Regisseur, der das Geschichtenerzählen mit Humor und Action verbinden kann. Und genau darauf kommt es bei diesem Film an«, so Shamberg weiter.

Soderbergh gelingt mit *Out of Sight* eine stimmungsvolle erotische Actionkomödie, die ab der Sequenz, in der Jennifer Lopez und George Clooney im Kofferraum des Fluchtautos landen, eine nicht mehr enden wollende prickelnde Atmosphäre vermittelt. Der sanfte, orangerote Farbstrahl aus der Taschenlampe, mit der Clooney Lopez' Körper entlangleuchtet, versetzt den Betrachter in eine sinnliche und erotische Stimmung. Farben und visuelle Effekte sind für Soderbergh unheimlich wichtig: »Man muss alles, was man zur Verfügung hat, einsetzen, um eine ganz spezifische Welt auf der Leinwand entstehen zu lassen.« Soderbergh probiert mit seinem Team viel aus, um diese unterschiedlichsten visuellen Effekte erzeugen zu können. Sein Ziel ist es, ein Déjà-vu-Erlebnis zu zaubern, das beim Publikum den Eindruck erweckt, an diesem Ort schon einmal gewesen zu sein.

Zu seinem Film sagt Soderbergh noch: »... Er sollte einen ganz bestimmten visuellen Stil haben. Er sollte nicht so glatt und poliert sein. Ich habe mir viel mehr etwas Raues vorgestellt. Dieser Film ist kein Kranaufnahmenfilm, sondern ein Film mit viel Schwenken und Zoomen und Rennen.«

Wer besser könnte die Vorstellungen Soderberghs realisieren als

Kameramann Elliot Davis, der bereits viermal für Soderbergh fotografierte? Um dies so gut wie möglich zu erreichen, wird nach den Worten Davis' folgendermaßen vorgegangen: »Wir teilten die Drehorte auf und behandelten sie einzeln in Bezug auf ihren Zeitpunkt im Film. Wir wollten einen durchgehend hohen Kontrast erreichen und die Farben sollten hyperrealistisch sein. Für einige der frühen Szenen setzte ich Filter ein, aber Detroit war dann ganz klar und sauber. In Detroit herrschten monochrome, kühle Farbtöne vor und alles sieht viel kälter aus. Die Bilder sind bläulich, während die anderen Teile des Films farbiger sind. In Florida vermieden wir die Pastellfarben, die man normalerweise mit tropischen Orten assoziiert, denn in Wirklichkeit sind die Farben hart und scharf. In Miami benutzten wir sattes Grün und Gelb und auch Korallenrot. Wir wollten das Äußere des Drehorts mit dem Inneren farblich verbinden … Steven wollte in dem Film ein Stakkato-Gefühl erreichen; die Dinge sollten ›eingefangen‹ wirken; also benutzten wir fast keine Dollys. Es sollte unvollkommen aussehen und die Zuschauer sollten nicht durch unnötige Einmischungen abgelenkt werden.«
Soderbergh ist ein Experimentalist und ein Perfektionist. Dies gilt nicht nur für die genannten visuellen Umsetzungen. Auch seinen Schauspielern/innen verlangt Soderbergh höchste Perfektion ab: »In diesem Film kommt es auf die Schauspielerleistungen an.« Die Besetzung der Hauptrollen mit Jennifer Lopez und George Clooney hätte nicht idealer sein können. Für viele Fans gelten die beiden seit diesem Film als *das* neue Traumpaar Hollywoods. Selten werden derart subtil-erotische Dialoge so überzeugend dargestellt wie in *Out of Sight*. Welcher Mann möchte nicht gerne an Clooneys Stelle im Kofferraum des alten Ford liegen oder mit Jennifer Lopez in einer Bar einen Bourbon trinken? Dasselbe gilt natürlich auch umgekehrt. Immerhin treffen hier die angeblich »sexiest people alive« aufeinander. Gern wird das Gespann mit Cary Grant und Lauren Bacall verglichen. Roland Huschke von *cinema* setzt *Out of Sight* einem »zweistündigen Flirt mit magnetischen Augenblicken« gleich.
Jennifer Lopez hat ihren ersten Auftritt in *Out of Sight* nach etwa neun Minuten. Wir sehen sie als Karen Sisco in einem Café in Miami zusammen mit ihrem Vater, Marshall Sisco, einem pen-

sionierten Privatdetektiv. Sie erhält von ihrem Dad ein Geburtstagsgeschenk, über das sie sich ganz besonders freut. Wir hören Karen sagen: »Mein Gott, sie ist wunderschön!« Das Objekt ihrer Begeisterung ist nicht etwa ein Schmuckcollier oder ein entzückendes Kleidungsstück. Nein, das »Supergeschenk« ist eine Pistole. Als Karen ihren allzeit um sie besorgten Dad verlässt, sagt sie zum Abschied trocken: »Danke für die Pistole, Daddy.« Ein Beispiel für eine Vielzahl köstlicher Pointen der Autoren Leonard und Frank.

Jennifer bereitet sich auch für *Out of Sight* entsprechend vor. So lässt sie sich von erfahrenen Kennern zeigen, wie man mit einer Waffe umzugehen hat. Sie gibt zu, dass sie sehr ängstlich ist, als sie zum ersten Mal in ihrem Leben eine Pistole in der Hand hält: »Meine Hände zitterten. Du hast auf einmal so eine Macht ... Als ich eine Kugel abfeuerte, war ich schon sehr nervös«, so die Schützin in einem *Movietalk*-Interview. Ihre Lehrer ermahnen sie, bei dem Umgang mit einer Waffe äußerst vorsichtig zu sein. Überhaupt strahlt die Lopez in *Out of Sight* immer dann eine ganz besondere Faszination aus, wenn sie mit einer Waffe hantiert. Unvergesslich die Szene, als sie Jack Foley nach dem Ausbruch aus Glades mit ihrer Schrotflinte in Schach halten will.

Sher von Jersey Films meint über die schauspielerischen Leistungen seiner Darsteller: »Wir dürfen uns glücklich schätzen, dass wir derart begabte Schauspieler zur Verfügung haben. Sie lassen die schön geschriebenen Stellen von Elmore Leonards Roman erst so richtig glänzen.« Sein Kollege Shamberg meint speziell zur Hauptdarstellerin: »Jennifer Lopez ist perfekt, weil sie sexy ist und man verstehen kann, warum Foley sie begehrt, und gleichzeitig glaubt man ihr, dass sie eine Polizistin ist.«

Der Regisseur zum selben Thema: »Dieser Film ist anders als die anderen, weil er sich auf die Chemie zwischen Jack und Karen verlässt, obwohl die beiden Hauptfiguren nur in Schlüsselszenen gemeinsam auf der Leinwand erscheinen. Sie interagieren nicht ständig. Deshalb war es auch so wichtig, zwei absolut glaubwürdige Schauspieler zu haben. Außerdem sehen George und Jennifer zusammen fantastisch aus, sie verfügen beide über die gleiche grenzenlose Energie. Jennifer vereinigt in sich genau die Qualitäten, die ich suchte.«

Wäre es nach den Verantwortlichen von Universal Films gegangen, hätte Sandra Bullock neben George Clooney im Kofferraum liegen dürfen. Steven Soderbergh kann sich allerdings durchsetzen und beraumt zunächst ein recht eigenwilliges Casting an, bevor die Rolle schließlich vergeben wird. So setzt Soderbergh Sandra Bullock und George Clooney in einen Raum, wo sie sich einfach nur unterhalten sollen. Die Chemie stimmt schon, doch Soderbergh hat andere Vorstellungen. »Die Energie, die für eine Rolle in einem Elmore-Leonard-Film notwendig war, fehlte. Ich setzte George und Jennifer in ein Zimmer und heraus kam genau die Energie, die der Film braucht.«
Das eigentliche Casting, das Jennifer Lopez mit einer eindrucksvollen Leichtigkeit und Eleganz besteht, sieht schließlich folgendermaßen aus: Jennifer und George müssen die fast schon legendäre Kofferraumszene spielen, allerdings nicht in einem Auto, sondern auf einem alten Ledersofa von George Clooney,

George Clooney, Jennifer Lopez und Regisseur Steven Soderbergh 1998 bei den Filmfestspielen in Venedig

das sich in seiner Wohnung befindet. Problemlos schmiegt sich Jennifer an George an, um die Rolle zu bekommen; eventuell nicht nur deswegen. »Wir haben die Kofferraumszene ausprobiert und als wir fertig waren, dachte ich: ›Ich hab sie.‹ Ich habe es genauso gemacht, wie sie wollten«, erinnert sich Jennifer in einem Interview.

Steve Soderbergh sagt zu *Mr Showbiz*: »Es kam ein Prickeln zwischen Jennifer und George auf, ich hatte die Videokamera dabei. … Als Jennifer den Raum betrat, war sofort diese Spannung da. Wir hatten eine Menge Schauspielerinnen auf der Couch. All die guten. Doch das war wirklich seltsam: Jennifer war hervorragend; aber was mich vor allem überzeugte, war, dass George mit Jennifer besser zurechtkam als mit all den anderen. Er war ganz anders, genau das, was ich brauchte.«

Jennifer Lopez genießt es, mit George Clooney zu spielen, genauso ist es anders herum. »Rollen wie die der Karen Sisco in *Out of Sight* gibt es nur ganz selten …«, beschreibt die Latinoschönheit ihre Erfahrungen in einem Gespräch mit dem amerikanischen Kinomagazin *Total Film*. »Hier handelte es sich um ein außergewöhnliches Skript und sie [Karen] ist ein außergewöhnlicher Charakter. Ich spiele nicht nur mit, weil ich neben George Clooney gut aussehe. Karen treibt die Geschichte voran und das ist genau die Art Rolle, die ich zu dieser Zeit gebraucht habe.«

An gleicher Stelle redet Jennifer Lopez mit dem Journalisten Martyn Palmer auch über ihren Sexappeal. Sie zeigt sich überrascht: »Wenn ich mich einer Rolle widme, denke ich nicht: ›Oh, ich werde sie sexy spielen.‹ Ich gehe von einer anderen Betrachtungsweise heran, ich vertiefe mich in die Rolle und versuche nachzuempfinden, warum die Figur etwas macht, was sie macht, ob sie überzeugend ist, was auch immer. Wenn das Ergebnis ist, dass die Rolle sexy ist, ist das schön. Doch es geht um mehr. Da sind auch die Kleider, die du trägst und die dich sexy machen, das macht sehr viel aus, wenn Sie verstehen, was ich meine? Ich glaube das, was den Charakter so sexy machte, ist die Tatsache, dass Karen so überzeugend ist, so eine Leichtigkeit verkörpert und mit sich selber im Reinen ist. Erst das macht es sexy.«

Out of Sight ist für Jennifer Lopez nicht einfach nur ein Job. Denn bei George Clooney und ihr stimmt alles. Jennifer ist fasziniert

von dieser magischen Anziehungskraft und sie ist äußerst überrascht, wie gut sie mit Clooney harmoniert. Gerüchten zufolge soll sie während und nach den Dreharbeiten zu *Out of Sight* des Öfteren an der Seite Clooneys auf Partys gesehen worden sein. Wie sieht die Lopez eigentlich die fast schon legendäre Kofferraumszene? Sie findet nur zwei Wörter: »Heiß! Und lustig …«.
Unter dem Link *Movietalk* bei www.hollywood.com findet sich auch ein durchaus pikantes Statement der Lopez zu der Liebesszene in *Out of Sight*: »Ich mochte diese Szene sehr. Sie war romantisch, sie war geschmackvoll und voller Gefühl. Der Regisseur hatte ein Händchen für die Liebesszene. Ich habe mich besonders gut dabei gefühlt. Das mochte ich. Ich hätte gerne noch mehr Aufnahmen davon gehabt.«
Der eigentliche Schöpfer von *Out of Sight*, Romanautor Elmore Leonard, sieht sich fast schon gezwungen, sich dafür zu entschuldigen, dass seine Krimivorlage nicht ganz so sexy ist wie Soderberghs Filmversion. Doch er hat sofort eine Erklärung parat: »Nimm Jennifer Lopez, schon das allein macht sexy.« Dass dies lediglich ein Aspekt für die knisternde Erotik in *Out of Sight* ist, hat Jennifer Lopez selbst zu Recht an zuvor genannter Stelle beschrieben.
Finanziell sind Clooney und Lopez (noch) ein ungleiches Paar. »Lediglich« zwei Millionen Dollar Gage kassiert sie für ihre Darstellung der Karen Sisco. Clooney hingegen erhält das Fünffache. »Ich möchte einmal so viel Geld verdienen wie Demi Moore, wenn meine Zeit gekommen ist«, erklärt Jennifer Lopez in einem Interview für die Filmzeitschrift *Movieline* im Februar 1998. »Universal glaubte, sie könnten meine Gage von Anfang an sehr niedrig halten, doch ich sagte meiner Agentin: ›Nein, nein, nein! Frag weiter!‹ Meine Agentin rief mich an und fragte: ›Welche Summe sollen wir ihnen nennen?‹ Ich antwortete: ›Sage ihnen, wer wird den ganzen Film promoten, während Clooney *ER* dreht? Sage ihnen auch, *Anaconda* hat weltweit über 100 Millionen Dollar eingespielt, und weshalb glaubt ihr sind die Mädchen zwischen 18 und 25 in diesen Film gerannt – wegen Ice Cube?‹«
Jennifers Meinung nach wäre durchaus mehr Geld für ihre Rolle drin gewesen. Die Leiter von Universal sahen das ein wenig anders. Jennifer müsse sich erst noch in die erste Garde der hoch

dotierten Hollywood-Schauspielerinnen spielen. »Die Leute glauben mir das noch nicht, aber ich fühle mich zurzeit unterbezahlt«, lautet ihr Kommentar zu den zwei Millionen für *Out of Sight*.

Jennifer wird geahnt haben, dass diese Rolle sie auf ihren Weg an die Spitze der Hollywood-Diven bringen wird. Nun gilt es in den kommenden Projekten zu beweisen, dass sie auch weiterhin ihre Frau stehen kann.

Sowohl für Jennifer als auch für George bedeutet *Out of Sight* einen wahren Glücksgriff. Für beide ist damit der endgültige Durchbruch in Hollywood geschafft. Obwohl Clooneys Filmografie wesentlich umfangreicher ist als die der Latinoschauspielerin, kommt der große Leinwandruhm für Clooney erst 16 Jahre, nachdem er zum ersten Mal in Hollywood gesichtet wurde. Seine ersten Erfahrungen sammelt Clooney mit Gastrollen in populären US-Fernsehserien (u. a. *Roseanne*, *Golden Girls*, *Trio mit vier Fäusten/Riptide*, *Immer wenn sie Krimis schrieb/Murder She Wrote*) oder in zweitklassigen Filmen. Eine seiner ersten Rollen übernimmt er ausgerechnet in dem miserablen Trash-Movie *Die Rückkehr der Killer-Tomaten/The Return of the Killer Tomatoes* (USA 1987). Erst mit seiner Rolle als Dr. Douglas Ross in der erfolgreichen Arztserie *ER – Emergency Room* zu Beginn der 90er Jahre kann er seine charismatische Ausstrahlung und seine schauspielerischen Fähigkeiten so richtig unter Beweis stellen und avanciert gleichzeitig zum weltweiten Sexsymbol.

Im Zuge des *ER*-Erfolges kommen auch größere Hollywood-Rollen, mal weniger, mal mehr überzeugend: *From Dusk till Dawn* (USA 1996); *Batman & Robin* (USA 1997); *Projekt: Peacemaker/Project: Peacemaker* (USA 1997); *Der schmale Grat/The Thin Red Line* (USA 1999) oder als Synchronsprecher für *South Park – Der Film/South Park – The Movie* (USA 1999). Im Jahr 2000 ist Clooney an der Seite von Mark Wahlberg und Diane Lane in dem überaus erfolgreichen Katastrophenfilm *Der Sturm/The Perfect Storm* zu sehen. Der Film wird einer der Blockbuster des Kinosommers 2000.

In einem Interview für die Zeitschrift *cinema* wird Clooney im September 1998 danach gefragt, wie er an die Rolle für Soderberghs Film kam. Seine Antwort ist eher zynischer Natur: »John

›Out of Sight‹: Karen und die Sig Sauer

Travolta hatte wahrscheinlich gerade keinen Termin frei. So sind sie auf mich gekommen. Und ich danke allen Beteiligten bis heute auf Knien für diese Chance. Es ist kein Geheimnis, dass ich mit *Batman & Robin* sehr unzufrieden bin. Vor allem mit meiner Leistung. Neun Monate war ich verzweifelt auf der Suche nach einem Filmprojekt, das meine Welt wieder in Ordnung bringt.

Ganz ehrlich: Die Rolle wäre für jeden Schauspieler ein absoluter Glücksfall gewesen. Ich habe den Vertrag sofort unterschrieben. Bedingungslos. Mein Agent hielt mich für bekloppt.«
Im selben Interview äußert sich Clooney auch über seine Filmpartnerin. Allerdings geht es hier weniger um ihre schauspielerischen Qualitäten. Jennifer wird von der *cinema*-Redaktion nach den Kussfähigkeiten Clooneys gefragt. Sie gibt ihm auf einer Skala von 1 bis 10 »nur« eine 9+. Clooney äußert Unverständnis: »Vielleicht habe ich einen gewissen Zungendreher noch nicht raus. Aber ich werde üben. Eine neun plus? Ich glaube, ich muss mit Jennifer reden. Also ehrlich, ich bin ein bisschen verletzt.«
Neben Clooney ist ein weiterer Gegenspieler von Jennifer Lopez zu erwähnen: Ving Rhames, der den ein wenig ambivalenten, aber gutherzigen Charakter Buddy Bragg spielt. Auf der einen Seite ist Buddy der rationale Kopf an Foleys Seite, der überhaupt nicht davon begeistert ist, dass sich sein Kumpel in die ehrgeizige und attraktive Bundespolizistin verliebt; auf der anderen Seite wird Buddy nicht müde, seiner Schwester immer wieder von den geheimen Plänen und auch von dem geplanten Coup in Sachen Rohdiamanten zu erzählen. Ving Rhames wird 1961 in New York geboren. Nach seiner Ausbildung an der renommierten Julliard School of Drama, die er 1983 erfolgreich abschließt, widmet Rhames sich zunächst klassischen Theaterstücken, obwohl er bereits 1980 zum ersten Mal vor der Filmkamera steht, in Alan Parkers genialem Filmmusical *Fame – Der Weg zum Ruhm/Fame*.
Es folgen gelegentliche Serienauftritte, zum Beispiel in *Miami Vice*, *Tour Of Duty* oder *Crime Story*. Seinen ersten Auftritt in einem großen Film hat er unter der Regie von Brian De Palma in dem Vietnam-Epos *Die Verdammten des Krieges/The Casualties Of War* (USA 1989) an der Seite von Michael J. Fox, Sean Penn und Don Harvey. Weitere Stationen seiner Filmkarriere sind meist kleinere Rollen. Zu sehen ist er in *Stop! Oder meine Mami schießt/Stop! Or My Mom Will Shoot* (USA 1992), *Dave* (USA 1993), *Pulp Fiction* (USA 1995), *Mission: Impossible* (USA 1996) und *Striptease* (USA 1997). Im Sommer 2000 ist Rhames an der Seite von Tom Cruise auch im zweiten Teil des Erfolgshits *Mission: Impossible* zu sehen.

Neben Lopez, Clooney und Rhames bietet *Out of Sight* auch ein illustres Ensemble an Nebendarstellern auf. Karen Siscos fürsorglicher Dad wird von Dennis Farina gespielt, der bereits bei *Schnappt Shorty* an einer Elmore-Leonard-Verfilmung teilnimmt. Köstlich ist auch der skurrile und immer nervöse und unsichere Glenn Michael alias Steve Zahn. Der Comedian Zahn sorgt immer wieder für heitere Patzer, die den Verlauf der Handlung zumindest für Foley und Bragg häufiger in Richtungen führen, die nicht unbedingt geplant sind. Zu Zahns Filmstationen zählen der von Tom Hanks produzierte Musikfilm um den Fall und Aufstieg der fiktiven Sixties-Band »The Wonders«, *That Thing You Do* (USA 1996), und vor allem die ironisch-kritische Yuppie-Komödie *Reality Bites – Voll das Leben/Reality Bites* (USA 1994). Zahn spielt darin einen kompromisslosen Musiker, der ebenso wie seine Filmkollegen Winona Ryder und Ethan Hawke auf der Suche nach seinem Platz im Leben ist.
Nicht nur die atmosphärisch dichte und stark farborientierte Kameraführung von Elliot Davis sorgt in *Out of Sight* für ein stimmiges Bild, sondern auch die geschickt ausgewählte und komponierte Musik von David Holmes. Holmes, Anfang 30, stammt aus Irland und gilt nicht nur in seinem Heimatland als einer der angesagtesten DJs, der seit 1995 auch immer wieder in den Popcharts auftaucht. 1997 feiert er mit seinem viel beachteten *Let's Get Killed* seinen bislang größten Albumerfolg. Ein Jahr später soll ihm mit seiner Arbeit an der Filmmusik zu *Out of Sight* sein bislang »größter Coup« gelingen.
Zunächst ist geplant, dass Holmes lediglich ein paar Sequenzen vertonen soll, doch Soderbergh ist derart von Holmes' Talent begeistert, dass er den Auftrag bekommt, den kompletten Soundtrack für *Out of Sight* zu liefern. Es kommt zu sechs äußerst arbeitsintensiven Wochen. Laut eigener Aussage sitzt er 12 bis 17 Stunden pro Tag an diesem Projekt. Dem Magazin *Entertainment Weekly Online* sagt er: »Dies ist ein cooler, cleverer Film, nicht so wie *Godzilla* oder *Armageddon* oder irgendein anderer beschissener Blockbuster. Die Musik musste zu 100 Prozent stimmig und ganz ohne Klischees sein.«
Für die Filmmusik verarbeitet Holmes unterschiedliche Samples und Einflüsse aus den Richtungen Funk, Soul der 60er Jahre,

Latinoklänge oder Jazzklänge à la Miles Davis. So sind neben Stücken aus der Feder David Holmes' auch Klassiker aus den 60er und 70er Jahren zu hören. »The Isley Brothers« steuern ihre US-Top-Ten-Hits *It's Your Thing* (USA Nr. 2, 1969) und *Fight the Power* (USA Nr. 5, 1975) bei, Mungo Santamaria liefert mit dem von Herbie Hancock geschriebenen *Watermelon Man* (USA Nr. 10, 1963) seinen einzigen großen Hit für den Soundtrack. Mit dabei ist auch Willie Bobos *Spanish Grease* oder Dean Martins *Ain't That a Kick in the Head*. »Alle diese Titel haben gemeinsam, dass sie dich zum Tanzen bringen«, beschreibt David Holmes die musikalische Auswahl und seine kompositorischen Fähigkeiten.
Interessant dürfte ein Blick auf die Filmkulissen sein. Einen Großteil seiner Zeit verbringt Jack Foley hinter Gittern. In Rückblenden wird immer wieder auf das Lompoc-Gefängnis verwiesen. Nach seinem letzten Überfall landet er jedoch im Glades-Gefängnis in Florida. Als Kulisse des Gefängnisses von Lompoc fungiert das Mira Loma Detention Center, gelegen im kalifornischen Lancaster. Hier trifft ein Großteil der Hauptakteure erstmals aufeinander. Die Glades-Haftanstalt in Florida ist in Wirklichkeit das Staatsgefängnis von Angola, Louisiana. Bizarr ist die Vorstellung, dass sich George Clooney und seine Kollegen unter echten Straftätern, oftmals Schwerverbrechern der übelsten Sorte, bewegen. Als Komparsen werden etwa 500 Häftlinge verpflichtet. Clooney wird bei dem Gedanken daran sogar im Nachhinein noch ziemlich mulmig: »Da redete man mit einem eigentlich wirklich netten Kerl und plötzlich traf einen die Erkenntnis: Niemand sitzt in Angola, weil er ein netter Kerl ist … Es entstand dabei eine seltsame Mischung der Gefühle.«
Nachdem die Gefängnisszenen abgedreht sind, steht ein wesentlich angenehmerer Drehort auf dem Plan: Miami. Gefilmt wird in der Nähe von South Beach, Fort Lauderdale und auf dem Flughafen Miami Dade. In Miami entstehen auch die Szenen im Adams Hotel, in dem Buddy und Jack untertauchen. Bewusst wählen Soderbergh und sein Team für diese Sequenzen ein Etablissement, das hauptsächlich Rentner bewohnen: »Meiner Ansicht nach entstand ein großer Kontrast dadurch, dass wir die Szene im Adams Hotel … an einem Ort spielen ließen, wo nor-

malerweise nur ältere Menschen leben. Es herrscht ein großes Durcheinander; die Leute gehen aus und ein, der Aufzug fährt auf und ab und ein Mann spielt Klavier in der Halle. Es ist fast wie in einer Komödie.«

Von den warmen Gefilden Floridas geht es dann schließlich in das winterlich kalte Detroit, auch Motor City genannt. Dreh- und Angelpunkt der Aufnahmen in Detroit ist der Überfall auf die Villa des schwerreichen Richard Ripley. Die passende Kulisse spüren die Filmemacher im Detroiter Vorort Bloomfield Hills auf. Die Außenaufnahmen finden vor diesem Haus statt, die

»Elektrisierend«: George Clooney und Jennifer Lopez (hier im September 1998 in Venedig)

Innenaufnahmen werden allerdings in einem Studio der Firma Universal abgedreht. Dort baut man das Interieur nach dem Vorbild des Originalhauses in Bloomfield Hills nach, wo es zum spektakulären Showdown kommen soll.

KRITIKEN:

Dass es zwischen den beiden als Leinwandpaar gefunkt hat und die Chemie stimmt, bemerken Fans und Kritiker weltweit. *Empire Online* bezeichnet Clooney und Lopez als »elektrisierend, einfach das erotischste Pas de deux im Kino seit Jahren«. Das gefühlvolle Wechselspiel zwischen Lopez und Clooney beschreibt die niederländische Tagezeitung *De Gelderlander* folgendermaßen: »Die Rolle des sanftmütigen Bankräubers ist ihm [Clooney] wie auf den Leib geschrieben und es liegt eine faszinierende Stimmung zwischen ihm und seiner Gegenspielerin Jennifer Lopez in der Luft.«

Die Fernsehzeitschrift *TV Movie* hat zu Recht »das coolste Duo seit *Bonnie und Clyde*« erkannt. »George Clooney und Jennifer Lopez sind ein heißes Duo, sie spielen tough, elegant, sexy und sind ein perfekt agierendes Liebespaar, jeweils auf unterschiedlichen Seiten des Gesetzes. Schon sein Lächeln und sein Funkeln [in den Augen] allein können jemanden dazu bringen, das Gesetz zu brechen. Sie ist in ein enges Minikleid von Chanel eingehüllt, ihr Accessoire ist eine Sig Sauer … sowohl jede(r) für sich als auch als Paar, Clooney und Lopez sind hot«, ist in der kanadischen Zeitung *The Toronto Star* nachzulesen.

Das Fachblatt *musikexpressSOUNDS* meint zu dem gemischten Doppel: »George Clooney hat seine erste richtig gute Filmrolle … und Jennifer Lopez stiehlt den Film, wann immer sie im Bild ist: Wer bei ihrer Mixtur aus Intelligenz und purem Sex nicht dahinschmilzt, bei dem kommt auch Viagra zu spät. Höchstnote!«

Hingeschmolzen ist schließlich auch Kai Mihm, Kritiker für *epd-Film*: »Sie sind wirklich ein tolles Paar: er ein charmanter Ganove, der vielleicht doch nicht so smart ist, wie er gerne wäre; sie dagegen eine überaus clevere Polizistin mit einer Schwäche für halbseidene Typen. Ihre zentrale Begegnung, hoch über den warmgelben Lichtern Detroits, die förmlich mit dem herabrieselnden Schnee verschmelzen, sucht an Erotik ihresgleichen.«

11. Ohne Fleiß kein Preis

Als Arbeitsameise Azteca in *Antz*

»Da habt ihr's: eine ganz gewöhnliche Junge-trifft-Mädchen-, Junge-mag-Mädchen-, Junge-verändert-vorhandene-Gesellschaftsordnung-Story.«

AMEISE Z IN *ANTZ*

Eine gute Schauspielerin zeichnet neben Talent, Ehrgeiz und Ausstrahlung auch Flexibilität aus. Flexibilität bedeutet zum Beispiel, sich nicht auf ein Rollenstereotyp festzulegen, sondern durchaus unterschiedlichsten Charakteren und Rollen gegenüber aufgeschlossen zu sein. Bislang kann man Jennifer Lopez jedenfalls nicht vorwerfen, eingleisig gefahren zu sein. Ganz gleich, ob sie den Typus der *Femme fatale*, der einnehmenden Musikerin oder der aufopfernden Mutter mimt, in ihren unterschiedlichen Rollen macht sie jedes Mal eine überzeugende Figur.
Diesmal ist aber alles ganz anders. Tief unten im Erdinneren, direkt unter dem Central Park in New York wimmelt und krabbelt es. Wir finden uns inmitten einer riesigen Ameisenkolonie wieder. Unzählige dieser kleinen Insekten führen ein geschäftiges Leben. Und eine dieser Ameisen ist eine gewisse Azteca. Und Azteca ist Jennifer Lopez. Zumindest leiht die Latina der Ameisenfigur ihre Stimme. Denn der Film, an dem Jennifer mitwirkt, ist kein Spielfilm. Es handelt sich um den computeranimierten Trickfilm *Antz*, in dem namhafte Hollwood-Schauspieler als Synchronsprecher agieren.

INHALT: Dass Tiere ein Seelenleben haben, sollte weitläufig bekannt sein. Sicherlich fällt es schwer, dies auch Ameisen zuzusprechen. Doch *Antz* belehrt uns eines Besseren. Wir lernen Z-4195 (kurz: Z) kennen, eine verzweifelte junge Arbeitsameise auf der Suche nach dem Sinn und den wahren Freuden des Lebens. Z sucht einen Psychologen auf, um über seine Probleme zu sprechen. So leidet er sehr unter seiner unglücklichen Kindheit, weil ihn seine Mutter nie beachtet hat. Schließlich sei er ja nur

das mittlere von ihren fünf Millionen Kindern und fühle sich daher allein gelassen. Seinen Vater hat er nie gekannt; der Schuft ist einfach abgehauen, als Z noch eine Larve war.
Außerdem leidet Z sehr unter seinem Dasein als Arbeitsameise. Angeblich gibt es nur zwei Bestimmungen für Ameisen: Entweder man kommt zur Ameisenarmee oder wird Arbeiter. Z ist letzteres Schicksal beschieden. Doch Z erkennt, dass dies allein nicht glücklich macht, und fühlt, dass seine wahren Bedürfnisse untergraben werden. Das zermürbende Fazit nach der Therapiesitzung: Z muss sich eingestehen, dass er wirklich unbedeutend ist.
Doch er will sich diesem Schicksal nicht hingeben und sucht Auswege. Bei seinen Freunden und Freundinnen findet er keine Unterstützung. Weder sein Busenfreund, das Muskelpaket Weaver, noch die sexy Arbeiterin Azteca können seine Wünsche verstehen. Bei einem Blattlausbier in der Ameisenbar hört Z von einer anderen Ameise zum ersten Mal von dem sagenumwobenen Insektopia, einer Art Insektenparadies. Sein Ehrgeiz ist gepackt: Er will nach Insektopia.
Zuvor verliebt er sich jedoch unglücklich in die attraktive Prinzessin Bala, die – zunächst unerkannt – ausgerechnet den unscheinbaren Z in der Bar der Ameisenarbeiter zum Tanz auffordert. Bala ist gelangweilt von ihrem Leben in der königlichen Familie und will sich unter das »normale« Ameisenvolk mischen. Doch Bala ist bereits mit dem diabolischen General Mandible verlobt, der ihr allerdings zugewiesen wurde; verliebt ist sie nicht in ihn.
Zs Freund Weaver ist Soldat bei der Ameisenarmee. Die beiden tauschen ihre Rollen, weil Z in die Armee möchte, um der königlichen Familie zu salutieren und Bala wieder zu sehen. Doch plötzlich findet sich der ahnungslose Individualist in einem blutigen Schlachtengetümmel gegen die dreimal so großen Termiten wieder, die das Ameisenvolk bedrohen. Z kehrt durch eine Verkettung zahlreicher Missverständnisse als einziger Überlebender des Gemetzels in die Kolonie zurück und wird unfreiwillig zum Volkshelden auserkoren.
Doch Z will etwas anderes: das Herz von Bala erobern. Kurzerhand nimmt er Bala als Geisel und die beiden tauchen in einer

ganz anderen Welt wieder auf: Insektopia – für Z gleichbedeutend mit dem Garten Eden. Doch Zs und Balas Ausflug nach Insektopia kommt einem Selbstmordversuch gleich. So ertrinken die beiden fast in einem für sie überdimensional großen Regentropfen, werden um ein Haar von den Strahlenbündeln einer Lupe niedergebrannt oder kleben plötzlich am Kaugummi an der Turnschuhsohle eines Menschen. Sandwichbrote und Getränkedosen wirken aus der Insektenperspektive so hoch wie für uns Manhattans Wolkenkratzer – und dann ist da noch das Wespenpärchen, das um ein Vielfaches größer ist als die beiden flüchtigen Ameisen. Zärtlich knüpfen Z und Bala in der neu gewonnenen Freiheit die ersten zarten Bande, bis das turtelnde Pärchen von der Palastwache überrascht wird, die Prinzessin Bala zurück in den Ameisenbau bringt.

Z gilt nun als Staatsfeind Nummer eins und muss auf der Hut sein, denn vor allem der intrigante und faschistoide General Mandible ist ihm auf den Fersen. Er will nicht nur Zs Bestreben unterbinden, dass die Arbeiterameisen nicht mehr wie Sklaven ihre Arbeiten verrichten müssen, er will auch einen ganz neuen Staat erzwingen, mit Ameisen vergleichbar den Herrenmenschen im Dritten Reich. Arbeiterameisen haben in den Augen Mandibles dort keinen Platz und sollen daher getötet werden.

Z durchschaut Mandibles Pläne, bringt die königliche Familie, Bala, alle Freunde und schließlich das ganze Volk auf seine Seite, rettet den Ameisenhaufen zu guter Letzt vor dem Untergang und wird zum gefeierten Volkshelden. Und auch privat ist alles bestens: Prinzessin Bala und Z planen eine gemeinsame Zukunft. Sie wollen auch ein paar Kinder in die Welt setzen, jedoch zunächst höchstens ein bis zwei Millionen. Außerdem hat Z einen neuen Therapeuten gefunden, der ihn ins Larvenstadium zurückgeführt hat und ihm dadurch neue Erkenntnisse über seine Kindheit bringen konnte.

HINTERGRUNDINFORMATIONEN: *Antz* ist ein Film, der komplett an den Computern der führenden Animationsfirma Pacific Data Images (PDI) in Palo Alto, Kalifornien, und in Kooperation mit der von Steven Spielberg gegründeten Filmfirma DreamWorks entsteht. PDI ist in der Vergangenheit vor allem für fantastische

Spezialeffekte großer Hollywood-Filme und Musikvideos in Erscheinung getreten. Zu den wichtigsten Filmen zählen *Ghost – Nachricht von Sam/Ghost* (USA 1989) und *Batman & Robin* (USA 1993). Auch an den Morphingszenen für Michael Jacksons Video *Black and White* aus dem Jahr 1992 ist PDI maßgeblich beteiligt.

Die Grundidee zu dem Film *Antz*, der ursprünglich *Ants* heißen sollte, haben die Animationskünstler bereits 1991, doch erst 1995 werden die Vorstellungen konkreter. Die eigentlichen Arbeiten beginnen dann 1996. Koregisseur Brad Lewis erinnert sich an die Anfänge: »Als wir 1996 anfingen, den Film zu entwickeln, hatten wir nur einen einzigen Satz. In einer Kolonie im Untergrund schaut sich ein Individuum um und sagt: ›Es muss etwas Besseres geben als das hier.‹ Dieser Satz hat uns zum Denken angeregt. Uns fiel so viel ein, dass wir nicht mal die Hälfte der Ideen verwenden konnten.«

Zu Beginn der Arbeiten wird ganz konventionell vorgegangen, mit dem Storyboard am Reißbrett. Hier werden die Charaktere und die Handlungsfäden entwickelt. Die Filmfiguren werden zunächst gezeichnet, anschließend mit Knetmasse modelliert, um dann als dreidimensionales Drahtgittermodell in den Rechner gescannt zu werden. Texturen und die richtige Beleuchtung werden später per Computer hinzugefügt. Außerdem setzen die Tricktechniker über 750 Spezialeffekte für die Ameisengeschichte ein. Wasser, Feuer und Rauch spielen schließlich eine immense Rolle.

Antz sieht sich von Anfang an harter Kritik und Konkurrenz ausgesetzt. Das 1997/98 noch relativ kleine und unbedeutende Animationsstudio PDI etabliert sich erst mithilfe von DreamWorks in der Branche und kann sich seit dem überzeugenden Erfolg in eine Reihe mit Giganten wie George Lucas' Industrial Light & Magic und Disneys Pixar Animations einordnen.

Vor allem Pixar Animations sieht die Konkurrenz aus Palo Alto überhaupt nicht gern. Sicherlich verständlich, denn PDI scharrt bereits im Vorfeld ordentlich mit den Hufen und fordert selbst etablierte Disney-Charaktere wie Mickey Maus und Donald Duck heraus. Außerdem wird *Antz* genau zwischen zwei Animationsfilme von Pixar platziert: zwischen *Toy Story* (1996), dem ersten ausschließlich computeranimierten Film überhaupt, und dem direkten Disney-Pixar-Konkurrenzprojekt *Das große Krabbeln/A Bug's Life* (USA 1998). In *Das große Krabbeln* machen ebenfalls Insekten mobil; hier sind es allerdings Nashornkäfer, Grashüpfer, Käfer und Gottesanbeterinnen.

Es kommt zu einer gewaltigen Medienschlammschlacht zwischen Pixar und PDI. Steve Jobs, Chef von Pixar, bezeichnet *Antz* im Vergleich zu seinem Krabbelfilm als »großen Müll« und unterstellt den Produzenten der Ameisengeschichte, die Idee schlichtweg von Pixar geklaut zu haben. Eine wichtige Rolle in diesem Streit spielt Jeffrey Katzenberg, der zuvor für Disney arbeitet und maßgeblich an der Produktion der Blockbuster *Good Morning Vietnam* (USA 1989), *Pretty Woman* (USA 1990) oder der Zeichentrickversion von *Die Schöne und das Biest/The Beauty and the Beast* (USA 1991) beteiligt ist. Katzenberg trennt sich 1994 von Disney im Streit, weiß allerdings angeblich schon über den geplanten Insektenanimationsfilm Bescheid, da erste Planungen 1994 anlaufen.

Was immer von solchen Streitigkeiten zu halten ist, *Antz* ist aufgrund seiner tricktechnisch perfekten Umsetzung ein gelungener Geniestreich und steht Disneys *Das große Krabbeln* in nichts nach. Die Herausforderung mit Disney nimmt Katzenberg 1998 erneut auf. In Konkurrenz zu dem 1998er Disney-Zeichentrickfilm *Mulan* schickt er den Trickfilm *Der Prinz von Ägypten/The Prince of Egypt* ins Rennen – mit sensationellem Erfolg.

Gerade in der heutigen Zeit verlaufen technische Neuerungen äußerst rasant. Vieles, was gestern noch als modern und zukunftsweisend galt, ist heute bereits veraltet. Die Journalistin Anna Martin interviewt für die *Süddeutsche Zeitung* die beiden Regisseure von *Antz*, Eric Darnell und Tim Johnson, auch in Bezug auf die Problematik, dass *Antz* bereits bald »altmodisch« wirken könnte; darauf Darnell: »… Die besten Filme sind zeitlos. Und ich glaube, Animation hat dazu noch mehr das Potenzial als Liveaction. Ich erinnere mich, als ich in der Schule war, Animationsschule, kam mein Professor rein und zeigt mir, dass *Bambi* in den Top Ten ist. Das war irgendwann in den Achtzigern, als *Bambi* wieder aufgeführt wurde. *Bambi* wurde vor über 50 Jahren gemacht. Vor über 50 Jahren!«

Antz hat durchaus das Zeug, ein Trickfilm zu werden, über den sich auch Generationen später noch Zuschauer amüsieren könnten. Dafür sorgt auch die überzeugende Story mit ihren zeitlosen Aspekten. Die Drehbuchautoren Todd Alcott, Chris und Paul Weitz entwickeln eine Geschichte, die für jedes Alter interessant ist. Für die jüngeren Zuschauer ist *Antz* zunächst eine spannende und zugleich lustig anzuschauende Abenteuergeschichte. Das ältere Publikum dürfte darüber hinaus von dem schwarzen Humor und den Parallelen zur Historie aus Film und Politik angetan sein. So ähnelt der Ameisen-Arbeiterstaat, in dem das Wohl der Gemeinschaft und nicht das des Einzelnen als wichtig erachtet wird, sehr stark den DDR-Strukturen. Der skrupellose General Mandible wiederum, der vorhat, einen perfekt kontrollierten Staat mit ausschließlich »hochwertigen« Ameisen zu schaffen, lässt Erinnerungen an die Diktatorenherrschaft im Dritten Reich wach werden.
Außerdem werden Anspielungen auf Filmklassiker gemacht. Als sich Prinzessin Bala und Z zum ersten Mal in der Ameisenbar begegnen und gemeinsam zu dem kubanischen Volkslied *Guantanamera* ausgelassen tanzen, wird die Tanzszene aus Tarantinos *Pulp Fiction* persifliert. Bei der Darstellung der Unterwelt ließ sich die Art-Direktorin Kendal Cronkhite von Fritz Langs legendärem Klassiker *Metropolis* (Deutschland 1927) und von Terry Gilliams surrealer Zukunftsvision *Brazil* (GB 1984) ebenso inspirieren wie von der surreal-barocken Architektur des spanischen Baumeisters Gaudi. Hinzu kommen die unterschiedlichsten Charaktere, die sowohl ein Entwicklungspotenzial besitzen als auch die Möglichkeit der Identifikation für den Zuschauer bieten.
Besonderen Anlass zum Amüsieren haben diejenigen, die *Antz* in der unsynchronisierten Originalfassung sehen. Erstklassige Hollywood-Schauspieler geben sich die Klinke in die Hand und leihen den titelgebenden Insekten ihre Stimme.
Eine herausragende Leistung ist hier vor allem Woody Allen zuzuschreiben, der der neurotischen Arbeitsameise Z-4195 seine Stimme gibt. Schließt man die Augen, glaubt man in einem typischen Allen-Film zu sein, schließlich ist Z eine Figur, die – wie man es aus Woody-Allen-Filmen kennt und liebt – ihre Neurosen

hat, sehr viel über das Leben philosophiert und von Anfang an der liebenswerte und gleichzeitig bemitleidenswerte Held ist. Die Anfangsszene von *Antz*, als Z im Psychologensessel liegt, lässt Erinnerungen an Allen-Klassiker wie den legendären *Stadtneurotiker/Annie Hall* (USA 1977) wach werden. Z ist Woody Allen wie auf den Leib geschrieben.

Doch auch die Stimmen der anderen Akteure entsprechen den typischen Filmcharakteren, die sie sonst meistens mimen. So wird Weaver, der vor Muskeln strotzende Freund Z, von Sylvester Stallone gesprochen. Sly dazu: »Weaver hat den Körper eines Löwen und das Gemüt eines Lammes.« Und Hollywoods Sexsymbol Sharon Stone spricht die attraktive Prinzessin Bala. Sharon genießt es, nur ihre Stimme zum Einsatz zu bringen und nicht ihren Körper. Natürlich gibt es auch einen Fiesling, den teuflischen General Mandible. Eine optimale Aufgabe für einen von Hollywoods Paradeschurken, nämlich Gene Hackman. Dieser schlüpft sehr gerne in seine Insektenrolle: »Als Ameise konnte ich so böse sein, wie in keinem meiner Live-Action-Filme!« Weiterhin zu hören sind Dan Aykroyd als Wespe Chip und Anne Bancroft als Königin.

Natürlich gleicht auch der Sprechpart von Jennifer Lopez in vielen Teilen ihren bisherigen Rollen. Jennifer spricht die Arbeitsameise Azteca, die sowohl eine rigorose und taffe Arbeiterin ist als auch das verführerische Ameisenweibchen, das seine Reize einsetzt, um Zs Intimus Weaver zu imponieren; was ihr auch gelingt. Damit ist die Figur der Azteca durchaus vergleichbar mit der der Grace Santiago in *Money Train* oder der Karen Sisco in *Out of Sight*.

Die Schauspielerin ist von der neuen Erfahrung, an einem Animationsfilm teilzunehmen, begeistert. Vor allem an die Freiheiten, die diese Arbeit mit sich bringen, erinnert sie sich gerne: »Animation macht wirklich Spaß. Es gibt keine strikten Regeln am Set und man kann so viele unterschiedliche Sachen machen. Das hier ist eine ganz andere Art zu schauspielern.« Besondere Bedeutung misst Jennifer Lopez dem Umstand bei, dass sie diesmal nicht aufgrund ihres Aussehens, ihres Körpers und ihrer ethnischen Herkunft ausgewählt wird. Denn all dies steht für ihre Ameisenrolle nicht im Mittelpunkt. Nicht zuletzt beweist sie hiermit auch die be-

reits oben erwähnte Flexibilität. Jennifer Lopez macht nicht nur im Realfilm in den unterschiedlichen Genres eine gute Figur, sondern sie überzeugt auch als Synchronsprecherin.
In der Online-Edition des amerikanischen Boulevardmagazins *Entertainment Weekly* ist von Koregisseur Eric Darnell über Jennifer Lopez zu lesen: »Sie verfügt über diese großartige Kombination aus Kontrolle und Unverwundbarkeit – sie kam aus der Bronx und musste sich dort durchsetzen –, außerdem bringt sie eine gewisse Art der Sinnlichkeit mit. So etwas findet man heutzutage sehr selten.«
Selbstverständlich überzeugen auch die deutschen Synchronsprecher und -sprecherinnen. Nur verzichtet der deutsche Verleih leider darauf, ebenfalls prominente Schauspieler vor das Mikrofon zu holen, sondern entschließt sich dazu, die deutschen Synchronsprecher der entsprechenden Hollywood-Stars zu verpflichten. Im Falle von Z, im Original die Stimmy Woody Allens, ist dies auf jeden Fall ein köstlicher Glücksgriff. Wer schon öfter Allen-Filme sah, erkennt die Stimme von Wolfgang Draeger und fühlt sich sofort an die neurotischen Charaktere Allens erinnert. Geübte Filmgänger erkennen auch auf jeden Fall die Stimme ihrer Lieblingsstars, seien es Klaus Sonnenschein (für Gene Hackman), Thomas Dannenberg (für Sylvester Stallone) oder Martina Treger (für Sharon Stone). Jennifer Lopez' deutsche Stimme wird von Carola Ewert gesprochen.
Interessant ist noch ein Blick auf die Songauswahl. Neben dem Score von Harry Gregson-Williams sind auch diverse Musiktitel zu hören. In einer Variation kommt John Lennons Klassiker *Give Peace a Chance* aus dem Jahr 1969 zum Einsatz und bei der bereits zitierten Tanzszene der kubanische Song *Guantanamera*. Als es Z und seine Angebetete nach Insektopia verschlägt, sehen sie klar und deutlich: Sie sind in einer neuen Welt angekommen. Welcher Song fasst das treffender zusammen als der Reggae-Klassiker von Johnny Nash, *I Can See Clearly Now* aus dem Jahr 1975; hier allerdings interpretiert von Neil Finn, dem ehemaligen Sänger der australischen Softrockband »Crowded House« *(Don't Dream It's Over, Weather With You)*. Ebenfalls am Soundtrack beteiligt: Doris Day mit ihrem 50er-Jahre-Song *High Hopes*.
Alles in allem ist *Antz* wegen der perfekten Animationen und

der ausgefeilten Storyline ein gelungener Film, der aufgrund seiner Vielschichtigkeit Groß und Klein gleichermaßen gefällt – wobei der Film wegen seiner »Gewaltszenen« vielleicht nicht für die ganz Kleinen geeignet scheint. Die Ameisenkomödie macht deutlich, dass durch auf den ersten Blick steril anmutende Computertricks eine fast schon real erscheinende Welt auf die Leinwand gezaubert wird. Der Zuschauer findet sich schon bald in dem unterirdischen Leben mit den Ameisen zurecht und entdeckt sich in der einen oder anderen Figur selbst wieder.
Für Jennifer Lopez ist *Antz* die vorerst letzte Filmarbeit. Ausgerechnet vor dem bisherigen Höhepunkt ihres filmischen Erfolges, den Erfolgsjahren 1997/98 mit *U-Turn – Kein Weg zurück, Out of Sight* und *Antz* beschließt sie, sich eine Auszeit zu gönnen und das Filmstudio gegen das Plattenstudio einzutauschen.

KRITIKEN:
»Ameisen sind auch nur Menschen – superbe Technik, tolle Story, perfekte ›Besetzung‹!« (*TV Spielfilm* 23/1998)
»Im ›Kastensystem‹ eines Ameisenstaates fühlt sich der individualistische Arbeiter ›Z‹ unwohl. Er verliebt sich in eine Prinzessin und im Kampf um sie gelingt es ihm, die zerstörerischen Pläne eines faschistischen Generals zu vereiteln. Der uramerikanische Mythos des ›lonesome hero‹, der eine Gemeinschaft stabil erhält, ist umgesetzt in einen gänzlich am Computer produzierten Animationsfilm. Zwar wirkt der Ameisenstaat zu klinisch, die Geschichte zu einfach, dennoch unterhält der Film, dank der Bilder und – Woody Allen, der ›Z‹ die Stimme leiht.« (*Zoom* 11/1998)
»Das Rennen um den besten Insektenfilm hat für mich *Antz* klar gewonnen, zwar sind die Animationen in *Das große Krabbeln* noch besser, *Antz* ist aber hintergründiger, kritischer und filmbezogener. Somit ist dieser Film keinesfalls nur für die junge Zielgruppe interessant, da diese die Hintergründe meist gar nicht versteht. Empfehlen kann ich auf jeden Fall die Originalversion, da die Synchro einfach nur als perfekt zu bezeichnen ist (Woody Allen ist göttlich!). Der deutschen Version geht etwas von diesem Flair verloren, doch auch diese kann man getrost als gelungen bezeichnen.« *(http://members.xoom.com)*

12. Mit der Metro in die Vergangenheit

Debütalbum *On the 6* stürmt die Charts

»In meinen Filmen spiele ich immer nur eine bestimmte Figur. Ich bin stolz darauf, doch das bin ich nicht wirklich. Durch meine Musik erfahren alle mehr über das, was ich bin. Man kann sich dann nicht verstecken. Du kannst nicht vorgeben, jemand anderes zu sein, falls doch, bekommst du Probleme.«

JENNIFER LOPEZ

Die Ankündigung schlägt ein wie eine Bombe: Jennifer Lopez zieht sich für ein Jahr aus dem Filmgeschäft zurück, um ihre erste CD aufzunehmen. Und das zu einem Zeitpunkt, als sie mit dem riesigen Erfolg von *Out of Sight* fast schon auf dem Gipfel ihrer bisherigen Hollywood-Karriere angekommen scheint. Drehbuchautoren, Regisseure und die großen Studios werben um die nun heiß begehrte Latina. Doch Lopez winkt ab. Der Nachfolger zu *Out of Sight* wird auf sich warten lassen. Sie möchte ihrer dritten Leidenschaft frönen: der Musik.

»Es verschlug allen die Sprache. Ich glaube, es gab jede Menge Leute, die dachten, ich würde damit ganz gewaltig auf die Schnauze fallen«, äußert sich der angehende Popstar in einem *Amica*-Interview. Sie wird beweisen müssen, ob sie diese Vorwürfe Lügen strafen kann.

Immerhin gibt und gab es in der Geschichte des Show-Business schon häufiger mehr oder weniger erfolgreiche Versuche, die Grenzen zwischen Musik und Film zu überschreiten. Sei es, dass Film- und Fernsehdarsteller versuchten in der Musikszene Fuß zu fassen oder umgekehrt. Dabei ist die Kombination von Filmstar und Musikstar keinesfalls eine neuere Erscheinung. Vor allem in den ersten Jahrzehnten der Filmgeschichte ist es fast schon selbstverständlich, dass die Künstler sowohl singen als auch schauspielern konnten. Beispiele, auch aus späteren Zeiten, gibt es unzählige: Marlene Dietrich, Zarah Leander, Marilyn Monroe, Gene Kelly, Judy Garland, Barbra Streisand, Doris Day oder Bette Midler, um nur die bedeutendsten zu nennen. Doch spätestens in den 80er Jahren wird ein neuer Markt entdeckt. Charismatische Schauspieler werden zu Rock- und Popsängern aufgebaut. Es geht weniger um Talente, sondern um den einzelnen Typen, oft den Teeniestar. Wer als Serien- oder Filmschauspieler Erfolge feiern kann, der verkauft sicherlich auch gut Schallplatten. Da fallen einem Namen wie Don Johnson oder Bruce Willis ein, die in den 80er Jahren zum Teil recht erfolgreich zwischen den Genres agieren. Die Hits *Heartbeat*, *Heartache Away oder die* Aaron-Neville-Nummer *Tell It Like It Is* bringen Johnson zwischen 1987 und 1989 vor allem in Deutschland hohe Chartnotierungen ein. Willis versucht sein Glück mit der Rocknummer *Respect Yourself* oder dem »Drifters«-Klassiker *Under The Boardwalk* (beide 1987). *Respect Yourself* steht im Sommer 1987 auf Rang fünf der US-Billboard-Charts – für viele überraschend. Beide können mit ihren Aufnahmen tatsächlich ihre Qualitäten als Rockstars unter Beweis stellen.

Einer der erfolgreichsten Crossover-Künstler dieser Zeit ist sicherlich Phil Collins, der 1988 als »Genesis«-Schlagzeuger und Solosänger ins Schauspielfach wechselt. Mit der skurrilen Posträuberkomödie *Buster* landet er einen riesigen Kassenerfolg. Dabei liefert Collins auch einen Großteil des Soundtracks. *Two Hearts* und *A Groovy Kind of Love* (die alte Wayne Fontana & The Mindbenders-Nummer) sind praktisch weltweit auf vorderen Hitparadenplätzen zu finden.

Peinlichste Entgleisung ist sicherlich 1989 der *Baywatch*- und *Knight Rider*-Schönling David Hasselhoff, der es mit dem grausigen *Looking For Freedom* bis auf Platz eins der deutschen Charts schaffte. Im Original stammt der Song 1978 von einem gewissen Marc Seaberg; im gleichen Jahr lässt sich auch Tony Marshall dazu hinreißen, diesen Titel als *Auf der Straße nach Süden* zu verkaufen. Alle drei Versionen werden produziert von Jack White und sind zugegebenermaßen äußerst erfolgreich. Hasselhoff schiebt bis in die 90er Jahre Knaller wie *Is Everybody Happy* oder auf Deutsch gesungen *Wir zwei allein* nach. Doch lassen wir uns hier nicht weiter von irgendwelchen Freiheitssehnsüchten in die Abgründe der Musikgeschichte treiben und werfen wir noch einen Blick auf die 90er Jahre.

Und noch einmal eine Abfolge einer kleinen Fotogalerie: Jennifer Lopez als Sängerin

In den 90er Jahren gibt es zahlreiche Künstler, die zweigleisig fahren. Will Smith beispielsweise beginnt seine Karriere mit seinem DJ-Kollegen Jeff Townes und dem Gespann Jazzy Jeff & Fresh Prince. Mit *Summertime* (1991) und *Boom! Shake The Room* (1993 ein Nummer-eins-Hit in England) feiern sie ihre größten Erfolge. Dann kommen die großen Filmrollen: *Independence Day* (USA 1996), *Men in Black* (USA 1997), *Der Staatsfeind Nr. 1/Enemy of the State* (USA 1998) und 1999 *Wild, Wild West*. Für *Men in Black* und *Wild, Wild West* greift er auch als Rapper wieder zum Mikrofon. Hitnotierungen garantiert. Nach *Big Willie Style* 1998 erscheint mit *Willennium* 1999 sein zweites Soloalbum. Ein letztes äußerst erfolgreiches Beispiel in Sachen Doppelkarriere ist schließlich Whitney Houston. Ihre musikalische Karriere beginnt 1985 mit Hits wie *Saving All My Love For You* oder

I Wanna Dance With Somebody (Who Loves Me). Dann lässt sie sich in *Bodyguard/The Bodyguard* 1992 von Kevin Costner beschützen. Ihre Filmsongs *I Will Always Love You* (ursprünglich von Dolly Parton) und *I'm Every Woman* (im Original von Chaka Khan) werden zu Welthits. Sowohl an den musikalischen als auch filmischen Erfolg knüpft sie Mitte der 90er Jahre mit *Warten auf Mr. Right – Waiting to Exhale/Waiting to Exhale* (USA 1995) und *Rendezvous mit einem Engel/The Preacher's Wife* (USA 1996) an.
Und nun reiht sich Jennifer Lopez in diese Reihe ein. Ein sehr attraktives Aussehen gepaart mit schauspielerischem und tänzerischem Talent, das dürfte auch für eine erfolgreiche musikalische Karriere reichen. Doch hier steckt mehr dahinter. Für Jennifer ist es die Realisierung ihres dritten großen Talentes: des Singens. Es hätte auch anders kommen können, wie sie in einem Interview mit der niederländischen Tageszeitung *De Telegraaf* beteu-

ert: »Zufälligerweise bin ich erst durch meine Filmarbeit bekannt geworden. Einige Menschen haben jedoch Schwierigkeiten damit zu akzeptieren, dass ich auch andere Dinge machen kann außer zu schauspielern. Sie können es daher nicht nachvollziehen, dass ich singe. Sie denken, ich gehöre in eine andere Kategorie ... doch ich lasse mich nicht in irgendeine Schublade stecken. Mich haben immer Leute inspiriert wie Barbra Streisand oder Bette Midler, Frauen, die sich ebenfalls nicht in irgendeiner Form haben einengen lassen. Und wenn man sich die Filme in den 50er Jahren anschaut, sieht man doch, dass es fast schon selbstverständlich war, dass man nicht nur schauspielern, sondern auch singen konnte.«

Immer wieder, wenn es die Zeit zwischen den anstrengenden Filmaufnahmen zulässt, nimmt sie Songs für ein Demotape auf; vorwiegend auf Spanisch. Dieses Tape landet auf den Schreibtischen der großen Plattenfirmen Amerikas.

Am 12. Februar 1998 ist es dann so weit. Das Sony-Label The WORK Group (kurz: WORK) nimmt Jennifer unter Vertrag. Dabei hätte sie übrigens schon lange vor ihrer erfolgreichen Filmkarriere einen Plattenvertrag haben können. Jeff Ayeroff, der schon für Paula Abdul, Madonna und Janet Jackson zuständig war, befindet sich Anfang der 90er Jahre im Auftrag für Virgin Records auf Talentsuche und hätte Jennifer fast verpflichtet. Also zu der Zeit, als sie noch in *In Living Color* als Fly Girl ihre ersten Kameraerfahrungen sammelt: »Jennifer hat das gewisse Etwas«, ist Ayeroff in *Mirabella* überzeugt, »sie hat den Drive, die Persönlichkeit, sie kann unglaublich gut tanzen – und sie ist hinreißend.«
Ayeroff wechselt später von Virgin zu Sony, ist dort mittlerweile stellvertretender Präsident von WORK und verpflichtet Lopez eben nun, in Absprache mit seinem Chef Tommy Mottola. Für Jeff Ayeroff ist es überhaupt kein Problem, dass die Latino-Künstlerin mittlerweile eine etablierte Schauspielerin ist. Ganz im Gegenteil: »Die Tatsache, dass sie als Kinostar erfolgreich ist, kann nur ein Vorteil für uns sein.«
Als bekannt wird, dass Jennifer bei Sony unterzeichnet, brodelt die Gerüchteküche. Sony-Boss Mottola, der Anfang der 90er Jahre Mariah Carey entdeckt, fördert und schließlich auch ehelicht, soll nun ein Verhältnis mit der Lopez haben. (Mottola ist übrigens mittlerweile von Megastar Carey geschieden.) Jennifer äußert sich zu den Gerüchten nicht, was entsprechend für neue Schlagzeilen sorgt. Wie auch immer, wenn Frauen Karriere machen, da spielt die Branche fast schon gar keine Rolle, wird schnell von so genannten Beischlafkarrieren gesprochen. Das Wort »Besetzungscouch« fällt oft in diesem Zusammenhang. Talent und Ehrgeiz kommen da erst an zweiter Stelle. Ob nun Affäre oder nicht, für Jennifer Lopez sprechen selbstverständlich noch andere Attribute, die weit über Sex, Erotik und Schlafzimmerblick hinausgehen.
Tommy Mottola hatte schon oft den richtigen Riecher. Neben Mariah Carey baut er Anfang der 90er Jahre konsequent die Karriere der Kanadierin Céline Dion mit auf, die spätestens 1998 mit dem *Titanic*-Titelsong *My Heart Will Go On* zu den großen Diven der Popmusik aufsteigt. Doch auch in puncto Latino-

Musik ist Mottola ganz am Puls der Zeit. Neben Ricky Martin sorgt er dafür, dass auch Marc Anthony 1999/2000 zu den großen Stars dieses Genres wird. Die Verantwortlichen von Sony Music sehen in Lopez' Album *On the 6* angeblich den Versuch, die kulturelle Kluft zwischen den Hispanics und den Durchschnittsamerikanern zu überwinden, und hoffen, dass das Album nicht nur bei dem lateinamerikanischen Publikum auf eine große Akzeptanz stoßen wird.

Am 28. Mai 1999 liegt dann *On the 6* auf der ganzen Welt in den Plattenläden. Das Album steigt bereits eine Woche nach Veröffentlichung auf Rang acht in die US-Charts ein, in Deutschland wird das Album unter den ersten fünf notiert. Insgesamt werden sich die Verkäufe von *On the 6* gegen Ende des Jahres auf etwa drei Millionen Exemplare belaufen. Sicherlich eine stolze Bilanz. Neben dem Album erscheint auch eine erste Singleauskopplung: der flotte Dancefloorsong *If You Had My Lov*e. In den USA steht der Titel insgesamt fünf Wochen auf der Spitzenposition. Fast schon eine Ironie des Schicksals: Jennifer Lopez vertreibt ausgerechnet Latino-Kollege Ricky Martin von der Spitze der Hitparade, der diese zuvor mit seinem Sommerhit *Livin' La Vida Loco* anführte.

Auch in Deutschland ist die Zeit für heiße Latino-Rhythmen längst reif. Sommerliche Temperaturen locken die Plattenkäufer scharenweise in die Läden. Als Jennifer Lopez' Single am 12. Juli 1999 als höchster Neueinsteiger von null auf fünf in die offizielle deutsche Top-100-Single-Hitparade einsteigt, führt gerade Lou Bega mit seiner Perez-Prado-Adaption von *Mambo No. 5 (A Little Bit of …)* seit einigen Wochen die Hitliste an.

Sommerliche Klänge versprechen in dieser Woche Titel wie *The Rigga-Ding-Ding Song* von der Retorten-Band »Passion Fruit«, natürlich Ricky Martin, die englischen DJs Phats & Small mit *Turn Around* oder Coverversionen allseits beliebter Gassenhauer wie die Witzversion des alten »George Baker Selection«-Hits *Paloma Blanca*, neu interpretiert von zwei Pseudosachsen, den »Ö la Palöma Boys«. Ihre von Stefan Raab produzierte Version lautet *Ö la Palöma*. Zweithöchster *new entry* in Deutschland in dieser Woche nach Jennifer Lopez' *If You Had My Love* ist ebenfalls ein Sommerhit. Die aus Mallorca stammende Danceformation »Loona« schafft den Sprung mit *Mamboleo* aus dem Stand auf Rang sechs – übrigens eine Coverversion des Grönemeyer-Titels *Stau.* Insgesamt hält sich *If You Had My Love* 16 Wochen in der deutschen Hitparade. Die höchste Notierung bleibt Position fünf.

If You Had My Love ist der Opener von Jennifers Debütalbum. Produziert und geschrieben hat den Titel Rodney Jerkins, der schon für Michael Jackson und Soul-Newcomerin Brandy (*The Boy Is Mine*, 1998, zusammen mit Monica) am Mischpult saß. Jerkins produzierte in letzter Zeit auch einige Songs für Whitney Houston, zum Beispiel den 98er Song *It's Not Right But It's Okay* aus Whitneys Erfolgsalbum *My Love Is Your Love.* Für das im Mai 2000 erschienene Whitney-Album *The Greatest Hits* produzierte er den Midtempo-Song *If I Told You That*, das lange angekündigte Duett zwischen George Michael und Whitney Houston (D Nr. 58, 6/2000).

On the 6 führt die Zuhörer zurück in Jennifers Vergangenheit, zurück in die Zeit, als sie noch in der Bronx lebt und ihre ersten Schritte in Richtung Tanz- und Schauspielkarriere unternimmt. So ist mit *On the 6* die Metrolinie 6 gemeint, die Señora Lopez immer nahm, um eine Stunde von der Bronx nach Manhattan zum Tanzunterricht zu fahren oder einfach nur um sich in der Freizeit zu amüsieren.

Über ihre Einstellung zur Musik gibt Jennifer folgendes Statement ab: »Für mich ist ein Traum wahr geworden. Die Musik hat in meinem Leben immer eine wichtige Rolle gespielt. Es ist interessant: Wenn ich auf bestimmte Zeiten zurückblicke, gibt es immer einen Song, der mich mit diesen Zeiten verbindet. Weihnachten war immer die Zeit des Salsa und Merengue ... und ich erinnere mich an *All Cried Out* von »Lisa Lisa & Cult Jam«*, als

---

* »Lisa Lisa & Cult Jam« aus New York verarbeiten ab Mitte der 80er Jahre erfolgreich Elemente aus Rhythm & Blues, Latin und Hip-Hop in ihren Songs, die vor allem in den USA sehr erfolgreich sind. *All Cried Out* steht im Juli 1986 auf Platz acht der Billboard-Charts. 1987 stehen sie mit *Head To Toe* und *Lost In Emotion* jeweils auf Platz eins in Amerika. Weitere Hits lauten: *I Wonder If I Take You Home* (1985) und *Little Jackie Wants to Be a Star* (1989). Produziert und entdeckt werden sie von der Hip-Hop-Crossover-Band »Full Force«.

ich 13 oder 14 war, denn damals erlebte ich meinen ersten Liebeskummer.« *On the 6* bedeutet für Jennifer ein sehr persönliches Album: »Die Musik auf dieser Platte ist unmittelbar mit der Person verbunden, die ich bin, mit all den Einflüssen, mit denen ich aufgewachsen bin.«

So wird *On the 6* schließlich ein Album, das Jennifers Sehnsüchte, Erinnerungen und Leidenschaften zum Ausdruck bringt. Die Einflüsse gehen zurück bis in ihre Kindheit und Jugend. Das Album ist quasi ein Querschnitt der Musikstile, von denen sie in ihrem Leben geprägt wurde.

Neben der bereits zu Beginn dieser Biografie erwähnten *West Side Story* beeinflussen Jennifer vor allem Soul und Hip-Hop-Titel. Ihre erste Berührung mit dem Hip-Hop-Genre erlebt sie, wie viele andere Jugendliche zu der Zeit auch, im Jahr 1979, als die aus Harlem stammende »Sugarhill Gang« mit ihrer Maxi-Single *Rapper's Delight* den ersten kommerziell erfolgreichen Rapsong überhaupt veröffentlicht (in Deutschland Nr. 3, in den USA Nr. 45).

Jennifer definiert ihren Sound als »Latin Soul«: »Es gibt einen Grund, weshalb ich meine Musik Latin Soul nenne. Es ist die Mischung aus den verschiedensten Stationen meines Erwachsenwerdens. Ich wurde bekannt zu dem Zeitpunkt, als Hip-Hop und R 'n' B bei jedermann beliebt waren und Latin Freestyle seinen Höhepunkt hatte. Ich wollte all dies schon immer unter dem Dach der Popmusik vereinen … Ich erinnere mich an mein erstes Gespräch, das ich mit den Vertretern der Schallplattenfirma führte. Sie waren nicht besonders überzeugt von meiner Idee, die verschiedensten Stilrichtungen zu verknüpfen. Aber sie waren großartig, sie gaben mir ihre volle Unterstützung. Nachdem sie einige meiner Stücke gehört hatten, wurde ihnen bewusst, was ich damit erreichen wollte.«

Für die Auswahl ihrer Titel lässt sich Jennifer einige Zeit. Um das richtige Material zu finden, hört sie sich Songangebote von Autoren und Produzenten der unterschiedlichsten Stilrichtungen an. Soul-Producer Babyface (u. a. R. Kelly, Stevie Wonder) oder die schon seit Jahrzehnten erfolgreiche Autorin Diane Warren (u. a. für Michael Bolton, »Heart«, »Aerosmith«, »Starship«) bieten ihr Titel an. Doch sie entscheidet sich für Kollegen, die eher in

Richtung Latin und Rhythm and Blues erfahren sind. Eine zweite Whitney Houston oder Faith Evans möchte sie jedoch nicht werden. Schlussendlich wählt sie die Melodien aus, die sie *back to the roots* führen: »Ich spürte genau, dass es wichtiger war, weniger Popsongs zu haben und dafür mehr von der ursprünglichen Latino-Musik. Natürlich bedurfte es einiger Mühe, dies [Sony] klarzumachen«, erklärt sie *Cosmopolitan.*

Bei der Produktion des Albums verlassen sich die Beteiligten also nicht auf etwaige Zufälle. Hochkarätige Produzenten und Autoren aus der Latino-, Hip-Hop- und R'n'B-Szene versammeln sich, um mit *On the 6* ein ausgefeiltes Album zu entwickeln. Der größte Einfluss ist gewiss Emilio Estefan jr. zuzuschreiben. Emilio ist der Ehemann des kubanischen Superstars Gloria Estefan. Emilio, Gloria und Jennifer kennen sich persönlich und beschlossen schon vor einiger Zeit, einmal zusammenzuarbeiten. Das Ergebnis lässt sich hören: *Let's Get Loud.* Ein fast schon hymnisch anmutender Song mit Latino-Einflüssen. Dieses Lied nimmt Jennifer zusammen mit Emilio Estefan in South Beach auf. Über die Entstehungsgeschichte des Titels weiß sie zu berichten: »Er [Emilio] spielte mir eine Reihe von Tracks vor, dann erinnerte sich Gloria an einen Song, den sie einmal aufgenommen hatte, es dann jedoch ablehnte, ihn selber zu veröffentlichen. Gloria war es, die Emilio vorschlug, mir diesen Song zu geben.«

Weitere Songs, an denen Estefan für *On the 6* als Produzent tätig ist, sind *Could This Be Love,* das Duett mit Marc Anthony *No Me Ames* und *Baila. Baila* wird Teil des Soundtracks der romantischen Komödie *Music of the Heart* (Regie: Wes Craven), die im Jahr 2000 in die Kinos kommt. Latino-Ikone Gloria Estefan spielt hier neben Meryl Streep und Angela Basset. Kennen gelernt haben sich die Estefans und Jennifer Lopez 1996, ein Jahr bevor Jennifer mit *Selena* ihren großen Durchbruch hat. Gloria Estefan führt in Miami Beach ihr kubanisches Restaurant »Larios«, in dem auch Ojani Noa, Jennifers erster Ehemann, arbeitet. Emilio schwärmt in einem Interview mit *InStyle* von Jennifer: »Sie ist sehr engagiert. Der Erfolg, den sie nun hat, kam nicht über Nacht.«

Ebenfalls mit von der Partie ist Ric Wake, der bereits sehr erfolgreich für Céline Dion tätig ist. So produziert er deren Hitsingles

Love Can Move Mountains (1992) und *Treat Her Like a Lady* (1997; im Original von Diana King). Ric Wake produziert für die Lopez-CD *Waiting for Tonight* und *Promise Me You'll Try*. Für Hip-Hop-Klänge sorgen Poke and Tone alias »Track Masters«, die z. B. das Will-Smith-Album *Big Willie Style* mit den Hits *Miami*, *Gettin' Jiggy Wit It* und *Just the Two of Us* produzierten. Zu den Kunden der ›Track Masters‹ zählen auch Rap-Superstars wie Nas *(If I Ruled the World)* oder L. L. Cool J *(Phenomenon, I Need Love, Doin' it)*. Jennifer über die Zusammenarbeit: »Die ›Track Masters‹ gaben uns den speziellen Gitarrensound für diesen Titel und es klang wie die ›Gipsy Kings‹ und ich war total aus dem Häuschen, denn genau danach hatte ich gesucht.« Ergebnis ist die getragene Ballade *Should've Never*, zu der Jennifer übrigens einen Teil der Lyrics beisteuert. Dem Stück liegt ein Sample der »Gipsy Kings« zugrunde, der Titel *Love and Liberte*.
Und schließlich taucht noch ein gewisser Sean »Puffy« Combs bei den Credits auf. Der Rap-Megastar und spätere Liebhaber der Lopez zeichnet verantwortlich für einen weiteren Tophit aus *On the 6*: *Feelin' So Good* (2000; D Nr. 39, UK Nr. 15). Puff Daddy, der Meister des Musikrecyclings, bedient sich diesmal Versatzstücken von »Fat Joe and The Big Punisher« – zwei äußerst erfolgreichen Rappern und Hip-Hoppern aus der Bronx, die den ursprünglichen Streetsound, den Jennifer stark an ihre Jugend erinnert, dem Publikum näher brachten. Big Pun(isher) steht mit seinem 2000er Album *Yeeeah Baby* im Frühjahr auf Rang drei der US-Albumcharts.
Die beiden Rapper kennen Jennifer noch aus ihrer Schulzeit. Sie äußern sich in *Vibe* über ihre ehemalige Klassenkameradin. Fat Joe: »Als ich hörte, dass sie eine Platte machen würde, war ich baff. Jennifer Lopez? Vielleicht bekommt sie ja wirklich einen Plattenvertrag, so ehrgeizig wie sie ist. Und sie kann *singen.* Sie wird ein großes Ding daraus machen. Ich weiß nicht, ob sie es schaffen wird, so erfolgreich wie Mariah Carey zu werden, doch sie wird Millionen Alben verkaufen können.« Und Big Pun: »Jennifer repräsentiert all das, was wir [Latinos] sind: schön, sinnlich, intelligent, stolz. Als ich jung war, spielte sie immer in den ›Kips Bay Boys & Girls Clubs‹. Sie schauspielerte und tanzte immer. Sie hat genau das Richtige getan.«

Eine besondere Ehre ist es für Jennifer Lopez, ein Duett mit dem erfolgreichsten Salsa-Sänger aller Zeiten, Marc Anthony, einzuspielen. Für *On the 6* nehmen Anthony und Lopez das Duett *No me ames* auf. *No me ames* gibt es auf *On the 6* sowohl in einer poppigen Version als »Tropical Remix« als auch als sanfte »Ballad Version«. Als Autoren für *No me ames* werden übrigens die Italiener Giancarlo Bigazzi, Alesandro Baldi und Marco Falagiani genannt.

Für Freunde des italienischen Schlagers dürfte Bigazzi kein Unbekannter sein. Er gilt als einer der bedeutendsten italienischen Hitautoren. Vor allem seine Zusammenarbeit mit Superstar Umberto Tozzi ist hier hervorzuheben. So ist Bigazzi maßgeblich an Tozzis Megahits *Ti amo* (in der deutschen Version von Howard Carpendale ein Superhit), *Gloria* und *Tu* beteiligt. Für Adriano Celentanos Ehefrau Claudia Mori schreibt er 1982 den in Deutschland erfolgreichen Schlager *Non succederà più* (1982, Nr. 12).

Neben den renommierten und erfahrenen Songautoren taucht auch Jennifer Lopez selbst bei einigen Titeln als Beteiligte auf. So schreibt sie als Koautorin die Texte für *Should've Never*, *Too Late*, *Feelin' So Good* und *It's Not That Serious*. Als Komponistin tritt sie jedoch nicht in Erscheinung.

In einem Interview erklärt sie, dass sie sich dafür nicht kompetent genug fühle und es sicherlich genügend Leute auf dieser Welt gäbe, die in der Lage seien, bessere Stücke zu komponieren und zu produzieren.

If You Had My Love ist zweifelsohne der interessanteste Titel aus *On the 6*. Gleichzeitig auch die bislang erfolgreichste Nummer in den internationalen Single-Charts. Insgesamt werden vier Singles aus dem Album ausgekoppelt. Nach *If You Had My Love* folgt *Waiting for Tonight*. Der Song steigt am 29. November 1999 in Deutschland direkt auf Rang 21 ein und erreicht im Januar 2000 mit Platz 15 seine beste Platzierung. *Feelin' So Good* als dritte Auskopplung wird nur ein mittlerer Erfolg.

Im Mai 2000 veröffentlicht die Plattenfirma WORK den Titel *Let's Get Loud* als Single mit drei Remix-Versionen. *Let's Get Loud* steht Anfang August auf Rang 13 der deutschen Single-Charts und dank seiner Ohrwurmmelodie wird der Titel einer der Sommerhits des Jahres 2000 in Deutschland. Der Erfolg von *Let's Get Loud* führt auch dazu, dass Jennifers Album *On the 6* ein Jahr nach der Veröffentlichung wieder in die deutschen Longplay-Charts einsteigt und im August 2000 unter den Top Thirty notiert wird.

Trotz der hochkarätigen Besetzung bleibt Jennifers Hommage an ihre Vergangenheit ein eher durchschnittliches Album, das sicherlich nur bedingt als typisches Latino-Album einzustufen sein dürfte. Fetzige Rhythmen à la Ricky Martin oder traditionelle Klänge, mit denen Bands wie die »Gipsy Kings« oder »Los Lobos« zu überzeugen wissen, fehlen hier oder sie werden lediglich am Rande »zitiert«. Jennifer versteht es gekonnt, sich mit ihrer Stimme in Szene zu setzen. Sinnlich und erotisch haucht sie vor allem ruhigere Stücke ins Mikrofon. Allen voran die Ballade *Should've Never.*

Viel zu oft glaubt man, ein Déjà-vu-Erlebnis zu haben. Das flotte *Waiting For Tonight* erinnert stark an die typischen Italo-Discopop-Songs aus den 80er Jahren. Bei *Let's Get Loud* hört man Gloria Estefan als Autorin allzu deutlich durch. So wirkt der durchaus fetzige, als Sommerhit taugliche Song eher als Abklatsch altbekannter Estefan-Songs à la *Get On Your Feet* (1990) oder *Oye mi canto* (*Hear my voice,* 1989). *Promise Me You'll Try* klingt nach einer besseren Mariah-Carey-Ballade und die mit Hip-Hop-Klängen versehenen Nummern *Feelin' So Good* und *It's Not That Serious* erinnern an durchschnittliche Soulnummern mit Hip-Hop-Einflüssen.

Baila lässt die Zeiten der 80er Jahre anklingen, als Gloria und Emilio Estefan noch als »Miami Sound Machine« firmieren und mit Hits wie *Conga* oder *Dr. Beat* charten. *Una noche mas* ist dann noch die spanische Version des Hits *Waiting For Tonight* und den Abschluss bildet die Neuaufnahme des Klassikers *Theme from Mahogany (Do You Know Where You're Going To)*, den bereits Diana Ross 1975 erfolgreich interpretierte und der ihr Platz eins in den US-Charts einbrachte. Bei diesem Lied handelt es sich um den Titelsong des Kinofilms *Mahogany*, mit dem Soullegende Diana Ross 1975/76 die Rolle einer Modedesignerin übernimmt, die als Model Karriere macht, deren Privatleben dabei jedoch auf der Strecke bleibt.

Auf den Latin Soul, den Jennifer selbst propagiert, wartet man hier leider vergeblich. Zu glatt, zu kalkuliert klingen die Titel ihres Albums. Eine neue Stilrichtung ist hier nicht zu erkennen. Doch *On the 6* ist das ideale Album für einen schwül-warmen Sommerabend, das man getrost ins Reisegepäck packen kann, um sich irgendwo unter Palmen 71 schöne entspannte Minuten zu machen.

Insgesamt lassen sich recht unterschiedliche Kritikerstimmen sammeln. In der amerikanischen Ausgabe des Lifestylemagazins *Elle* ist im Juli 1999 zu lesen: »*On the 6* zeichnet sich aus als ein großartiges Album für einen Sommer in der Stadt; genau die richtige Mischung aus leidenschaftlicher Erotik, traurigen Balladen und einer Partymusik, unterlegt mit kräftigen Bässen. Lopez' Stimme ist klar und kräftig, so temperamentvoll wie die von Gloria Estefan.«

Im *Rolling Stone* (amerikanische Ausgabe) ist im Mai 1999 zu lesen: »Die erfreuliche Überraschung bei *On the 6* ist, dass Jennifer weiß, was sie tut.«

Das Magazin *musikexpress/SOUNDS* urteilt im Juli 1999 so: »*On the 6* ist ein bisschen Gloria Estefan, Mariah Carey, Gipsy Kings, Spice Girls, ein Hauch La isla bonita, ein paar harmlose Hip-Hop-Beats, Flamencogitarren, Kastagnettengeklapper, Disco-Stomp und gehauchter Gesang. Das alles wird dann zusammengewürfelt mithilfe von Edelproduzenten … und fertig ist das neue Genre: Latin Soul (O-Ton Lopez) ohne Seele (O-Ton *ME/Sounds*).«

Dass Schauspieler und Schauspielerinnen wie der sprichwörtliche Schuster bei ihren Leisten bleiben sollen, wie der Kritiker weiter konstatiert, wird allerdings mit den oben genannten Beispielen widerlegt. Und sollte auch im Fall von Jennifer Lopez nicht so stehen gelassen werden. Jennifers Talente in puncto Gesang, Schauspiel und Tanz sind gewiss unbestritten. Was *On the 6* vermissen lässt, ist der zündende Funke und die Authentizität, die die Latina eigentlich mit ihrem Latin Soul transportieren will.

Der Erfolg des Albums spricht aber auf jeden Fall für sich. Bei Manuskriptabschluss (August 2000) hat Jennifer folgende Auszeichnungen für *On the 6* und ihre Singles eingefahren:

Auszeichnungen

Album *On the 6*:

- 3fach Platin: Kanada
- 2fach Platin: Spanien
- Platin: Italien, Indonesien, Schweiz, Zentralamerika
- 2fach Gold: Großbritannien
- Gold: Deutschland, Frankreich, Japan, Niederlande, Belgien, Australien, Portugal, Singapur, Philippinen, Korea, Thailand, Taiwan, Malaysia, Hongkong, Neuseeland, Türkei, Indien, Chile und Sony Afrika

Single *If You Had My Love*:

- Platin: Australien, Neuseeland, USA
- Gold: Deutschland, Frankreich, Schweden, Schweiz

Auszeichnungen als Sängerin (Auswahl):

- 2 Brit-Award-Nominierungen in Großbritannien: a) als beste weibliche Solokünstlerin; b) bester internationaler Newcomer
- 2 Nominierungen für den MTV Europe Video Award
- 2 Amigo-Nominierungen (Spanischer Musikpreis, vergleichbar mit dem Grammy oder Echo)
- 2 Nominierungen für den American Music Award (AMA): a) als beste Newcomerin; b) als beste(r) Latino-Künstler(in)
- Ausgezeichnet mit dem American Latino Media Arts Award (ALMA) als weibliche Entertainerin des Jahres
- Ausgezeichnet mit dem Nickelodeon Kid's Choice 2000 Award in der Kategorie »Beliebteste neue Künstlerin«

Jennifer Lopez' Abstecher in popmusikalische Gefilde und der damit verbundene überragende Erfolg veranlassen viele Beobachter der internationalen Musikszene dazu, ausgerechnet Jennifer für den Latino-Boom verantwortlich zu machen, der 1999/2000 zu einer wahren Invasion an Latino-Stars führt. Wer auf dieser Welle mitschwimmt und ob es überhaupt eine neue Bewegung ist, gilt es im folgenden Kapitel näher zu betrachten.

13. La Vida Loco

Die große Latino-Welle in Film und Musik

»Maria Maria, she reminds me of a west side story, growing up in Spanish Harlem, she's living the life just like a moviestar ...«

SANTANA, *MARIA MARIA*

Wir schreiben das Jahr der Jahrtausendwende: Ein neues Millennium steht ins Haus. Die virtuelle Realität ist allgegenwärtig. Das World Wide Web dominiert das Geschehen. Die Welt wächst zusammen. Von Global Players ist die Rede, in der Wirtschaft, der Politik, der Gesellschaft im Allgemeinen. Und im Show-Business? Wir sehen Talkshows und Daily Soaps im Fernsehen, die Kinokassenschlager zeichnen sich weniger durch ihre Inhalte aus, eher durch ihre Specialeffects, ihre visuellen Reize und ihre Stars. Die großen Filmhits 1999/2000 lauten *Matrix/The Matrix* mit Keanu Reeves und *Star Wars – Episode 1: Die dunkle Bedrohung/Star Wars – Episode 1: The Phantom Menace*.

Hier macht sich ein Phänomen bemerkbar, das so gar nicht in diese Fortschrittswelt passt. Wir befinden uns mitten in einer Retrophase. Neue Ideen sind Mangelware. Die Rückbesinnung auf die vermeintlich »gute alte Zeit« hat Hochkonjunktur. Der Überblick geht leicht verloren. Sind nun die 70er Jahre in oder doch die 80er Jahre oder sind es Anfang 2000 schon die 90er Jahre? Wir gehen ins Kino, um altbekannte Helden anzusehen: Obi Wan-Kenobi, Darth Vader, Tarzan, Asterix & Obelix – sogar der gute alte William Shakespeare hat Konjunktur. Die Stoffe, aus denen die Träume sind, sind alle sattsam bekannt. Meg Ryan und Tom Hanks rühren uns in *E-M@il für Dich/You've Got Mail* zu Tränen, ganz zu schweigen von Julia Roberts, die ihre Zuschauer mit *Notting Hill* und *Die Braut, die sich nicht traut/Runaway Bride* in den Bann zieht.

Die Musik dieser Zeit? Alles schon mal da gewesen. Coverversionen überfluten schon seit Beginn der 90er Jahre die Charts, Ideenlosigkeit überall. 1999 heißen die recycelten Hits beispielsweise *All Out Of Love* (Andru Donalds, Original »Air Supply« 1980), *Changes* (2Pac, der selige Rapper vergreift sich hier an Bruce Hornsbys *The Way It Is* von 1986) oder das niedliche Rollergirl, das sich an Madonnas *Dear Jessie* wagt. Die »A*Teens« covern »ABBA«-Hits und so weiter. Newcomer gibt es auch. Da sind das All American Girl Britney Spears, ein zotteliges Monster alias Flat Eric oder die geniale kalifornische »Bloodhound Gang«, die in puncto Sexfantasien kein Blatt vor den Mund nimmt, und die finnische Rocksensation »HIM« mit ihrem Album *Razorblade Romance*. Doch die eigentlichen Stars, das sind Namen, die wir schon aus den 60er, 70er und 80er Jahren kennen. Whitney Houston landet endlich mal wieder einen großen Hit, Cher feiert ihr musikalisches Comeback, »Blondie« und leider auch »Modern Talking« tauchen wieder aus der Versenkung auf.

Und dann ist da noch ein gewisser Carlos Santana. Der Santana, der seine Zuhörer in längst vergangenen Jahrzehnten mit *Samba pa ti* zum Klammerblues einlud, dessen *Black Magic Woman* uns verzauberte und der mit *Jingo* lateinamerikanischen Zauber in die internationalen Hitparaden und auf die Tanzflächen brachte. Ebendieser Santana veröffentlicht im Sommer 1999 ein neues Album. Und nicht irgendein Album. Es heißt *Supernatural*. Der Titel ist Programm, obwohl die Verkaufszahlen zunächst nicht sehr erfreulich sind. Vielleicht fühlen sich nur ein paar Altachtundsechziger angesprochen, die meinen, *Supernatural* dürfe in ihrer Plattensammlung nicht fehlen.

Doch was geschieht dann? Junge, gut gebaute Frauen und Männer versetzen die Musikfans weltweit in Ekstase. Lateinamerikanische Klänge, für den Mainstream-Geschmack produziert und promotet, erobern zunächst die USA und dann auch ganz Europa. Ricky Martin, Enrique Iglesias, Marc Anthony und selbstverständlich Jennifer Lopez heißen die Stars der Saison. Ihre Hits handeln vom »Vida Loco«, laden ein zum Tanzen *(Bailamos)* oder bringen die längst verloren gegangene Erotik zurück in die Hitlisten und auf die Tanzflächen *(If You Had My Love)*. Die Welt will eintauchen. Eintauchen in eine heiße Nacht voller fetziger Latino-Rhythmen. Die Lateinamerikaner sind im Kommen. Von einem wahren Latino-Boom ist 1999/2000 die Rede.

Doch der Reihe nach. Woher kommt dieser so genannte Boom? Ist es eigentlich überhaupt ein Boom und etwas ganz Neues oder ist am Ende doch schon einmal alles da gewesen?
Am Anfang soll eine Begriffsdefinition stehen. Im *Handbuch der populären Musik* von Peter und Kai-Erik Wicke und Wieland

Jennifer mit Latino-Sängerkollege Ricky Martin

Ziegenrücker findet man unter dem Stichwort lateinamerikanische Musik: »Sammelbezeichnung für die Musik jener Weltregion, die die Staaten Mittel- und Südamerikas sowie die karibische Inselwelt umschließt. Es ist dies ein Gebiet, dessen Kultur und Sprache maßgeblich durch Einflüsse von der Iberischen Halbinsel Europas, also aus Spanien und Portugal, geprägt wurde.« Diese Einflüsse feiern seit der Entdeckung Amerikas im Lauf der Jahrhunderte ihren Siegeszug zunächst in den lateinamerikanischen Ländern, später erobern sie die ganze Welt.
Kennzeichnend für die musikalische Vielfalt der späteren Latino-Musik sind vor allem schnelle Rhythmen, ursprünglich vor allem gespielt mit Schlag- und Percussionsinstrumenten und den Traditionsinstrumenten der südamerikanischen Ureinwohner wie Flöten, Panflöten oder Okarinas. Ausdruck der brasilianischen Folklore ist der alljährlich wieder gefeierte Karneval, vor allem in Rio de Janeiro.
Ebenfalls stark von hispanischen, aber auch von indianischen Einflüssen geprägt ist die Volksmusik Mexikos. Neben den für Brasilien typischen Schlaginstrumenten hält hier die Gitarre ihren Einzug. Es entsteht die Mariachi-Musik, bei der zudem Trompete und Geige benutzt werden. Besonders wichtig ist ebenfalls der eindrucksvolle Sologesang.
Ihren Weg finden alle diese Elemente auch in die Popularmusik; zu nennen sind die lateinamerikanischen Standardtänze wie der Tango (Argentinien), Rumba und Cha-Cha-Cha (Kuba), Samba und Bossa nova (Brasilien). Aus der Karibik stammen Tänze wie der Mambo oder der Merengue aus Haiti oder der Modetanz Lambada, der es 1989 dank der Gruppe »Kaoma« zu weltweiter Bekanntheit bringt.
Alle diese Einflüsse verschmelzen in Nordamerika mit den sich dort entwickelnden Musikstilen. So entsteht in den 40er Jahren des 20. Jahrhunderts der so genannte African Cuban Jazz, dessen sich auch der legendäre Dizzy Gillespie (1917–1993) bediente. Einer der herausragendsten Vertreter diese Genres ist der Pianist und Bandleader Tito Puente (* 1923, † 2000, *Oye como va*), den auch Jennifer Lopez' Mutter sehr verehrte. Zum ersten Mal in der Geschichte der US-Hitparade steht 1958 ein Titel in den Charts, der ursprünglich ein Folkloresong mexikanischen Ur-

sprungs ist: *La bamba*, in der Version des damals gerade 17-jährigen Kaliforniers Ritchie Valens (1941–1959).
Valens beschäftigt sich dabei mit dem so genannten Tex-Mex-Stil, der Musik der Chicanos, der Bevölkerungsminderheit der in den USA lebenden Mexikaner. Valens versuchte mit dem Song *Come on, Let's Go* erfolgreich an den Erfolg von *La bamba* anzuknüpfen. Größter Hit Valens' ist das von ihm geschriebene Liebeslied *Donna* (1958, USA Nr. 2). 1987 wird das Leben Ritchie Valens' erfolgreich verfilmt. Lou Diamond Phillips übernimmt den Part des Chicano-Sängers. Die aus Kalifornien stammende Formation »Los Lobos«, ebenfalls den Chicanos angehörig, spielt den Soundtrack ein. *La bamba* entwickelt sich erneut als Hit – diesmal weltweit.
Immer wieder tauchten im Lauf der Jahre latininspirierte Songs in den Hitparaden auf. Vor allem die Discoszene Mitte/Ende der 70er Jahre bedient sich deren Rhythmen und vermischt sie mit der zeitgenössischen Discomusik. Erfolgreiche Beispiele sind »Santa Esmaralda« (größter Hit *Don't Let Me Be Misunderstood* 1978) oder die aus Martinique stammende Formation »Gibson Brothers«, die 1979 und 1980 mit ihrer Mischung aus Karibiksound und Discoklängen international erfolgreich ist. Zwei Hits heißen bezeichnenderweise *Cuba* (1979) und *Latin America* (1980). Größter Hit der »Gibson Brothers« ist 1979/80 *Que serà mi vida (If You Should Go)* (GB Nr. 5, D Nr. 4). Die gleichen Produzenten und Autoren (Jean Kluger und Daniel Vangarde) bringen Anfang der 80er Jahre auch das gemischte Duo »Ottawan« nach Europa. Ebenfalls aus Martinique kommend feiern Annette und Patrick von »Ottawan« mit ihren karibisch-poppigen Discosongs *D.I.S.C.O.* (1980, GB und D Nr. 2) oder *Hands Up (Give Me Your Heart)* (1981, GB & D Nr. 2) große Erfolge. Weitere Hits sind *You're O.K.* oder *Crazy Music*. Einer der schönsten Titel von »Ottawan« ist nebenbei bemerkt die mit kubanischen Gitarren untermalte Ballade *Siesta for Two*, die jedoch nie als Single erscheint.
Die exzentrische Soul- und Discosängerin Grace Jones landet 1981 mit der Homosexuellenhymne *I've Seen That Face Before* einen ihrer größten Erfolge. Dem Hit liegt das Stück *Libertango* zugrunde, das von dem argentinischen Komponisten Ástor Piaz-

zola geschrieben wurde, der hiermit zum ersten Mal amerikanischen Jazz mit argentinischen Rhythmen vereint.

Für einen großen Schub in Sachen Latino-Musik sorgt ab Mitte der 80er Jahre dann das Ehepaar Gloria und Emilio Estefan. Die 1957 in Havanna geborene Gloria lernt 1974 in Miami ihren späteren Mann Emilio kennen, der in der Band »Miami Latin Boys« spielt, aus der ein Jahr später die erfolgreiche »Miami Sound Machine« hervorgeht. Gloria wird Leadsängerin der neuen Gruppe, 1978 feiern die beiden ihre Hochzeit. Nach einigen Alben in spanischer Sprache gelingt der »Miami Sound Machine« schließlich 1984 mit dem englischsprachigen Album *Primitive Love* und den weltweiten Singlehits *Dr. Beat*, *Conga* und *Falling in Love (Uh-Oh)* der große Durchbruch.

Den größten Hit landet die Gruppe 1986 mit dem heiteren *Bad Boy* (USA Nr. 8, D Nr. 6). Das Aushängeschild ist immer schon Gloria; das ist auch ein Grund, weshalb ab 1987 auf den Plattencovern zu lesen steht: »Gloria Estefan and Miami Sound Machine«. Ab 1988 tritt Gloria dann allein auf. Im Hintergrund sind allerdings immer noch die Mitglieder der »Sound Machine« aktiv. Waren ihre größten Hits bislang groovige Latinpop-Ohrwürmer, so zeichnen sich Glorias Solohits zunehmend durch einen balladesken Charakter aus. Und da in den USA damals Balladen hoch im Kurs stehen, feiert sie mit *Anything for You* (1988) ihren ersten Nummer-eins-Hit in den Billboard-Pop-Charts. Bis 1991 steht sie in den USA dann noch mit *Don't Wanna Lose You* (1989) und *Coming Out of the Dark* (1991) auf der Spitzenposition. Zwischendurch veröffentlicht sie aber auch immer wieder flotte Tanznummern im besten Latinsound (*1–2–3*, 1988; *Oye mi canto/Hear My Voice*, 1989) oder *You'll Be Mine (Party Time*, 1994). Zu ihren kubanischen Wurzeln kehren Gloria und Emilio mit den spanischsprachigen Alben *Mi tierra* (1993) und *Alma caribena* (2000) zurück.

Für die Etablierung lateinamerikanischer Einflüsse in der zeitgenössischen Popmusik kommt den Estefans eine herausragende Stellung zu. Aus den Reihen der »Miami Sound Machine« stammt ein gewisser Jon Secada, der 1992 mit dem flotten Midtempo-Song *Just Another Day* einen internationalen Sommerhit auf den Markt bringt (USA Nr. 5, D Nr. 3). Der 1972 in Havanna geborene Künstler feiert ab 1992 Hits in Folge: *Do You Believe In Us* (1992, USA Nr. 13; D Nr. 19); *If You Go* (1994, USA Nr. 10, D Nr. 41), *Whipped* (1994, USA Nr. 65). Im Sommer 2000 taucht Secada mit *Stop* wieder in den Top 100 der deutschen Hitparade auf.

Der Durchbruch der Latinos in den USA ist dank Gloria und Emilio Estefan geschafft. Die Plattenproduzenten suchen fortan nach neuen Talenten und Bands, aber auch nach neuen Stilen. So entwickeln die bereits im vorherigen Kapitel erwähnten »Lisa Lisa & Cult Jam« den Latin Hip-Hop und machen ihn in den USA massentauglich. Im gleichen Fahrwasser agieren zum Beispiel »Sa-Fire«, deren größter Hit 1989 *Thinking of You* (USA Nr. 12) ist. 1996 sorgen die mexikanischen »Delinquent Habits« mit ihren *Tres delinquentes* (1996, USA Nr. 35; D Nr. 30) in den USA für Furore. Aus Mexiko stammen auch »Molotov«, die dort bereits die absoluten Superstars sind. Mit ihrem 98er Hit *Gimme tha Power* feiern sie sowohl in der amerikanischen als auch in der europäischen Clubszene einen großen Achtungserfolg. »Molotov« verkörpern eine neue Richtung in der aufstrebenden Latino-Musikszene: den so genannten Latino-Punk. Sie entsetzen mit ihren fetzigen Sounds 1998/99 das prüde und konservativ orientierte Mexiko. In den Songs ihres Erfolgsalbums *Donde jugaran las niñas* (zu Deutsch etwa: Wo spielen die Mädchen?) wettern sie gegen die Mächtigen im Land, propagieren Promiskuität und machen sich für die Rechte der Homosexuellen stark.

Lateinamerikanische Musik mit traditionellen Einflüssen machen den aus der Dominikanischen Republik stammenden Sänger und Songwriter Juan Luís Guerra international bekannt. Anfang der 90er Jahre ist vor allem in den Beneluxländern seine Single *Burbujas de amor* sehr beliebt.

Wer den eigentlichen Boom in den USA nun endgültig loslöst, ob Ricky Martin oder Jennifer Lopez, lässt sich nicht mit Sicherheit feststellen. Rein chronologisch gesehen dürfte dies Ricky Martin zuzuschreiben sein, schließlich ist seine Hymne *Livin' la vida loco* vor Jennifers *If You Had My Love* ein Superhit. Zu Lopez und Martin gesellt sich noch Enrique Iglesias, Sohn des spanischen Softsängers Julio Iglesias. Aus seinem schlicht *Enri-*

que betiteltem Album werden die temperamentvollen Popsongs *Bailamos* (USA Nr. 1, D Nr. 10) und *Rhythm Divine* (beide 1999) sowie *Be with You* (2000) zu absoluten Superhits. Allerdings ist anzumerken, dass sowohl Ricky Martin als auch Enrique Iglesias bereits vor ihren großen internationalen Erfolgen hervorragende Alben im Latinsound gemacht haben, wenn auch ausschließlich in spanischer Sprache. In Lateinamerika und in Spanien sind diese Alben überaus gut verkauft worden.

Früher war Latin-Pop in den USA und Europa eine Randerscheinung. Gloria Estefan und in den 70er Jahren »Santana«, das waren die Ausnahmen. Gloria und »Santana« sind immer noch dabei oder sie sind wieder dabei. Sicherlich kann davon ausgegangen werden, dass Carlos Santana vom Latino-Boom 1999/2000 profitiert. Ein halbes Jahr nach Veröffentlichung von *Supernatural* und nach einer Reihe von Latino-Superhits steht »Santanas« *Supernatural* plötzlich auf Rang eins der Charts – weltweit. Der Song *Smooth* (eingespielt mit Rob Thomas, dem Sänger der erfolgreichen Rockband »matchbox twenty«) und danach das von Wyclef Jean produzierte *Maria Maria* entwickeln sich zu Megahits. Im Februar 2000 steht »Santana« mit *Maria Maria* zum ersten Mal in seiner Karriere auf dem ersten Platz der deutschen Singlehitparade. Im Frühjahr 2000 sahnt »Santana« zu Recht neun Grammys ab, darunter für das beste Album und die beste Single *(Smooth)* des Jahres, so viel wie schon lange kein Künstler mehr.

Carlos Santana und seine Band schaffen es wie keine anderen, auf *Supernatural* den Spagat zwischen traditionell verwurzelten Latino-Rhythmen und aktuellen Trends der Popmusik zu vereinbaren. Die unterschiedlichsten Stilrichtungen finden sich auf *Supernatural* wieder: Latino mit Rock, Latino mit Pop, Latino mit Blues oder gar gepaart mit Hip-Hop. Tatkräftige Unterstützung erhält Carlos Santana von namhaften Künstlern wie Lauryn Hill, Dave Matthews, Eagle-Eye Cherry, Everlast oder Eric Clapton.

Ob nun aus Nostalgiegründen oder nicht, Latinsounds sind cool und hip. Und nicht nur Künstler lateinamerikanischen Ursprungs und Einflusses bedienen sich dieser Klänge. Der Münchner Lou Bega versucht es mit dem *Mambo No. 5* (im Original von Perez Parado aus den 50er Jahren) und landet den erfolgreichsten Titel des Jahres 1999 in Deutschland, steht auf Rang vier der Bill-

board-Charts und erhält eine Grammy-Nominierung. Ex-Spice-Girl Geri Halliwell schwärmt von ihrem *Mi Chico Latino* (GB Nr. 1) und selbst in kühleren Gefilden Europas erwärmen Latino-Klänge die Herzen.
Die dänischen Olsen Brothers gewinnen mit großem Vorsprung den Grand Prix d'Eurovision 2000 mit dem Song *Fly on the Wings of Love*. Die Senioren aus Dänemark (erster Hit in Deutschland 1982 mit *Marie Marie*, Nr. 21) singen zu Gitarrenklängen im Flamencosound. Resultat: Sie gewinnen nicht nur beim Schlagerfestival, sondern zum ersten Mal seit 1987 (damals Johnny Logan mit *Hold Me Now*) steht auch wieder ein Grand-Prix-Siegertitel in den deutschen Top Ten. Von den Ursprüngen des Latinsounds ist da jedoch nicht mehr viel zu merken. Latino-Elemente sind hip, en vogue. Wo und wie auch immer. Und auch im Sommer 2000 sind sie wieder da, die heißen Rhythmen aus der Karibik. Latino-Megastar Marc Anthony steht mit *You Sang to Me* in den deutschen Top 20, Jennifer Lopez' *Let's Get Loud* ist einer der Sommerhits und die aus Mallorca stammende Discoformation »Loona« bringt diesmal bezeichnenderweise den *Latino Lover* D Nr. 6 auf den Markt (eine durchaus poppige Coverversion des Nummer-eins-Hits *You're the Greatest Lover* des niederländischen Damentrios »Luv« von 1978).
Scheinbar zählt in den USA mittlerweile nur noch jemand etwas, der in irgendeiner Form lateinamerikanische Wurzeln aufweisen kann. So lässt sich sogar inzwischen Mariah Carey als Latino-Künstlerin verkaufen; schließlich stammt ihr Vater aus Venezuela. Die erfolgsverwöhnte Carey hat es 1999 schwer, sich gegen Namen wie Jennifer Lopez oder Christina Aguilera zu behaupten. Um mehr Latinos zum Kauf ihrer Musik zu bewegen, plant Carey für 2001 ihr erstes spanischsprachiges Album.
Der Grund für diesen Boom ist in der amerikanischen Bevölkerung zu finden. Die lateinamerikanische Minderheit, die so genannten Hispanics, wird von den Medien Amerikas und damit auch von der Werbewirtschaft als neue Zielgruppe entdeckt. Sie sind jung, einkommensstark und steigern ihren Einfluss.
Mittlerweile haben die Latinos mit knapp 30 Millionen einen stetig wachsenden Anteil an der US-amerikanischen Gesamtbevölkerung. Für das erste Jahrzehnt des 21. Jahrhunderts wird eine

75-prozentige Zuwachsrate erwartet. Aus Prognosen geht hervor, dass die lateinamerikanische Bevölkerungsgruppe schon bald die der Schwarzen überrunden wird. Zentren der Hispanics sind Kalifornien (Los Angeles verzeichnet mittlerweile etwa 450.000 Latino-Haushalte), Texas und vor allem Florida, dort wiederum speziell Miami.

Der Einfluss der Latinos zeigt sich sogar in der Politik. Latinos gelten von ihrer Herkunft her als konservativ sowie familienverbunden und zeichen sich als überaus gläubige Angehörige der katholischen Kirche aus. Darüber hinaus gründen sie früher als die Durchschnittsamerikaner Familien und zeugen mehr Kinder. Mittlerweile beeinflussen die Hispanics Wahlen und sorgten so dafür, dass in Texas der Anwärter für die kommende US-Präsidentschaft, George Bush jr., mit über 40 Prozent gewählt wird. Harry Pachon, Leiter des politikwissenschaftlichen Tomas Rivera Policy Institute, meint zu den bevorstehenden Präsidentschaftswahlen im November 2000: »Das lange beschworene Potenzial der Latino-Wähler ist bei dieser Wahl [siehe oben] erstmals Realität geworden.«

Auch Gegenspieler Al Gore von den Republikanern ist davon überzeugt, dass spanisch angehauchte Rhythmen seinem Wahlkampf entsprechenden Schwung bringen könnten. So ist bei Gores Wahlkampfveranstaltungen regelmäßig der Megahit *Macarena* zu hören, mit dem das spanische Altherrenduo »Los del Rio« 1996 für mehr als ein Jahr in den US-Charts steht und weltweit auf Platz eins der Hitparaden rangiert.

Unweigerlich mit dem gestiegenen Selbstbewusstsein der Latinos verbunden ist auch ihr wirtschaftlicher Aufstieg. Einige Zahlen: Betrug die Kaufkraft der Latinos 1990 noch 220 Milliarden Dollar, so stieg diese in nur zehn Jahren auf 350 Milliarden Dollar an. Mittlerweile sind 860.000 Firmen in den USA in den Händen der Hispanics, ein Zuwachs von 76 Prozent in gerade mal fünf Jahren.

Ein Wandel geht durch das Land. Vor allem die Boombranchen Medien, Entertainment, Lifestyle und Telekommunikation profitieren zunehmend von dieser Kaufkraft. So ist der hispanische Fernsehsender Univision mittlerweile der erfolgreichste der USA, Lifestyle-Magazine wie *Latina* oder *Estylo* erfahren enorme

Auflagenzuwächse und die Plattenverkäufe der Latino-Künstler erreichen Rekordmarken. Sogar die Nahrungsmittelindustrie muss umdenken. Das beliebte Ketchup steht mittlerweile hinter Dipsoßen für Nacho-Chips nur noch an zweiter Stelle.
Und dann ist da noch die Sprache. So wurde bereits von einigen Politikern vorgeschlagen, Spanisch zur zweiten Landessprache zu machen. Vielleicht ist das nur eine Frage der Zeit. So gibt es selbst in den kleinsten Städten der USA mittlerweile Läden, in denen ausschließlich Spanisch gesprochen wird. Der New Yorker Buchverlag St. Martin's Press veröffentlicht zwei erfolgreiche Künstlerbiografien über Salma Hayek und Jennifer Lopez (beide von Patricia J. Duncan) gleich als zweisprachiges Paperback. Auch ein Großteil der Latino-Künstler nimmt seine Songs nach wie vor zweisprachig auf. Jennifer Lopez' *Una noche mas/ Waiting for Tonight* oder Ricky Martins *La copa de la vida/The Cup of Life* sind nur die erfolgreichsten Beispiele.
Dies gilt auch für englischsprachige Künstler. Um das lateinamerikanische Publikum anzusprechen, nehmen eine Reihe Popkünstler mittlerweile ihre Titel nicht nur auf Englisch, sondern auch auf Spanisch auf. So wird zum Beispiel aus dem Welthit *Genie in a Bottle* der Halb-Ekuadorianerin Christina Aguilera die Adaption *Genio atrapado*. Auch Puff Daddys Hit *P. E. 2000* erscheint im Herbst 1999 in einer spanischen Version. Bob Jamieson von RCA Records ist von dem Erfolg eines spanischsprachigen Albums der Aguilera überzeugt: »Aufgrund des Erfolges [der Latino-Künstler] wird ihnen immer mehr Aufmerksamkeit zuteil. Vor allem Künstler, die bilingual oder gar trilingual sind – oder das entsprechende Potenzial haben, sind derzeit sehr gefragt.«
Die Verkaufszahlen in den USA belegen den Erfolg. Musik mit Latino-Charakter erreicht 1999 einen Umsatzanstieg von zwölf Prozent im Vergleich zum Vorjahr.
Allerdings stellt sich hier die Frage, warum sich die großen Erfolge für die genannten Künstler erst einstellen, wenn sie englischsprachige Alben aufnehmen. In den offiziellen US-Billboard-Charts tauchen keine spanischen Versionen auf. Die findet man in den US-Latintracks. Gleiches ist für Europa zu beobachten. Ricky Martin singt den offiziellen Song zur Fußball-WM 1998, *La copa de la vida*. Doch nicht die spanische Originalversion wird

zum Welthit, sondern die englische Fassung *The Cup of Life*. Trotz des ganzen Latino-Stolzes ein Verrat an der Herkunft?
Eine passende Antwort auf diese Frage hat der aus Jamaika stammende Reggaestar Shaggy parat. In einem Interview für *The Germaican Observer* im Dezember 1999 meint er dazu: »... Schau bloß auf diese ganzen Latino-Künstler, Ricky Martin, Jennifer Lopez, womit sind sie richtig groß herausgekommen? Mit einem englischsprachigen Album, die erste Sprache auf der Welt ist eben Englisch ...« Darüber kann man geteilter Meinung sein. Sicherlich ist Englisch die *lingua franca* unserer Zeit; doch sollten nicht aufgrund kommerzieller Interessen historische und kulturelle Wurzeln zurückgedrängt werden.
Die angesagtesten Treffs der USA sind Latino-Clubs. Dies bestätigt auch Jeff Ayeroff, der Vizepräsident von WORK-Records in *Rolling Stone*: »Wir haben heute eine ganz andere Welt ... Solche Clubs gibt es in Los Angeles, in New York, Florida, Texas, Arizona, Chicago – der amerikanische Kontinent ist ein Latino-Kontinent. Jennifer Lopez wird erst der Anfang sein. Die Sache kommt jetzt erst richtig ins Rollen.«
Mittlerweile gestehen sich die Bosse der großen Filmfirmen und Plattenfirmen ein, dass sie das lateinamerikanische Publikum vernachlässigt haben. Hollywood muss sich sogar vorwerfen, einen Trend verschlafen zu haben. Zwar sind vor allem Salma Hayek und Jennifer Lopez seit Mitte der 90er Jahre immer wieder in größeren Produktionen zu sehen, doch erst seit 1998/99 stehen die Produzenten Schlange bei den Latino-Stars. Einer der Kinomogule der USA, James Villanueva, hat seine potenzielle Zielgruppe erforschen lassen. Nicht der gewöhnliche US-Bürger steht nun im Blickpunkt des Interesses, sondern die Hispanics mit ihrer Kaufkraft: »Latinos lieben Kinofilme. Wenn du dafür sorgst, dass ein Hispano-Kunde mit Respekt behandelt wird, dann wird er extrem loyal zu dir sein.«
In Hollywood beherrschen derzeit drei Latinas das Geschehen. Neben Jennifer Lopez und Salma Hayek ist dort noch Cameron Diaz, die Tochter eines kubanischen Vaters und einer anglogermanischen Mutter. Mit ihren erfolgreichen Komödienrollen in *Lebe lieber ungewöhnlich/A Life Less Ordinary* (USA 1997) und *Verrückt nach Mary/There's Something About Mary* (USA 1998)

und nicht zuletzt in *Being John Malkovich* (USA 1999) spielte sie sich in die Oberliga der Hollywood-Schauspielerinnen.
Ein weiterer lateinamerikanischer Superstar ist Rosie Perez, die 1990 praktisch die Chefin von Jennifer Lopez bei *In Living Color* war. Dort arbeitete Perez als Choreografin für die Tanzeinlagen der Fly Girls. Darüber hinaus choreografiert Rosie Perez für Bühnenshows und Musikvideos, z. B. für L. L. Cool J, Diana Ross und Bobby Brown. Größere Filmerfolge feierte sie in den USA bislang nicht. Zu ihren wichtigsten Filmen zählen *Weiße Jungs bringen's nicht/White Men Can't Jump* (USA 1992) und *Fearless – Jenseits der Angst/Fearless* (USA 1993). Ansonsten ist sie in lateinamerikanischen Produktionen zu sehen, zuletzt 1997 in dem Gangsterdrama *Perdita Durango* (Spanien/Mexiko 1997). In Mexiko und bei der lateinamerikanischen Fraktion in den USA ist Perez jedoch ein Superstar.
Dem Interesse für Latino-Filme ist es auch zu verdanken, dass Independent-Filme, die sonst vielleicht keinen Verleih gefunden hätten, dem Publikum zugänglich gemacht werden. 1999 ragt vor allem das preisgekrönte Familiendrama *Alles über meine Mutter/Todo sobre mi madre* heraus (Spanien/Frankreich 1999). Der Film über unterschiedliche Mutter-Sohn-Beziehungen entsteht unter der Regie von Pedro Almodovar.
Eine der Entdeckungen des mit einem Oscar ausgezeichneten Familiendramas ist die 26-jährige Penélope Cruz. Die 1974 in Madrid geborene Schauspielerin dürfte sich schon bald in die Reihe der namhaften Latino-Ikonen Jennifer Lopez, Salma Hayek und Cameron Diaz einordnen. 1999 kann sie vor allem in dem Westerndrama *Hi-Lo-Country/The Hi-Lo Country* neben Woody Harrelson, Patricia Arquette und dem Latino-Star Enrique Castillo überzeugen. Penélope Cruz steht zurzeit für drei groß angelegte Hollywood-Produktionen vor der Kamera. In *Blow* agiert die spanische Herzensbrecherin neben Johnny Depp und Deutschlands Erfolgsschauspielerin Franka Potente, die mit diesem Film ihren Einstand in Hollywood gibt. Unter der Regie Billy Bob Thorntons entsteht der Western *All the Pretty Horses*. Neben Cruz stehen Matt Damon und Sam Shepard auf der Besetzungsliste. In der Romanze *Captain Corselli's Mandoline* wird John Hurt ihr Partner sein.

Ebenfalls hoch im Kurs steht die aus Brooklyn stammende Jennifer Esposito, seit sie in der Erfolgsserie *Chaos City* neben Michael J. Fox glänzte. Den ganz großen Treffer kann sie bislang im Filmgeschäft noch nicht landen. Ihr langfristiges Ziel: ähnliche Rollen angeboten zu bekommen, in denen derzeit Salma Hayek und Jennifer Lopez überzeugen. Vielleicht ist sie mit ihren aktuellen Projekten auf dem richtigen Kurs. Mit Nastassja Kinski und der Popsängerin Sophie B. Hawkins (*Damn, I Wish I Was Your Lover*, 1992; *Right Beside You*, 1995) spielt sie eine der tragenden Rollen in dem Drama *Beyond City Limits*. In dem für 2001 geplanten Film *Backflash Blues* wird sie gemeinsam mit Melissa Joan Hart zu sehen sein.
Schließlich ist da noch die ehemalige Miss America von 1984: Vanessa L. Williams. In dem mit fetzigen Latino-Rhythmen und einer Prise Erotik gewürzten Tanzfilm *Dance with Me* (USA 1999), der sich um ein Tanzturnier in einem Salsa-Club und eine Lovestory rankt, beweist Williams eindrucksvoll ihr Latino-Temperament. Trotz der attraktiven Schönheit Vanessa L. Williams floppt der Film jedoch an den Kinokassen, was wohl eher der mauen Story zuzuschreiben sein dürfte.
Demnächst aber wird sich für Vanessa L. Williams, die auch als Popsängerin (größter Hit 1992: *Save the Best for Last*, USA Nr. 1), erfolgreich ist, wohl einiges ändern. Schließlich spielt sie in dem Remake des Krimiklassikers *Shaft* (das Original stammt aus dem Jahr 1970) unter der Aufsicht von Erfolgsregisseur John Singleton und an der Seite von Samuel L. Jackson die weibliche Hauptrolle.
Weibliche Herzen und Augen werden ebenso erfreut, denn auch lateinamerikanische Schauspieler machen immer mehr von sich reden. Da sind nicht nur alteingesessene Stars wie Edward James Olmos oder Jacob Vargas (siehe *Selena* und *Meine Familie*). An vorderster Front steht Antonio Banderas. Der gebürtige Spanier debütiert in der Traumfabrik 1992 als der kubanische Komponist und Musiker Nestor Castillo in dem grandiosen *Mambo Kings*. Mit Latino-Kollegin Salma Hayek ist er 1995 in Robert Rodriguez' *Desperado* zu sehen. Große Kinofilme folgen en bloc: *Interview mit einem Vampir/Interview with a Vampire* (USA 1994); *Four Rooms* (USA 1995); an der Seite von Madonna in dem Mu-

sicalfilm *Evita* (USA 1996); *Die Maske des Zorro/The Mask of Zorro* (USA 1999) und *Der 13te Krieger/The Thirteenth Warrior* (USA 2000). Vor seiner Hollywood-Karriere feiert Banderas in Europa bereits beachtliche Erfolge; sein wichtigster Film ist sicherlich das Erotikdrama *Fessle mich/Atamé* (Spanien 1989). Banderas, verheiratet mit Kollegin Melanie Griffith, ist auch als Regisseur tätig. 2000 läuft sein Regiedebüt *Verrückt in Alabama/Crazy in Alabama* in den Kinos.
In die Fußstapfen von Jennifer Lopez tritt der im New Yorker Stadtteil Spanish Harlem geborene Latino-Sänger Marc Anthony, der schon vor seinen Hits *You Sang to Me* und *I Need to Know* in Lateinamerika riesige Erfolge feiern kann und die größten Stadien füllt. Auch als Bühnendarsteller gibt er eine überzeugende Figur ab; am Broadway ist er in dem von Paul Simon geschriebenen Stück *The Capeman* zu sehen gewesen. Seinen ersten großen Filmerfolg feiert Anthony neben Patricia Arquette, Nicholas Cage und Ving Rhames in dem von Martin Scorsese inszenierten Drama *Bringing out the Dead – Nächte der Erinnerung/Bringing out the Dead* Anfang 2000.
Während Marc Anthony seine schauspielerischen Qualitäten bereits unter Beweis stellen konnte, hat sein Sangeskollege Ricky Martin dies erst noch vor sich. Für 2000/2001 ist eine Neuauflage der Kinoromanze *Dirty Dancing* geplant. Bereits 1987 verzaubern Jennifer Grey und Patrick Swayze in diesem mittlerweile zum Kultfilm avancierten Kassenhit ihre Fans vornehmlich zum Klang lateinamerikanischer Rhythmen: Der Mambo hielt Einzug in die Tanzschulen und wurde zum Modetanz der Saison 1987/88. Die männliche Hauptrolle in dem Remake soll Ricky Martin spielen. Seine Partnerin wird Natalie Portman (vor allem durch *Star Wars: Episode I* als Queen Amidala bekannt) spielen. Ursprünglich war Sängerin Britney Spears im Gespräch.
Die Branche brummt; doch obwohl Latino-Künstler weltweit große Erfolge feiern, so hat dieser Triumph auch seine Schattenseiten.
»Latinos können nur Latinos spielen.« Dieser Satz gilt nach wie vor bei vielen Hollywood-Produzenten als ungeschriebenes Gesetz. In diesen Zwängen steckten viele der Latinos am Anfang ihrer Karrieren. Mittlerweile hat sich das Bild gewandelt. In

Meine Familie und *Selena* verkörperte Jennifer Lopez den lateinamerikanischen Traum. Doch sie will nicht nur die entsprechenden Rollenklischees präsentieren: »Ich hatte sehr viel Glück, weil man anfangs auf Latino-Rollen festgelegt wird. Aber dann eröffnen sich neue Möglichkeiten und sie wissen, dass ich verschiedene Dinge spielen kann und dass es nichts damit zu tun hat, dass ich Latina bin.« Sie empfiehlt daher ihren Kollegen und Kolleginnen, sich nicht auf diese vermeintlichen Latino-Klischees festlegen zu lassen: »Du bekommst diese stereotypen Rollen. Prostituierte und Drogendealer zu spielen, das nervt. Jetzt bekommen wir allmählich andere Rollen, die nicht negativ sind … Das ist großartig!«

Der sicherlich wichtigste Filmerfolg der Latino-Szene ist der Überraschungshit des Kinojahres 1999, Wim Wenders' Dokumentarfilm *Buena Vista Social Club* (USA/D), der in Deutschland mit 890.000 Besuchern ausgesprochen viele Leute ins Kino lockt. Für einen Film dieser außergewöhnlichen Machart ein großer Erfolg. Die Originalmusik des Films von Ibrahim Ferrer belegt wochenlang Rang eins der deutschen LP-Charts und wird zu einer der erfolgreichsten Aufnahmen des Jahres 1999. Kubanische, lateinamerikanische Impressionen überall.

Jennifer Lopez ist sich in ihrer Rolle als prominente Latina auch ihrer Verantwortung bewusst. Sie möchte ein Vorbild für andere Puerto-Ricanerinnen sein. In ihrer Jugendzeit gibt es nur eine einzige Schauspielerin, mit der sie sich damals identifizieren kann: Rita Moreno aus der *West Side Story*. Als bestbezahlte Latina Hollywoods möchte sie auch andere talentierte Darsteller und Darstellerinnen ermutigen, den Schritt nach vorn zu wagen. Das neue Selbstbewusstsein der Hispanics drückt Jennifer 1996 wie folgt aus: »Ich finde, dass Latinos in jeder Hinsicht lange genug unterbezahlt waren … Speziell im Show-Business, wenn ich der Latino-Gemeinde weiterhin helfen kann, empfinde ich Stolz, diese Möglichkeit zu besitzen.« Jennifer Lopez freut sich, dass sie von der lateinamerikanischen Community so stark akzeptiert wird und ein hohes Ansehen genießt.

Doch es gibt auch die andere Seite. Da Jennifer Lopez in der Bronx und nicht wie beispielsweise ihre größte Kontrahentin, Salma Hayek, tatsächlich in einem lateinamerikanischen Land geboren wurde, wird sie gelegentlich nicht immer als echte Latina angesehen. In der Zeitschrift *People* distanziert sich Hayek davon, mit Lopez auf eine Stufe gestellt zu werden: »Die Leute sagen, wir Latinos wären alle gleich. Doch Jennifer Lopez ist Amerikanerin. Sie kommt aus New York. Sie hat nicht einmal einen Akzent.« Aber Salma Hayek gibt zu, dass Jennifer eine großartige Schauspielerin ist: »Sie könnte jede Amerikanerin spielen, weil sie keinen Akzent hat. Sie kann aber auch eine Latina spielen, weil sie aufgrund ihrer Familie lateinamerikanisch geprägt ist.«

Jennifer Lopez kommentiert die Äußerungen ihrer Kollegin nicht. Auf jeden Fall möchte sie nicht in die Latino-Schublade gesteckt werden. Jennifer und Salma werden von den Medien regelrecht ausgespielt. So kursieren Gerüchte, dass angeblich Salma Hayek zunächst die Hauptrolle in *Selena* angeboten worden sein sollte, sie diese aber ablehnte, weil sie nicht fand, dass sie die Rolle der Selena würdig spielen könnte. Jennifer wäre also nur die zweite Wahl gewesen. Andere Stimmen wiederum wollen vernommen haben, dass Salmas Rolle in der Lovestory *Fools Rush in* (USA 1997) zunächst mit Jennifer besetzt werden sollte. Eine derartige von den Medien inszenierte Schlammschlacht ist keine Seltenheit. Erfreulich ist, dass sich weder Jennifer noch Salma auf diesen *cat fight* einlassen. Persönlich getroffen haben sollen sich Jennifer und Halma bislang nur einmal. Sie waren beide zu Will Smiths 30. Geburtstag eingeladen.

Gibt es nun einen so genannten Latino-Boom, ja oder nein? Die Frage ist gewiss nur bedingt zu bejahen. Vielmehr handelt es sich hier um die Weiterentwicklung einer Bevölkerungsminderheit in den USA, die es schaffte, sich in den vergangenen Jahrzehnten gegen die traditionellen US-Amerikaner zu etablieren und ein gesundes Selbstbewusstsein in allen Bereichen zu entwickeln. So werden die Latinos nicht nur die Schwarzen in Amerika rein statistisch überholen; sie haben bereits jetzt geschafft, was den Schwarzen in Amerika immer verwehrt blieb: eine gleichberechtigte Stellung neben den weißen US-Einwohnern.

Es ist vornehmlich die Industrie, die die Hispanics als Kunden entdeckt. Dies sieht auch Jennifer Lopez so. Sie zeigt sich amüsiert, wenn behauptet wird, dass sie, Ricky Martin oder Enrique

Iglesias für die Latino-Explosion verantwortlich sein sollen: »Wir sind schon eine ganze Zeit hier. Lediglich die Musikindustrie hat nun mitbekommen, dass in den USA etwa 30 Millionen Hispanics unter 30 Jahren leben.«
Und zu guter Letzt eine Neuerung, die Latino-Freunde sicherlich begeistern wird: Im Januar 2000 verlautbarte die Branchenorganisation der amerikanischen Plattenindustrie, die »National Academy of Recording Arts and Sciences«, dass im September 2000 zum ersten Mal die »Latin Grammys« verliehen werden sollen. Grammy-Gewinnerin Gloria Estefan ist erfreut: »Wir sind begeistert, dass lateinamerikanische Musik endlich eine Plattform erhält.«

14. Wettlauf gegen die Zeit

Mit *The Cell* zur Horrorqueen

»Ich habe vor nichts Angst. Mit Angst lässt es sich nicht gut leben.«

JENNIFER LOPEZ

Die Filmbranche staunt Ende 1998 nicht schlecht, als Jennifer Lopez verkündet, sie würde sich eine Auszeit nehmen, um sich endlich einen weiteren großen Traum zu erfüllen und ein Musikalbum aufzunehmen. Ausgerechnet zu dem Zeitpunkt, als sie mit *Out of Sight* ihren bislang größten Erfolg feiern kann. Doch die selbstbewusste Señora Lopez erlaubt sich diesen Luxus und beweist allen, dass sie auch als Popmusikerin überzeugt. So müssen sich ihre Fans 1999 mit den erotischen Videoclips zu ihren vier Hit-Singles begnügen, die bei den Musiksendern MTV und VIVA regelmäßig in die Heavy Rotation gelangen und rauf und runter gespielt werden.

Doch Jennifer Lopez zeigt auch, dass sie eine der begehrtesten Hollywood-Schauspielerinnen des neuen Millenniums ist. Die Pause vom Filmgeschäft nimmt ihr niemand übel; die Filmangebote stapeln sich. Bereits Anfang 2000 zeugen erste Zeitungs- und Magazinberichte davon, dass Jennifer Lopez einen neuen Film dreht. Vollmundig wird dieser Film als einer der Höhepunkte des Kinojahres 2000 angekündigt. Lopez-Fans fiebern fortan dem Datum entgegen, an dem ihr neuer Film uraufgeführt wird. Im Frühsommer 2000 steht der Termin dann endgültig fest: der 18. August 2000, der US-Starttermin für *The Cell.*

Wenig später erfahren auch ihre deutschen Anhänger den Starttermin in der Bundesrepublik: 23. November 2000. Das World Wide Web erleichtert den Fans das Warten. Unter der offiziellen Website www.cellmovie.com stehen bereits seit Juli die wichtigsten Fakten und Informationen zum Film im Netz. Außerdem kann sich jetzt jeder kostenlos den dazugehörigen Trailer herunterladen.

Mit dem Psychothriller *The Cell* kehrt Jennifer Lopez zurück auf die Leinwand – mit einem atemberaubenden Film voller Horror und Leidenschaft.

INHALT: Die beiden FBI-Agenten Peter Novak (Vince Vaughn) und Gordon Ramsey (Jake Weber) sind schon seit längerem auf der Suche nach einem brutalen Serienkiller, der es auf junge Frauen abgesehen hat. Bei dem psychopathischen Mörder handelt es sich um einen gewissen Carl Stargher (Vincent D'Onofrio), der sich in einem abgeschiedenen Farmhaus auf dem Land unterirdisch einen gläsernen, mit Wasser gefüllten Raum, genannt »The Cell«, eingerichtet hat, in dem er seine jungen Opfer zunächst ertränkt, bevor er sich in abscheulichster Weise nach ihrem Tod an ihnen vergeht.
Das FBI kann Stargher endlich ausfindig machen. Es kommt zur Gefangennahme, doch die Beamten finden den Serientäter im Koma liegend vor. Deshalb ist die besagte Zelle und damit Starghers letztes Opfer unauffindbar. Denn niemand außer Stargher weiß, wo sich das gläserne Gefängnis befindet. Doch der Täter kann nicht mehr sprechen.
Hier tritt die Kinderpsychologin Catherine Deane (Jennifer Lopez) in Erscheinung. Deane beteiligt sich unter Leitung ihrer Mentorin Dr. Miriam Kent (Marianne Jean-Baptiste) an einem neurologischen Forschungsprojekt am Campbell Center, bei dem es darum geht, in das Gehirn eines schizophrenen Jungen einzudringen, um diesem helfen zu können. Diese neu entwickelte Methode einer Kombination aus einer intravenösen Droge mit einer elektronischen Verbindung ermöglicht es, dass Mediziner buchstäblich in das Gehirn ihrer Patienten gelangen können.
So wird Catherine Deane von dem verzweifelten FBI-Agenten Novak gebeten, sich in das Gehirn des wahnsinnigen Stargher spritzen zu lassen. Deane könnte dort herumlaufen und nach Hinweisen suchen, vor allem im Hinblick auf den Verbleib des letzten Opfers. Deane wagt das unberechenbare Experiment. Auf diese Art lernt sie die Vergangenheit des Massenmörders kennen, erfährt die Hintergründe, die zur Entstehung seiner Perversionen führen, und gerät selbst in eine surreale Welt aus Fiktion und Albtraum. Ihre Reise ist zugleich ein Wettlauf gegen

Angekündigt als einer der Höhepunkte des Kinojahres 2000: ›The Cell‹

die Zeit. Denn ihr bleiben nur 40 Stunden, um den Verbleib des letzten Opfers herauszufinden …

HINTERGRUNDINFORMATIONEN: Sowohl für den Drehbuchautor Mark Protosevich als auch für Regisseur Tarsem ist *The Cell* der erste abendfüllende Hollywood-Spielfilm. Das heißt jedoch nicht, dass Protosevich und Tarsem zwei unbeschriebene Blätter im Filmgeschäft sind. Sie haben beide bereits langjährige Erfahrungen im Business gesammelt. Protosevich verdient seine ersten Sporen bei dem erfolgreichen Filmproduzenten Scott Rudin (u. a. *Die Asche meiner Mutter/Angela's Ashes*, USA 1999; *Die Truman Show/The Truman Show*, USA 1998; *Sister Act*, USA 1992).

Protosevich, der sich selbst als begeisterten Anhänger von Horrorfilmen bezeichnet und Regisseure wie Wes Craven oder David Cronenberg verehrt, kommt die Idee für *The Cell* bereits 1993. Er möchte seine Leidenschaften, sein Interesse für die genannten Horrofilme auf der einen und für Serienmörder auf der anderen Seite, in einer außergewöhnlichen Geschichte miteinander verbinden: »Der Gedanke an das Horrorgenre fasziniert mich seit langem. Vor allem bin ich sehr an Psychologie und Träumen interessiert. Je älter ich wurde, desto mehr bemerkte ich die Komplexität von Horrorfilmen. Oberflächlich gesehen geht es um Monster, die dir Angst einjagen, doch die Sache ist wesentlich vielschichtiger, da geht es um unterdrückte Ängste und Neurosen. Ganz gleich, ob es jetzt um Frankenstein oder um einen Serienkiller geht. Das, was einen erschreckt, ist die Tatsache, dass die Figuren nicht in die Gesellschaft passen.«

Die Story von *The Cell* sollte nicht vorausschaubar sein. Seine Messlatte ist hoch: *The Cell* soll sich mit dem längst zum Klassiker des Horrorfilmgenres avancierten *Das Schweigen der Lämmer/The Silence of the Lambs* (USA 1989, mit Jodie Foster und Anthony Hopkins, Regie Jonathan Demme) messen können. Ein kühnes Ziel. Schließlich wurde 1990 zum ersten (und bisher einzigen Mal) ein Horrorfilm in der Kategorie »bester Film« mit einem Oscar prämiert.

Als Regisseur verpflichtet die Produktionsfirma New Line Cinema (NLC) den in Indien geborenen Tarsem Dhandwar, der ursprünglich in die USA emigrierte, um an der Harvard University Wirtschaftswissenschaften zu studieren. Doch schon bald entdeckt er seine Liebe zum Film, verlässt Harvard, um sich am Art Center im kalifornischen Pasadena für das Fach »Film« einzuschreiben. Anfang der 90er Jahre beginnt er seine Karriere als Regisseur von Musikvideos.

Seinen größten Erfolg feiert Tarsem Dhandwer, der fortan nur noch unter seinem Vornamen in Erscheinung tritt, 1991 mit dem Clip zu dem Hit *Losing My Religion* der aus Athens/Georgia stammenden Rockformation »R.E.M.«. Das Video zu *Losing My Religion* wird von MTV America 1991 als bestes Video prämiert. 1993 inszeniert Tarsem das Video zu dem Worldmusic-Song *Sweet Lullaby* des multikulturellen Musikprojektes »Deep Forest«, das 1992 mit diesem Titel in die Hitparaden kommt (1992, D Nr. 31; als Remix-Version 1994, GB Nr. 10). 1995 entsteht ein weiterer nennenswerter Clip: *Tired of Sleeping* für die kalifornische Songwriterin Suzanne Vega.
Doch Tarsem beschränkt sich nicht nur auf die Inszenierung von Videoclips. Er zeichnet sich auch durch unzählige Werbefilme aus. Für die Kampagnen der Firmen Anne Klein, Levi's und Miller Lite erhält er jeweils Trophäen bei den jährlich stattfindenden Filmfestivals in Cannes für die besten Werbespots. Zu seinen Auftraggebern zählen renommierte Marken wie Coca-Cola, Lee

Jennifer Lopez in einer Traumsequenz in ›The Cell‹

Jeans, Polaroid, Smirnoff, Audi, Volkswagen, Perrier, Vauxhall, Nike oder Microsoft. Seine Arbeiten sind gekennzeichnet durch Liebe zum Detail und hervorragend erzählte Storys. Mittlerweile zählt Tarsem zu den renommiertesten Regisseuren für Commercials weltweit.

Gemeinsam mit seinen Produzentenfreunden Eric McLeod und Julio Caro, die unlängst für NLC den Box-Office-Hit *Austin Powers – Spion in geheimer Missionarsstellung/Austin Powers – The Spy Who Shagged Me* (USA 1999) produzierten, plant Tarsem sein Filmdebüt in Hollywood. Julio Caro kennt Tarsem seit über zwei Jahren. Sie haben bereits für Werbespots zusammengearbeitet. Als die Produzenten das Skript zu *The Cell* zu lesen bekommen, sind sie sofort der Überzeugung, dass dies der richtige Stoff für Tarsems erste Kinofilmregie sein könnte. Mit dieser bizarren und hintergründigen Geschichte würden Tarsems Fähigkeiten voll ausgeschöpft werden. Darüber hinaus ist die Idee, in die Seele eines Massenmörders zu dringen, für alle Beteiligten überaus faszinierend. Auch McLeod ist äußerst angetan, mit Tarsem gemeinsam einen Film zu entwickeln, denn er ist ebenfalls ein großer Bewunderer der von Tarsem gedrehten Commercials. Vor zehn Jahren trafen sich die beiden das erste Mal. McLeod dreht damals Werbespots, Tarsem Videoclips.

Die Dreharbeiten beginnen am 2. August 1999 und dauern insgesamt drei Monate. Zunächst wird in einem abgelegenen Farmhaus in Lost Hills, Kalifornien, unweit der Stadt Bakersfield gedreht. Genau an dieser Stelle befindet sich die gläserne Zelle, in der Carl Stargher seine hässlichen Verbrechen begeht. Als Außenfront des Campbell Center dient das in La Jolla gelegene Neurosciences Institute, eine der modernsten Forschungseinrichtungen der Vereinigten Staaten. Neben weiteren Außenaufnahmen in Glendale, Filmore und im Highland Park in Pasadena werden die Innenaufnahmen in den Studios von Warner Bros. in Hollywood abgedreht. Insgesamt existieren über 20 verschiedene Sets für *The Cell.*

Besonderes Augenmerk wird auf die visuellen Aspekte gelegt. Diese sind vor allem von Bedeutung, wenn es darum geht, das Seelenleben Starghers zu zeigen. Stargher lebt in einer obsessiven und surrealistischen Fantasiewelt. Für diese künstlerischen

Bizarre Bilder in ›The Cell‹: Szene mit Jennifer Lopez und Vincent D'Onofrio

Facetten zuständig ist der britische Produktionsdesigner Tom Foden, der ebenfalls für Popstars Videos inszenierte, unter anderem für Madonna. In dem Remake von Alfred Hitchcocks *Psycho* (USA 1999) ist Foden erstmals für einen Spielfilm tätig. Die Vielschichtigkeit an Farben, Illusionen und Hintergründen, die für *The Cell* vonnöten sind, setzt Foden gekonnt um.
Eine große Herausforderung kommt auch auf Kevin Tod Haug zu, der die Verantwortung für die visuellen Effekte trägt. Produzent Caro erläutert die Schwierigkeiten: »Die visuellen Effekte in dem Film mussten frisch, neu und großartig sein. Heutzutage werden wir geradezu bombardiert mit brillanten Effekten. Da ist das schon eine ganz besondere Herausforderung.«

Die Zelle

Die weiß geflieste Zelle, in der Carl Stargher seine Opfer gefangen hält und quält, entwickelt der Experte für Spezialeffekte, Clay Pinney. Sie ist ein gigantisches Konstrukt mit folgenden Maßen:

Höhe × Länge × Breite: 2,45 m × 2,45 m × 2,45 m
Dicke der Glaseinfassung: ca. 2 cm
Wasserfüllmenge komplett: ca. 17.500 l
Wassergewicht gesamt: ca. 14.500 kg

Die quadratische Zelle ist so konstruiert, dass die Decke bewegt werden kann. Den Schauspielerinnen, die in das mit Wasser gefüllte Konstrukt tauchen müssen, stehen aus Sicherheitsgründen professionelle Sporttaucher zur Seite. Es ist möglich, die Zelle innerhalb von nur fünf Minuten trockenzulegen und sie in der nahezu gleichen Zeit wieder mit Wasser zu füllen. Dieses Prozedere wird mehrmals am Tag durchgeführt. Für die Filmaufnahmen muss das gefilterte Wasser klar sein, es dürfen keine Eintrübungen sichtbar sein.
Schauspielerin Catherine Sutherland, die eins der Opfer spielt, verbringt fast einen ganzen Tag unter Wasser. Immer wieder hat sie verschiedene Takes aufzunehmen, die meistens kaum mehr als 30 Sekunden dauern. Für jeden Take wird das Wasser gewechselt. Um nicht in allzu große zeitliche Verzögerungen zu geraten und vor allem Catherine Sutherland nicht zu sehr zu strapazieren, ist es von Bedeutung, dass das Wasser so schnell wie möglich ab- und dann wieder einlaufen kann.

Die beiden Hauptfiguren in *The Cell* sind der traumatisierte Psychopath Carl Stargher auf der einen und die ambitionierte Neurologin Catherine Deane auf der anderen Seite. In der Rolle des Carl Stargher kann Charakterdarsteller Vincent D'Onofrio einmal mehr seine vielseitigen schauspielerischen Talente unter Beweis stellen. 1983 gibt er in der amerikanischen Low-Budget-Komödie *The First Turn-On!!* in einer kleinen Nebenrolle sein Filmdebüt. Über unterschiedliche Nebenrollen spielt sich der 1959 in Brooklyn geborene Darsteller kontinuierlich nach oben.

Zu seinen wichtigsten Filmen zählen Stanley Kubricks *Full Metal Jacket* (USA 1987), die Komödie *Pizza, Pizza/Mystic Pizza* (USA 1988, dem Film, in dem Julia Roberts ihr Debüt gibt), Oliver Stones *John F. Kennedy – Tatort Dallas/JFK* (USA 1991), die Bestsellerverfilmung *Salz auf unserer Haut/Salt on Our Skin, Malcolm X, The Player* (alle USA 1992), *Ed Wood* (USA 1994, hier spielt er den legendären Orson Welles), der Science-Fiction-Klamauk *Men in Black* (USA 1997) und der von Roland Emmerich produzierte Cyberspace-Thriller *The 13th Floor* an der Seite von Gretchen Mol und Craig Bierko (USA 1999). Neben diversen Auftritten in Fernsehserien ist er auch als Theaterschauspieler, vor allem auf dem Broadway, ein gefeierter Star.
Trotz der stattlichen Auswahl an Filmen steht D'Onofrio bislang eher im Schatten anderer großer Hollywood-Darsteller. Mit *The Cell* hat er nun zum ersten Mal eine wirklich große Rolle in einem Blockbuster-Film. Um sich für die Rolle des Massenmörders in Tarsems Horrorfilm vorzubereiten, studiert der Brooklyner die Geschichten und Biografien unterschiedlicher Serienkiller, um sich so optimal wie möglich in seine Rolle hineinversetzen zu können: »Ich habe eine Menge gelesen und alles Mögliche an Ton- und Videodokumentationen zusammengetragen, was ich finden konnte«, erklärt D'Onofrio. Dabei steht der Schauspieler dem Film anfangs gar nicht besonders optimistisch gegenüber. Ein weiterer Film, der die Thematik eines Serienmörders behandelt. Davon gab es schließlich in der Vergangenheit zahlreiche. Erst durch mehrere Gespräche mit Tarsem lässt er sich davon überzeugen.
Koproduzent Caro beschreibt die Arbeit D'Onofrios wie folgt: »Vincent brachte uns einen Charakter, der mysteriös ist, der Schmerzen hat, der gestört ist, und auch wenn es für diesen Charakter keine Heilung geben wird, kreiert er ihn so, dass man mit ihm mitfühlt.«
Vincent D'Onofrio mag an dieser Rolle die Komplexität und die Ambivalenz, die Stargher verkörpert. Auf der einen Seite ist er ein scheinbar ganz normaler Mensch. Dann kann Catherine Dean richtig mit ihm arbeiten. Doch auf der anderen Seite ist er der Böse, der Diabolische, dessen sexuelle Perversionen und Todesfantasien als Katalysator dienen, um seine Kindheitstraumata zu verarbeiten.

»Die Zelle« hat in den Augen D'Onofrios eine doppelte Bedeutung. Zum einen ist sie der Raum, in dem Stargher seine Opfer quält und tötet, zum anderen ist sie aber auch das Gehirn Starghers, in dem Stargher selbst gefangen ist. Erst Catherine gelingt es, in dieses Gehirn, in die Tiefen der Psyche des Killers einzudringen.

Das Drehbuch zu *The Cell* existiert bereits seit fünf Jahren. Seit dieser Zeit kursiert es in den Händen diverser Schauspieler und Schauspielerinnen. Auch Jennifer Lopez bekommt den Text zu lesen. Das jedoch zu einer Zeit, als sie sich erst am Anfang ihrer Hollywood-Karriere befindet. 1995 stößt das Drehbuch bei den Verantwortlichen in Hollywood auf wenig Gegenliebe. Für Jennifer Lopez ein Glücksfall; denn die Hauptrolle hätte sie zu dem Zeitpunkt sicher nicht bekommen, dazu ist sie noch zu unbekannt. Zurückblickend scherzt sie, dass sie eventuell die Rolle eines der Opfer hätte spielen dürfen, das in der gläsernen Wasserzelle ums Leben kommt.

Doch *The Cell* wird erst vier Jahre später realisiert. Und ein Jahr nach *Out of Sight* ist Jennifer Lopez endlich reif, eine richtig große Rolle in einem Hollywood-Film zu spielen (wenn man von *Selena* einmal absieht). Während der CD-Aufnahmen bekommt Jennifer zahlreiche Angebote, die sie abzuwägen hat. Sie erfährt, dass New Line Cinema sich nun für *The Cell* interessiert, dem Skript von damals. Der Stoff sagte ihr bereits vor fünf Jahren zu; sie hätte gerne die Rolle der Neurologin Deane gespielt. Nun steht die Rolle wieder zur Disposition und selbstbewusst meldet sie sich bei NLC für den Part.

Jennifer Lopez gefällt an Catherine Deane, dass sie viel Mitgefühl und einen guten Draht zu den Menschen hat. Der Part, den Jennifer Lopez in *The Cell* verkörpert, ist mit einigen Risiken verbunden. Hier geht es nicht darum, einen schönen Körper zur Schau zu stellen, sondern vielmehr wird größter schauspielerischer Einsatz gefordert. Für den Koproduzenten Julio Caro steht fest, dass *The Cell* für Jennifer einen großen Karriereschub bedeuten wird. McLeod beschreibt Jennifers Rolle wie folgt: »Jennifer spielt die Figur der Catherine wie einen Katalysator. Sie ist nicht die Person, die irgendetwas erfindet; sie ist diejenige, die die Fäden zusammenhält und den Film vorantreibt. Erst begibt sie sich in die Welt des Kindes und dann in die von Stargher; sie weiß genau, wo ihre Grenzen liegen, nichtsdestotrotz gerät sie in Schwierigkeiten. Sie fühlt sich ein wenig unbesiegbar, aber wenn man sich in die Grauzone der menschlichen Seele begibt, ist man niemals unbesiegbar.«

Zweimal begibt sich Catherine Deane in das Gehirn Starghers, einmal begleitet FBI-Agent Novak sie dabei. Sie erfährt, dass Stargher unter einem Tauftrauma leidet und dass er sich in seiner Gedankenwelt ein eigenes Königreich schafft, das er beherrschen kann.

Die schöne Latina und das Biest Stargher verstehen sich privat ausgezeichnet. An eine Szene erinnert sich Vincent D'Onofrio besonders gern. Jennifer befindet sich in der Seele Starghers, genauer an der Stelle seiner Seele, wo sie seiner Kindheit begegnet. So läuft sie durch die Küche, in der Stargher von seinem Vater geschlagen wird, dann geht sie in einen anderen Raum, in dem Stargher mit seinem ersten Opfer sitzt. Die Flure und die Wände

Bei den Dreharbeiten zu ›The Cell‹: Jennifer Lopez mit Regisseur Tarsem

sind aus Holz, die einzige Lichtquelle ist ein Fenster. Plötzlich läuft ein kleiner Hundewelpe durch das Zimmer. Dann sieht sie, wie Stargher auf einem kleinen Holzstuhl sitzt und Gummihandschuhe trägt. Sein Opfer befindet sich blutüberströmt in einer Badewanne. An dieser Stelle muss Lopez mit dem Mörder reden.

D'Onofrio in der August 2000-Ausgabe von *Premiere*: »Die Art, wie sie an diese Szene heranging, war so sanft, es hatte etwas Zerbrechliches. Sogar die Luft zwischen uns wirkte richtig zerbrechlich. Es kam mir so vor, als ob das ganze Set wegbrechen könnte wie Glas, wenn irgendjemand von uns ein bisschen zu hektisch agieren würde. Ich bemerkte, dass dies alles mit ihr zu tun hatte. Alle unsere Szenen waren so ruhig. Sogar die Crew flüsterte. Vieles lief ohne Worte, stattdessen viel über Augenkontakt ab.«

D'Onofrio und Lopez vereinbaren, dass sie in den Drehpausen darauf verzichten, über den Film zu reden: »Vielleicht war es die interessanteste Zeit, die ich je mit einer Schauspielerin verbracht habe«, erinnert sich D'Onofrio im Nachhinein.

Es ist bekannt, dass sich Jennifer sehr intensiv auf ihre Rollen vorbereitet, da mag der Zeitplan noch so eng gesteckt sein. Ihrem Prinzip, fundierte Recherchen über den von ihr zu verkörpernden Charakter durchzuführen, bleibt sie auch für *The Cell* treu. So möchte sie diesmal genau wissen, wie ein Psychotherapeut mit seinen Klienten umgeht. Aus diesem Grund erfindet sie ein Problem und sucht zum ersten Mal überhaupt in ihrem Leben einen Psychologen auf. Für sie machte es bislang keinen Sinn, sich in professionelle Hände zu geben. Denn wieso sollte ein Experte ihr andere Ratschläge oder Anregungen geben können als beispielsweise eine gute Freundin? Doch ihre Vorurteile kann der Therapeut außer Kraft setzen und ihr tatsächlich neue Erkenntnise über ihr Leben und ihre Karriere vermitteln.

The Cell ist auch ein ansonsten exzellent besetzter Psychothriller. Laut eigenem Bekunden schätzt sich Jennifer Lopez äußerst glücklich, neben solch renommierten Akteuren mitzuspielen. Ganz besonders ist sie erfreut, als sie erfährt, dass der dritte Protagonist von *The Cell* Vince Vaughn ist. Vaughn spielt seit Anfang

der 90er Jahre in Hollywood-Filmen mit. Erste größere Beachtung erfährt er in der Fortsetzung des Spielberg-Blockbusters von *Jurassic Park*. 1997 spielt er an der Seite von Jeff Goldblum und Julianne Moore in *Lost World: Jurassic Park 2/Vergessene Welt – Jurassic Park 2* eine der Nebenrollen. Ein Jahr später wird Vaughn zum ersten Mal für eine Hauptrolle verpflichtet. Regisseur Gus Van Sant entscheidet sich, Vaughn in dem Remake des Hitchcock-Klassikers *Psycho* als Norman Bates zu besetzen. Das Wagnis, Hitchocks Meisterwerk aus dem Jahr 1960 neu zu inszenieren, misslingt jedoch. Vince Vaughn überzeugt zwar durch seine schauspielerischen Fähigkeiten, in die Annalen der Filmgeschichte wird er jedoch mit dieser Rolle nicht eingehen, ganz im Gegensatz zu seinem legendären Vorgänger Anthony Perkins. Die 1999er Version von *Psycho* bezeichnen viele Kritiker als eines der überflüssigsten Remakes der Filmgeschichte.
Nichtsdestotrotz wird Hollywood auf den 30-jährigen Jungschauspieler aus Minneapolis nun so richtig aufmerksam. Nach *The Cell* wird er 2000/2001 in der Komödie *South of Heaven, West of Hell* mit Billy Bob Thornton, Bridget und Peter Fonda zu sehen sein. Spielt Vaughn 2000 noch an der Seite von Jennifer Lopez, so muss er sich 2001 mit ihrem Freund Puff Daddy und Peter Falk in der Kriminalkomödie *Made* behaupten.
Ebenfalls zu den neuen Shootingstars Amerikas zählt Jake Weber, der den FBI-Agenten Ramsey mimt. Der leidenschaftliche Theaterschauspieler, der sich vor allem am Off-Broadway zu Hause fühlt, feiert nach kleineren Rollen in Filmen wie *Die Akte/The Pelican Brief* (USA 1993) oder dem Sklavendrama *Amistad* unter der Regie von Steven Spielberg (USA 1997) kleine Achtungserfolge. Sein Durchbruch kommt mit dem Brad-Pitt-Streifen *Rendezvous mit Joe Black/Meet Joe Black* 1998. Weiterhin ist er gemeinsam mit Matthew McConaughey, Harvey Keitel und Jon Bon Jovi in dem Kriegsdrama *U 571* (USA 2000) zu sehen.
Dr. Miriam Kent ist eine weitere wichtige Figur in *The Cell*. Kent ist Wissenschaftlerin am Campbell Institute. Sie beaufsichtigt das Forschungsprojekt, an dem Catherine Deane beteiligt ist. Gleichzeitig ist Miriam Kent für Catherine Deane eine Mischung aus Mutterfigur, Mentorin und bester Freundin, der man alles anvertrauen kann. Gespielt wird Kent von der grandiosen Marianne

Jean-Baptiste. Die gebürtige Britin wird 1996/97 für ihren Part in *Lügen & Geheimnisse/Secrets & Lies* (F/GB 1996) als beste Nebendarstellerin für den Oscar und Golden Globe nominiert. An der Seite von Latino-Schauspielerin Rosie Perez ist sie 2000 in der Filmkomödie *24 Hour Woman* zu sehen. Mit Sandra Bullock überzeugt sie 2000 in dem Alkoholikerinnendrama *28 Tage/28 Days* (USA 1999). Sie ist darüber hinaus in den USA als Serien- und Bühnenschauspielerin, als Drehbuchautorin und Komponistin aktiv. Ihre musikalische Liebe gilt dem Jazz.

Über ihre Rolle und ihre Beziehung zu der Filmfigur Catherine Deane erzählt Jean-Baptiste: »Sie sorgt sich sehr um Catherine, weil sie weiß, dass das, was sie tut, mit einem großen Risiko verbunden ist. Als ich das Skript las, dachte ich, es handle sich um eine Mischung aus *Das Schweigen der Lämmer* mit einer großen Fantasiewelt wie in *Baron Münchhausen* ...« Diese Mischung aus Science-Fiction und Psychothriller hat Marianne Jean-Baptiste derart fasziniert, dass sie die Rolle mit Begeisterung annimmt.

Die Dreharbeiten für *The Cell* sind für Jennifer Lopez mit vielen Strapazen verbunden. So muss sie parallel zu den dreimonatigen Aufnahmen auch noch Promotiontermine für ihre CD *On the 6* wahrnehmen, die zu der Zeit gerade weltweit in den Hitparaden boomt. Diese Termine finden meistens am Wochenende statt. Da kann es dann schon mal sein, dass sie am Freitag noch in Los Angeles vor der Kamera steht und am Samstag schon in New York auf irgendeiner Bühne erscheint und ihre Hits zum Besten gibt. Ihr Kollege Vince Vaughn zeigt sich sehr beeindruckt, dass man ihr das auf dem Set nie angesehen hat: »Sie hat so viel Energie und Willenskraft, sie ist eine Naturgewalt. Alles, was sie in Angriff nimmt, kann sie für sich produktiv nutzen«, erklärt Vaughn in der amerikanischen Kinozeitschrift *Premiere*.

Bevor die eigentlichen Dreharbeiten in den USA beginnen, heißt das Ziel Afrika. Um die Eröffnungsszene von *The Cell* zu drehen, die sich im Gehirn des kleinen Patienten von Catherine Deane abspielt, fliegt sie mit Tarsem und einem Teil des Teams nach Namibia. Jeder sagte zu Tarsem, dass es ihm niemals gelingen würde, seine Hauptdarstellerin mit nach Afrika zu nehmen. Der Grund: Jennifer hat Angst vor der Abgeschiedenheit und will jederzeit für ihre Freunde erreichbar sein. So soll sie auf dem

Flug ziemlich eingeschnappt gewesen sein. Erst als sie in Namibia landen, habe sich ihre Laune gebessert, heißt es. Am Wichtigsten sei für Jennifer gewesen, dass sie telefonieren konnte.
Es ist bekannt, dass Jennifer Lopez ein Familienmensch ist. So legt sie großen Wert darauf, dass in unregelmäßigen Abständen entweder ihre eigenen Verwandten oder Verwandte von Puff Daddy in der Nähe sind.
Von großer Bedeutung für *The Cell* sind die Kostüme. Keine Geringere als die Japanerin Eiko Ishioka ist für die Kostümauswahl und -herstellung zuständig. Ishioka gewinnt 1993 einen Oscar als Kostümdesignerin für die Verfilmung des Klassikers *Bram Stoker's Dracula*.
Jennifer Lopez ist in *The Cell* in den verschiedensten Outfits zu sehen, die jeweils den unterschiedlichsten Stadien in Starghers und ihrem Leben angepasst sind. An einer Stelle werden Jennifers Haare in zwei Teile geteilt und schwarz und rot gefärbt. Außerdem soll sie eine Handschelle aus Metall tragen. Jennifers größte Sorge ist, dass sie in dieser Szene zu sexy aussehen könnte.
In einer anderen Sequenz, die sich in Catherine Deanes Fantasiewelt abspielt, ist sie gleichzeitig sowohl als Nonne als auch als Jeanne D'Arc zu sehen. Heftige Kritik zu *The Cell* gibt es bereits vor der offiziellen Premiere vonseiten der katholischen Kirche. Grund für die vermeintliche Provokation: In einer Einstellung des Films ist Jennifer Lopez in Gestalt der Jungfrau Maria zu sehen, in einer anderen allerdings in einem knappen, eng anliegenden, aufreizenden Dress als Domina. Hinzu kommt, dass mit dem Eindringen in die Seele von Menschen ein gravierender Eingriff in die Schöpfung Gottes verbunden ist. Die attraktive Schauspielerin sagt voraus, dass Tarsems Horrorstreifen einen Feuersturm der Kritik hervorrufen und noch für etlichen Diskussionsstoff sorgen wird. Ihre Zweifel und Bedenken äußert die gläubige Latina im *London Express*: »Es gab Tage, an denen ich dachte, ob die ganze Sache wirklich so in Ordnung ist.« Filmpartner Vincent D'Onofrio glaubt sogar zu wissen: »Die Zuschauer werden das Kotzen kriegen.«
Jennifer Lopez hat sich nach *Selena – Ein amerikanischer Traum, Out of Sight* und nun mit *The Cell* endgültig in die Spitzengarde der Hollywood-Diven gespielt. Erhält sie für ihre Rolle in *Out of*

Im August 2000: Jennifer bei der Premiere zu ›The Cell‹

Sight mit zwei Millionen Dollar so viel Gage wie keine Latina zuvor, bekommt sie für *The Cell* und ihre weiteren Projekte ein Vielfaches dessen. Es kursieren Gerüchte um Summen in der Größenordnung von acht bis zehn Millionen US-Dollar – pro Film, versteht sich. Für die Saison 2000/2001 dürfte sich also ihr Bankkonto um einige Millionen füllen. Und mit *The Cell* hat diese Saison gerade erst begonnen. Über die weiteren Projekte der charismatischen Latina informiert das nächste Kapitel.

KRITIKEN:
»Ich mochte diesen Film sehr. Teilweise wirkt er ein wenig hochgestochen, doch er ist wunderbar gedreht. Lopez ist sehr gut.« (Peter Travers, *Rolling Stone* [amerikanische Ausgabe], August 2000)
»Sehr seltsam, doch ich mochte den Film. Er wirkte wie *Das Schweigen der Lämmer* auf mich. Er war sehr gruselig. Es war ein wenig komisch, Jenifer Lopez als heilige Mutter Maria zu sehen, doch sie war ausgezeichnet. Ich bin richtig mitgegangen. Ich werde ihn meinen Freunden empfehlen.« (Brad Hamilton, *New York Post*)
»Fesselnd. Tarsem hat eine fantastische Arbeit geleistet. Der Film ist sehr gut ... Jennifer Lopez ist wahnsinnig. Tarsem und Jennifer Lopez sind die Gewinner des Films.« (Chris Farley, *Time*)
»... Tarsem hat nicht enttäuscht. Es ist ein Wahnsinnsspaß, diesen Film zu sehen ... Jennifer Lopez macht den ganzen Film über eine fantastische Figur.« (Devin Gordon, *Newsweek*)

(Es kann vom *Newsweek*-Rezensenten nur ironisch gemeint sein, *The Cell* einen »Wahnsinnspaß« zu nennen. Dieser Film über einen Wahnsinnigen, der zu seinem Spaß Frauen foltert und jämmerlich ertrinken lässt, um sich dann – suspendiert an Ringen, die im Fleisch seines Rückens stecken – seinen nekrophilen Gelüsten hinzugeben, wurde in den USA mit einer »R«-Freigabe versehen, was nur selten vorkommt. »R« bedeutet »Restricted« und entspricht in etwa unserer FSK-Freigabe ab 18.)

15. Keine Zeit zum Verschnaufen

Ein Blick in die Zukunft

»Ich bin immer noch das gleiche Mädchen, das in der Bronx aufgewachsen ist, mit dem Kopf voll grenzenloser Träume. Ich wache immer noch auf und denke über all das nach, was ich erreichen möchte. Ich habe nicht das Gefühl, dass ich damit aufhören kann, sondern dass ich einen Oscar gewinnen muss, bessere Filme machen und in großen Arenen singen muss. Jeden Tag wache ich mit diesem Verlangen auf.«

JENNIFER LOPEZ

Jennifers Temperament und Ehrgeiz scheinen grenzenlos zu sein. Bereits 1997/98 gönnt sie sich kaum eine Pause und dreht insgesamt vier Filme in gerade mal anderthalb Jahren. 1999/2000 sind es zwar »nur« drei Filme, dafür hat sie noch eine Menge anderer Pläne, auf die in diesem Kapitel eingegangen wird.

The Cell ist gerade abgedreht, da steht sie bereits erneut vor der Kamera. Diesmal in einem Film, der weniger aufreibend ist als ihre Mitarbeit in Tarsems Horrorstreifen. Sie spielt die Mary in der romantischen Komödie *The Wedding Planner*, was auf Deutsch etwa so viel heißt wie »die Hochzeitsplanerin« (ob es einen eingedeutschen Titel geben wird, stand bei Manuskriptabschluss noch nicht fest).

Jennifer Lopez spielt die erfolgreiche Geschäftsfrau Mary, die für andere Hochzeiten organisiert. Sie selbst hat jedoch noch nicht den Richtigen gefunden und auch eigentlich gar nicht vor, sich fest zu binden. Doch wie das Leben so spielt: Per Zufall lernt sie ihren Traummann (Matthew McConaughey) kennen und lieben; allerdings gibt es ein kleines Problem: Ihr Märchenprinz, ein gut aussehender Arzt, ist verlobt. Was beide zu dem Zeitpunkt nicht wissen: McConaugheys Verlobte (Bridgette Wilson) hat Mary beauftragt, die Hochzeit zu organisieren. Mary und ihr Traummann sind ahnungslos. Bis es schließlich zur Auflösung kommt, geben sich Matthew McConaughey und Jennifer Lopez ihren leidenschaftlichen Gefühlen hin.

The Wedding Planner ist ein Film, bei dem Jennifer-Lopez-Fans voll auf ihre Kosten kommen werden. So sind hier nicht nur eine romantische Lovestory und zahlreiche heitere Verwicklungen zu sehen, sondern auch verschiedene Tanzszenen. Im Gegensatz zu ihrem Filmpartner Jack Nicholson in *Blood & Wine* hat Jennifer in den Tanzszenen mit McConaughey aber nicht die führende Rolle. Zumindest behauptet dies der aufstrebende Jungschauspieler. Für Jennifer Lopez ist die Szene, die sie gemeinsam in einem Tanzstudio aufnehmen, eine der schwierigsten des ganzen Films. In einem Interview mit Jann Carl von *Entertainment Tonight* sagt sie dazu: »Wir tanzten einen Tango; diese Szene war gleichzeitig sehr dialoglastig, alles musste koordiniert werden. Die Tanzschritte, die Dialoge, die richtige Bewegung vor der Kamera, das war sehr schwierig. Wenn wir redeten, wurde die Musik ausgeschaltet. Trotzdem mussten wir tanzen.«
In demselben Interview äußert sie sich auch über die Figur, die sie in *The Wedding Planner* verkörpert: »Sie [Mary] hat wahnsinnig viel Elan. Sie weiß, was sie will, sie ist sehr diszipliniert und alles läuft so, wie sie es möchte. Außerdem legt sie großen Wert auf Details. Sie befindet sich an einem Punkt in ihrem Leben, an dem ihre Arbeit an erster Stelle steht. Sie hat sich gegen eine Beziehung, einen festen Freund, entschieden. Sie will ihre Karriere; sie ist an nichts anderem interessiert. Das heißt nicht, dass sie verbittert ist, sie ist einfach im Moment so zufrieden, wie es ist, und bereit, den nächsten Schritt auf der Karriereleiter zu erklimmen.« Doch dann wird ihr Leben auf den Kopf gestellt, als sie auf *ihn* trifft.
Für *The Wedding Planner* kann Jennifer all ihre Talente unter Beweis stellen. Hier geht es nicht nur um Tanz und Schauspielerei, sondern auch um Musik. Sie beteiligt sich an dem Soundtrack zu *The Wedding Planner* und nimmt die Coverversion eines Discohits von Evelyn »Champagne« King auf: *Love Come Down*. Der Song steht 1982 in den USA auf Platz 17 und in Großbritannien auf Rang sieben der Single-Charts. Evelyn King stammt wie Lopez aus der Bronx und arbeitet sich Ende der 70er Jahre nach oben. 1978 landet sie mit *Shame* ihren ersten Hit (USA, Nr. 9). Bis 1988 ist sie noch in den Hitparaden zu finden.
The Wedding Planner ist das Regiedebüt von Adam M. Shank-

man, der allerdings kein unbeschriebenes Blatt im Filmgeschäft ist. Bislang ist er als äußerst erfolgreicher Choreograf tätig gewesen. So inszeniert er Tanz- und Musikszenen unter anderem in so erfolgreichen Filmen wie *Die Familie Feuerstein/The Flintstones* (USA 1994), *Don Juan De Marco* (USA 1995), *Lebe lieber ungewöhnlich/A Life Less Ordinary* (GB 1997) und *Inspector Gadget* (USA 1999).

Die Wege von Shankman und Lopez kreuzen sich in der gemeinsamen Künstleragentur. »Sie schaute vorbei und sie brachte all das mit, von dem ich immer geträumt hatte – sie war charmant, lustig und gleichzeitig ausgestattet mit einer entwaffnenden Seriosität«, zeigt sich der Regisseur begeistert. Doch trotz seiner Begeisterung zögert Shankman zunächst, Jennifer Lopez die Hauptrolle zu geben. Dies begründet er keineswegs mit ihrem mangelhaften Talent, sondern vielmehr mit ihrer erotischen und lateinamerikanischen Ausstrahlung, mit der sie jede andere Filmpartnerin in den Schatten stellen würde. Schon rein optisch wäre es schwierig, es mit ihr aufzunehmen.

Doch Jennifer Lopez ist von dem Drehbuch zu *The Wedding Planner* derart begeistert, dass sie sogar angeboten haben soll, auf einen Teil ihrer Gage zu verzichten. Wie hoch der Betrag ist, auf den sie verzichtet hat, ist nicht zu erfahren. Allerdings dürfte Jennifer Lopez mit einer Gage von etwa neun Millionen US-Dollar durchaus noch zufrieden gewesen sein. Insgesamt soll die Produktion von *The Wedding Planner* 30 Millionen Dollar verschlungen haben (inklusive der Lopez-Gage).

Shankmans Lobeshymnen auf seine Protagonistin sind äußerst überschwänglich, wie aus einem Artikel in *Premiere* abzulesen ist: »Sie hat einen ganz besonderen Stil. Sie übt überaus gerne, sie hält sich immer an die vorgegebenen Dialoge. Sie hat es gerne, innerhalb einer gewissen Struktur zu arbeiten. Wenn sie mit einer Stelle Probleme hat, probt sie diese so lange, bis es so klappt, wie sie es sich vorstellt. Sie hat einen wahnsinnigen Rhythmus im Blut … Manchmal ist das richtig gespenstisch.«

Die männliche Hauptrolle in *The Wedding Planner* geht an Matthew McConaughey. Der gebürtige Texaner, der 1993 in der Billigproduktion *Mein Freund, der Zombie/My Boyfriend's Back* sein Debüt gibt, wird spätestens seit seinen Rollen in *The New-*

ton Boys (USA 1998) und *EdTV* (USA 1999) in Hollywood hoch gehandelt. 2000 steht er an der Seite von Jon Bon Jovi in dem Thriller *U-571* und 2001 für *Dexterity* vor der Kamera. Zwei Filme, die durchaus das Zeug zu Box-Office-Hits haben könnten. McConaughey ist allerdings die zweite Wahl. Monatelang ist Jungstar Brendan Fraser (*Die Mumie/The Mummy*, USA 1999) im Gespräch. Über die Gründe, weshalb Fraser die Rolle in *The Wedding Planner* nicht bekommt oder ob er sogar selbst abgelehnt hat, dringt nichts an die Öffentlichkeit.
Wenige Wochen nach den Dreharbeiten für *The Wedding Planner* steht Jennifer Lopez erneut im Rampenlicht. In Toronto, Kanada, entsteht der Film *Angel Eyes*, ein packendes Liebesmelodram. Ihr Filmpartner ist diesmal James Caviezel*, ein junger Charakterdarsteller, der sich einen Namen machte in Filmen wie *My Private Idaho – Das Ende der Unschuld/My Private Idaho* (USA 1991), *Der schmale Grat/The Thin Red Line* (USA 1998) und unter der Regie Oliver Stones in *An jedem verdammten Sonntag/Any Given Sunday* (USA 2000). An der Seite von Dennis Quaid ist er 2000 in dem Mysterythriller *Frequency* zu sehen. Regie bei *Angel Eyes* führt der gebürtige Mexikaner Luis Mandoki, der Anfang der 80er Jahre in Mexiko seine ersten Filme inszeniert und Mitte der 90er Jahre mit *When a Man Loves a Woman – Eine fast perfekte Liebe/When a Man Loves a Woman* (USA 1994, mit Meg Ryan) und *Message in a Bottle* (USA 1999, mit Kevin Costner und Robin Wright-Penn) bei zwei äußerst erfolgreichen Filmdramen Regie führt.
Während der Drehpausen zwischen *The Wedding Planner* und *Angel Eyes* findet Jennifer Lopez noch ausreichend Zeit, für MTV ein halbstündiges Special über ihr Leben abzudrehen. Dieses in Tagebuchform gestaltete Special ist durchaus aufschlussreich und gibt in kurzen Einspielungen einen Überblick über ihre Kindheit, Jugend und Karriere.
Im August 2000 erscheint auf Jennifers offizieller Website (www.jenniferlopez.com) die Nachricht, dass im Januar 2001 ein neues Album veröffentlicht werden soll. Die CD soll unter dem Titel *A Passionate Journey* wieder bei WORK/Sony Music er-

* James Caviezel nennt sich gelegentlich auch Jim Caviezel.

scheinen. In dem deutschen Lifestyle-Magazin *Max* ist zu lesen, dass Jennifer Lopez nun auch eine eigene Modekollektion auf den Markt bringen möchte.
Sicherlich wäre jeder andere an Jennifer Lopez' Stelle schon längst wunschlos glücklich. Doch was wäre das Leben ohne Träume, die man sich noch erfüllen möchte? Jennifer hat noch einen ganz großen Traum. Sie möchte für ihr Leben gerne einmal in einem Broadway-Musical mitspielen. Ein Angebot lag bereits vor. Sie hätte in dem Andrew-Lloyd-Webber-Musical *Evita* die Hauptrolle spielen dürfen. Allerdings kam dieses Angebot leider zur falschen Zeit. Zwischen CD- und Filmaufnahmen reichte dann doch die Zeit nicht mehr aus, um noch für ein abendfüllendes Musical zu proben, geschweige denn, an mehreren Abenden auf der Theaterbühne zu stehen. Wenn die Zeit es einmal erlauben sollte, plant sie ein Musical, das ein Freund von ihr geschrieben hat, zu produzieren und sicherlich auch eine der Hauptrollen zu übernehmen. Derzeit sind beide noch auf der Suche nach einem geeigneten Regisseur.
Ganz gleich wo – ob im Kino, im Radio, auf CD, auf unzähligen Titelbildern und Internetwebsites –, Jennifer Lopez ist allgegenwärtig. Man kann der attraktiven Latina nicht entkommen. Selbst wenn man überhaupt nicht damit rechnet, ist Jennifer Lopez Thema; auch wenn sie nicht in persona in Erscheinung tritt. So unlängst in der herzzerreißenden Dreieckskomödie *Glauben ist alles!/Keeping the Faith* (USA 2000), in der sich Rabbi Jake (Ben Stiller) und Priester Brian (Edward Norton) in ihre Freundin aus Kindertagen, Anna (Jenna Elfman), verlieben. Norton, der einen katholischen Priester spielt, nimmt einem schwarzen Jungen die Beichte ab. Dieser beichtet, weil er von den hervorstechenden Merkmalen einer gewissen Miss Lopez schwärmt …

16. Schönheit, Sex und Sinnlichkeit

La Lopez privat

»It's funny. I went to Paris for the Versace show with my assistant Arlene, who I've known since I was seven, and they flew us there on the Concorde. At the airport a silver Mercedes picked us up. So we get in, and I put a tape of my new album in the tape deck, and we're sitting there, smiling ear to ear, and I said: »Look at us. We're two simple girls from the Bronx in a Mercedes in Paris with a guard and a driver, listening to my album on our way to our two bedroom suite!« I felt like Audrey Hepburn.«

JENNIFER LOPEZ

Über ihr Leben, ihre Karriere, ihren Promistatus

Obwohl Jennifer Lopez schon von klein auf hoch gesteckte Ziele hat, sich ganz genau sicher ist, wohin sie will, und hart dafür arbeitet, hätte sie sich doch nie träumen lassen, eines Tages so viel zu vollbringen: »Ich habe erreicht, was ich erreichen wollte. Ich finde es klasse, dass ich es sowohl als Sängerin als auch als Schauspielerin geschafft habe. Ich wusste, dass ich das Zeug dazu habe, aber ich wusste nicht, ob es auch wirklich passieren würde«, meint sie in *Amica* in deren Februar-Ausgabe 2000.
Heute fährt sie ein Mercedes-Kabrio und teilt sich ein Apartment in West Hollywood mit ihrem Cockerspaniel namens Boots. Ihr Apartment mit dem ganz in weißem Stoff gehaltenen Schlafzimmer bewohnt Jennifer allerdings nur selten, denn die meiste Zeit reist sie von einem Hotel zum nächsten. »Ich lebe in Hotels, ich verbringe täglich zwei Stunden damit, mich schminken, anziehen und frisieren zu lassen. Ich reise in Länder, in denen ich nie war, und sehe doch nur Hotelzimmer oder Studios. Manchmal würde ich dem gern wenigstens einen Tag lang entfliehen.«
Für einen der 50 schönsten Menschen der Welt ist es schon schwierig, nur das Hotel zu verlassen. Lopez-Manager Benny

Medina weiß zu berichten: »Jennifer übt eine enorme Faszination aus. Wenn sie irgendwohin geht, auch in Begleitung anderer Prominenter, ist immer sie es, um die sich die Paparazzi scharen. Sie kann nirgendwo mehr hingehen, ohne belagert zu werden.« Jennifer trägt den Medienrummel um ihre Person mit Fassung: »Jedes Mal, wenn ich bei Barneys einkaufen gehe, weiß ich, dass die Paparazzi hinter mir her sind. Also ziehe ich besser meine schönen Jeans an, meine Stiefel, meine schöne Kombination, meine Sonnenbrille – das ist alles eine Menge Arbeit. Doch ich beschwere mich nicht darüber, es kann auch Spaß machen.«

Ihre Eltern und Geschwister in New York kann sie nur noch sehr sporadisch sehen, denn ihr Terminkalender ist prall gefüllt. Aber Jennifer weiß, wie glücklich sie sich in ihrer Situation schätzen kann. »Ich habe kaum Freizeit. Doch im Grunde betreibe ich meine Hobbys und bekomme auch noch Geld dafür.«

Für das einfache Mädchen aus der Bronx war dieser Aufstieg zum Superstar ein Lernprozess. »Als ich vor Jahren begann, im Fernsehen aufzutreten, interessierte das niemanden. Dann wird man berühmt und auf einmal interessiert die Leute alles, was man macht, jeder Aspekt deines Lebens. Ich schätze, sie werden einfach neugierig. Sie möchten wissen, wer du bist«, mutmaßt sie in *Vibe*.

Sie weiß, dass dabei auch ab und zu ein falsches Bild von ihr entstehen kann. »Tja, so ist das Geschäft. Die Menschen bilden sich so schnell eine Meinung von jemandem in meiner Position. Sie wollen dich in fünf Minuten durchschauen, und das geht einfach nicht. Manche Menschen schauen mich einmal an oder beurteilen mich aufgrund einer Sache, die ich getan habe, und entscheiden dann, wie ich bin. Ich sage nicht, dass das gut oder schlecht ist, aber so läuft die Sache.« Und an anderer Stelle ergänzt sie: »Jemand, dem ich vertraue, sagte mir einmal: ›Wenn du ein Star wirst, wird jeder um dich herum sagen, du hast dich verändert. Doch das hast du nicht. Was sich ändert, sind all die Leute um dich herum, die Art, wie sie dich beobachten.‹ Ich glaube, da ist ein Fünkchen Wahrheit dran.« In der amerikanischen Kinozeitschrift *Premiere* vom August 2000 fasst sie dies alles mit folgendem Satz zusammen: »Mein Leben ist eindeutig ein Zirkus. Aber ich bin nicht der Zirkusdirektor, sondern die Hauptattraktion.« Jennifer weiß die positiven Seiten des Prominentenstatus aber durchaus zu schätzen und freut sich vor allem darüber, für viele ein Vorbild zu sein, wie sie einem Fan während eines AOL-Chats erklärt: »Am Anfang war es ungewohnt, dass Leute auf mich zugehen, die ich nicht kenne. Aber natürlich handeln sie so, als würden sie mich kennen. Erst war das sehr unheimlich, aber inzwischen liebe ich es. Meine Fans kommen zu mir und erzählen mir, ich sei ein Rollenvorbild, und sie lieben alles, was ich tue. Das finde ich großartig.«

Jennifer Lopez dient ganz verschiedenen Menschen in mehrfacher Hinsicht als Vorbild. An erster Stelle natürlich für die lateinamerikanische Minderheit in den Vereinigten Staaten: »Ich spüre Stolz in der lateinamerikanischen Bevölkerung darüber, was ich erreicht habe … Das ist eine wunderschöne Sache für mich.« Vor allem puerto-ricanische Mädchen eifern dem großen Multitalent nach. »Das macht mich sehr glücklich, denn als ich aufwuchs, gab es nur sehr wenige lateinamerikanische Schauspieler und Schauspielerinnen und Sänger und Tänzer. Deshalb ist es für mich sehr wichtig, für solche Kinder ein Rollenvorbild zu sein.«

Aber auch für Frauen generell stellt Jennifer ein Ideal dar. Mit der Diskussion um ihren kurvenreichen Körper löst sie das alte Schönheitsideal des bleichen und magersüchtig anmutenden blonden Mädchens endgültig ab, für das sich seit Jahren nicht wenige Teenager durch zahlreiche Diäten quälen. Aber auch die herausragenden Charaktereigenschaften der New Yorkerin, ihr grenzenloses Selbstbewusstsein* und ihr enormer Ehrgeiz (»Ich möchte alles. Ich möchte Familie. Ich möchte eine tolle Arbeit machen. Ich möchte Liebe. Ich möchte, dass es mir gut geht«),

---

* Auf die Frage eines Journalisten des US-Magazins *Movieline* nach dem Grund ihres Erfolgs antwortet sie: »Weil ich die Beste bin. Ich fühle, dass ich alles machen kann – jede Rolle. Ich habe keine Angst. Ich arbeite sehr hart. Ich werde immer besser, je mehr ich mache. Wenn du talentiert bist, hast du keinen Grund, vor irgendetwas Angst zu haben. Wenn jemand diese Talente nicht hat, dann ist er natürlich unsicher. Das Problem habe ich nicht. Ich bin zwar nicht die beste Schauspielerin, die jemals lebte, doch ich weiß, dass ich ziemlich gut bin.«

entsprechen so gar nicht dem klassischen Stereotyp dessen, wie sich eine Frau verhalten soll.
Das Statement eines konservativen Journalisten, er habe noch nie eine ehrgeizigere Frau kennen gelernt, kontert Jennifer mit einer rhetorischen Gegenfrage: »Warum? Passt Ehrgeiz nicht zu einer Frau? Ja, ich bin ehrgeizig, aber das ist jeder Mensch – Männer und Frauen ... Jeder sollte das tun, was ihn glücklich macht. Wenn dich deine Arbeit glücklich macht, schön! Wenn es dich glücklich macht, zu Hause zu bleiben und die Kinder zu erziehen – cool. Was die Gesellschaft zu solchen Punkten sagt, ist mir ziemlich egal.«
Eine weitere Leitfunktion erfüllt Jennifer in Bezug auf Jugendliche: Sie trinkt nicht, sie raucht nicht und sie nimmt keine Drogen, was in ihrer Branche durchaus eine Seltenheit ist. Vorbild ist sie dabei insofern, als dass sie nicht den moralischen Zeigefinger erhebt und gegen Drogen wettert, sondern indem sie betont, dass sie beispielsweise nichts gegen Alkohol habe, ihn für sich selbst aber einfach nicht möchte. »Ich muss mich nicht betrinken, um mich zu amüsieren.« Und in *Amica* führt sie aus: »Trotzdem bin ich diejenige, die auf den Tisch steigt und zu tanzen anfängt. Ich brauche nichts, um in Stimmung zu kommen. Ich bin von Natur aus heißblütig.« Auch auf hartnäckige Nachfragen seitens eines Journalisten bleibt sie bei ihrer Meinung: »Gut, ich weiß zwar nicht, wie es ist, etwas getrunken zu haben. Aber nein, ich möchte es auch nicht ausprobieren.«
Was sie bei Männern und Frauen so beliebt macht, ist unter anderem, dass sie zwar alles verkörpert, was einen glamurösen Hollywood-Star ausmacht – Können, Charisma, Sexappeal –, aber dennoch auf dem Teppich geblieben ist. Gegen die Charakterisierung als Diva wehrt sich Jennifer Lopez deshalb vehement: »Ich finde, eine Diva zu sein bedeutet, dass man bösartig gegenüber anderen Menschen ist, dass man auf andere Menschen herunterschaut. Ich gehöre aber nicht zu dieser Sorte Mensch. Ich empfinde Frauen nicht als Bedrohung. Es gibt nur eine Person auf diesem Planeten, mit der ich in Konkurrenz stehe: mit mir selbst.«
Sie beteuert, immer noch der gleiche bodenständige Mensch aus ihrer Jugendzeit zu sein, da könne man jeden ihrer Freunde fra-

Immer auf dem Teppich geblieben: Jennifer Lopez bei der Oscar-Verleihung 1999

gen. Der beste Beweis hierfür ist sicherlich Jennifers persönliche Assistentin Arlene Rodriguez. Immerhin sind die beiden schon seit ihrem siebten Lebensjahr beste Freundinnen. Welcher Superstar kann schon mit guten Freunden aus der Grundschulzeit aufwarten? Und so wird Jennifer nicht müde, gegen den Diva-Status anzukämpfen.

Ihr Alltagsleben stuft die Latina als eher unbedeutend ein. Wenn sie gemeinsam mit ihren Freundinnen ausgeht, sieht das schließlich nicht anders aus als bei anderen Mädchen oder Frauen auch: »Wir rufen uns gegenseitig jeden Tag an und fragen uns: ›Was wirst du anziehen? Wohin sollen wir gehen? Wer fährt?‹«
Einige ihrer Schauspielerkollegen und -kolleginnen würden sich allerdings wahrscheinlich nicht scheuen, Jennifer dennoch als launische Diva und vielleicht auch als zu sehr von sich überzeugt zu bezeichnen. Immerhin nahm die gefeierte Actrice kein Blatt vor den Mund, als sie sich 1998 in dem berühmt-berüchtigten Interview mit *Movieline* über diverse Hollywood-Größen äußerte.
So unterstellte sie beispielsweise Gwyneth Paltrow, nur durch ihre Affäre mit Brad Pitt bekannt geworden zu sein. »Ich schwöre bei Gott, dass ich keinen Film kenne, in dem sie mitgespielt hat.« Über Winona Ryder sagte sie: »Ich kenne niemanden in der Öffentlichkeit oder unter meinen Freunden, der sagt: ›Ich mag sie.‹« Cameron Diaz bezeichnete sie als »glückliches Model, dem eine Menge Möglichkeiten gegeben wurden«. Und Sängerin Madonna spricht sie sogar ihre schauspielerischen Qualitäten ab. »Madonna? Halte ich sie für eine große Schauspielerin? Nein. Schauspielern ist das, was ich tue.« Auch Wesley Snipes greift sie an, indem sie sagt, sie habe während der Dreharbeiten zu *Money Train* seine Annäherungsversuche abwehren müssen.
Sicherlich muss man Jennifer Lopez zugute halten, dass sie zu dem Zeitpunkt dieses verhängnisvollen Interviews – es war das »*Selena*«-Jahr – gerade erst groß herauskam und mit dem ungewohnten Forum, das die Medien ihr nun boten, noch nicht umgehen konnte. Jedenfalls wehrte sie sich danach vehement gegen die Anschuldigungen, die aus diesem verhängnisvollen Interview resultierten. Sie fühlte sich missverstanden und schrieb einen Brief an die *Movieline*-Redaktion, in dem sie sich bei den genannten Schauspielerkollegen und -kolleginnen entschuldigte und in dem sie zugab, schlaflose Nächte wegen der falschen und unfairen Interpretationen ihrer Äußerungen gehabt zu haben.
»Manchmal versuchen Journalisten, eine Person zu erschaffen, die gar nicht vorhanden ist. Wenn ich wirklich ein Miststück und boshaft gegenüber anderen Frauen wäre, dann könnte ich mit dieser Charakterisierung leben. Aber so bin ich nicht. Bisher

ärgerte es mich, als boshafte Person dargestellt zu werden, aber nun merke ich, dass die Öffentlichkeit mich besser versteht als einige Journalisten. Es gibt Menschen, die wissen, wie ich wirklich bin, und das genügt mir.«

Über Männer und ihren Umgang mit ihnen

»Ein Mann zieht mich allein wegen seines Dufts an. Besonders mag ich den Geruch seines Nackens. An dieser Stelle ist oft noch ein letzter Rest von seinem Duftwasser zu riechen. Das liebe ich.«
(Jennifer Lopez)

Jennifer Lopez gilt als »the sexiest woman alive«. Für viele Männer auf der ganzen Welt ist sie die Traumfrau schlechthin. Doch wie sehen die Traummänner von Jennifer Lopez aus? Auf welchen Typ Mann steht die attraktive und begabte Latina? Das wichtigste Charaktermerkmal, das ein Mann mitbringen muss, um Jennifer zu überzeugen, ist Selbstbewusstsein. Er sollte die Eigenschaften eines harten Jungen haben, aber dennoch ein gutes Herz besitzen. Bezüglich der Optik achtet sie vorrangig auf das Gesicht des Mannes, den sie gerade kennen lernt.
»Der Mund eines Mannes ist für mich sehr wichtig. Wenn er kein schönes Lächeln, schöne Lippen und schöne Zähne hat, dann törnt mich das wirklich ab. Ich hasse es, wenn ein Mund unhygienisch ist. Und ich liebe schöne Augen. Und ich liebe Körper mit einer schönen Hautfarbe. Er muss nicht groß sein, aber er muss in Form sein. Ich mag es, wenn ein Mann auf sich achtet. Aber mehr als alles andere hasse ich schlechte Zähne.« Außerdem sagt Jennifer von sich, dass sie sehr geruchsorientiert ist und wohlriechende Männer sie magisch anziehen.
Eine von Jennifers Leidenschaften ist das Flirten. Sie behauptet selbst von sich, dass sie diese Kunst ausgezeichnet beherrscht. Ihr Erfolgsrezept besteht darin, einfach nur besonders freundlich zu sein und nicht zu offensichtlich zu flirten, da dies sonst kontraproduktiv ist. »Wenn ich einen Mann mag, dann bin ich sehr freundlich zu ihm. Ich spreche mit ihm, lache viel und schaue ihm eine Sekunde länger in die Augen, als ich sollte – eben all diese Dinge, die einen Mann wissen lassen, dass man an ihm interessiert ist.«

Jennifers Rezept: »Ein Teelöffel Flirten, ein Teelöffel Lachen und eine Tasse voll Hemmungslosigkeit«

Darüber hinaus bezeichnet sich Jennifer in einem *Details*-Interview als eine talentierte Verführerin. Für diejenigen, die ähnlich erfolgreich sein wollen, hat Jennifer ihr »Spezialrezept« parat: »Ein Teelöffel Flirten, ein Teelöffel Lachen und eine Tasse voll Hemmungslosigkeit.« Als Männer mordender Vamp möchte sie jedoch nicht abgestempelt werden. Dementsprechend heftig wehrt sie sich gegen etwaige Gerüchte: »Ich würde nie zu einem absolut fremden Mann gehen und ihn um eine Verabredung bitten. Es ist nicht mein Stil, hinter Männern herzujagen.« Das hat die von Männern heiß begehrte Latino-Schönheit auch garantiert nicht nötig. Ganz im Gegenteil: Jennifer musste sogar eine Technik entwickeln, um unerwünschte Verehrer loszuwerden: »Zeig ihm, dass du zumachst, dass du nicht interessiert bist. Du brauchst diese Ausstrahlung, die sagt: Geh weg!«

Und wie steht es mit dem Verlieben? Da muss schon das gewisse Etwas da sein und der Funke wirklich überspringen. Viele Leute meinen, sie würde sich in jeden Erstbesten vergucken, doch das streitet sie ab: »Dafür habe ich viel zu viel Achtung vor mir selbst.« Wenn es dann doch geschieht, ist das Gefühl dafür umso intensiver. Sie weiß, dass eine erfolgreiche Karriere nicht gleichzeitig bedeutet, dass man glücklich ist. Deshalb nimmt die Liebe in ihrem Leben einen zentralen Platz ein.

Der Faktor Treue ist für Jennifer in einer Beziehung äußerst wichtig. Ist ihr der Richtige über den Weg gelaufen, sieht sie keine Veranlassung, sich nach anderen Männern zu orientieren. Treue ist für sie oberstes Gebot. In *FHM* philosophiert sie: »Das bedeutet aber nicht, dass ich nicht verstehe, wenn jemand eine Person liebt und eine andere attraktiv findet. Das kann jedem passieren, egal wie treu man ist. Ich finde es schwierig zu beurteilen, wann jemand wirklich untreu ist. Wenn man dem anderen einen bläst, mit ihm schläft oder ihn küsst – wann überschreitet man wirklich die Grenze? Für mich bedeutet Untreue, wenn man mit jemandem sein Leben teilt und gleichzeitig für einen anderen Gefühle hegt. Ich bin treu.«

In einer Beziehung ist sie vor allem die Gebende. Sie gibt so viel, dass sie es schon fast als einen Fehler bezeichnet. Aber sie erwartet von ihrem Traummann genauso viel Zuwendung. »Ich mag sehr viel Liebe und Zuwendung. Ich brauche niemanden, der mir materielle Dinge kauft. Die kann ich mir selbst kaufen. Es ist zwar schön, Geschenke zu bekommen, aber sie sind kein Zeichen für Liebe. Liebe ist, wenn mir jemand sagt: ›Ich möchte den Rest meines Lebens mit dir verbringen und wenn es sein muss, springe ich aus einem Flugzeug für dich.‹«

Damit die Liebe auch in einer längeren Beziehung erhalten bleibt, empfiehlt sie, die Zweisamkeit permanent aufregend zu gestalten und dem Alltag den Einzug zu verbieten. »Zum Beispiel sollten die Partner nicht zusammen ins Badezimmer gehen.

Sie gewöhnen sich so aneinander, dass sie irgendwann nur noch wie Bruder und Schwester zusammenleben und nicht mehr als Liebende.« Sicherlich ist ein langweiliger Beziehungsalltag mit einer temperamentvollen Frau wie Jennifer Lopez unvorstellbar. So weiß sie in *Amica* zu berichten: »Ich bin eine typische Latina. Ich gehe sehr leicht hoch. Ich brülle rum wie eine Irre. Damit können manche Männer nicht umgehen. Aber ich finde es toll, wenn ein Mann zurückschreit. Ich finde es gut, ordentlich zu streiten. So frisst man wenigstens nichts in sich rein. Die Beziehung bleibt lebendig.«
Und für Männer hat sie schließlich noch einen Sextipp: »Frauen mögen es gar nicht, wenn man an ihren Nippeln wie an Radioknöpfen herumdreht. Dreh nicht daran herum! Du denkst: ›Ihr scheint es zu gefallen‹, und sie denkt: ›Meine Güte, wann hört er endlich auf?‹«

Über ihre Liebesbeziehungen

»I love love. Giving love, that's one of my biggest joys.«
(Jennifer Lopez)

Er heißt Charles, hat blaue Augen und schwarze Haare. Und er geht in die dritte Klasse. Charles ist Jennifers erster Schwarm. »Er war so niedlich. Ich küsste ihn nie, denn ich war erst zehn Jahre alt. Er kam jeden Tag zu mir nach Hause und meine Mutter gab uns Sandwiches und Milch. Ich träumte davon, ihn zu heiraten.« Es soll der einzige »Mann« in Jennifers Leben sein, der von ihrer Mutter derart verwöhnt wird.
Ihren ersten Freund hat Jennifer mit 15 Jahren. Er heißt David Cruz und ist nach ihren eigenen Angaben der bestaussehende Junge der Nachbarschaft. »Ich war keines der begehrten Mädchen – mein Körper hatte sich noch nicht so weit entwickelt –, aber ich war eines der cooleren Mädchen. In der zehnten Klasse hatte ich dann meinen ersten Freund und er bewirkte, dass ich mich als begehrenswerte Frau fühlte.« Mit 17 schläft sie zum ersten Mal mit David: »Ich weiß nicht, ob irgendjemand das erste Mal schön findet. Ich meine, zu dem Zeitpunkt waren wir nur zwei Kinder, die etwas ausprobierten, und niemand wusste, was

wir taten. Später wurde es aufregender. Nichtsdestotrotz habe ich immer noch das Gefühl dazuzulernen. Und dafür bin ich auch offen. Und ich möchte, dass mein Partner dafür ebenfalls offen ist.«

Die Beziehung mit David Cruz hält fast zehn Jahre. Oft sprechen sie über Heirat, wollen aber beide warten, bis Jennifer gewisse berufliche Ziele erreicht hat. Immerhin erlebt David ihre emotional und finanziell schwierigsten Jahre mit. Das Paar lebt zusammen in Los Angeles. Cruz begleitet sie auf ihren Reisen, wann immer er kann. Jennifers eher traditionell orientierten Mutter gefällt das gar nicht. Guadalupe Lopez findet, eine junge Frau solle bis zu ihrer Heirat bei ihren Eltern zu Hause wohnen. Sie heißt die Beziehung zu Cruz nie gut und versteht ihre Tochter in diesem Punkt nicht. Aber sie weiß auch, dass ihre Tochter sehr eigenwillig ist und das tut, was sie für das Beste hält.

Als Jennifer Mitte der 90er Jahre immer bekannter und beliebter wird, beginnt es in der Partnerschaft zu kriseln. Besonders schwer ist es für Cruz offensichtlich, seine Freundin in intensiven romantischen Szenen mit großen Hollywood-Schauspielern zu sehen. »Es war hart für ihn. Manchmal wurde er unsicher, weil ich Liebesszenen drehte mit gut gebauten Männern, die einen Haufen Geld hatten. Aber es war nun mal mein Job, so zu tun, als ob dieser Mann der einzige Mann in meinem Leben sei, und ich versuchte, dies so zu spielen. Liebesszenen sind lediglich ein körperlicher Kontakt. Ist es nicht das, was Männer seit Jahren Frauen erzählen? Es ist Schauspielerei!«

Im März 1996 beenden die beiden schließlich ihre Beziehung, als Cruz sich dafür entscheidet, nach New York City zurückzuziehen und dort ein Trockenreinigungsgeschäft zu eröffnen. Der Bruch kommt nicht überraschend für Jennifer. Ihr ist klar, dass ihr wachsender Erfolg für Cruz schwierig ist und dass sie dieses Problem auch mit anderen Partnern haben wird. »Wenn man so hart arbeitet wie ich, ist es schwer, Liebe zu finden … Ich bin ehrgeizig und manche Männer haben massive Probleme damit, dass für mich die Arbeit an erster Stelle stehen kann.«

Kurz nach der Trennung von Cruz glaubt sie, den Mann gefunden zu haben, der ihre Lebensweise akzeptieren kann: Ojani Noa. Der Kubaner arbeitet einerseits als Model und andererseits als

Kellner im Restaurant »Larios« in Miami, das im Besitz des Latino-Megastars Gloria Estefan ist und auch von Jennifer Lopez des Öfteren besucht wird. Zu Gloria und ihrem Mann Emilio verbindet Jennifer bis heute eine lange Freundschaft. Das ›Larios‹ ist einer der wichtigsten Treffs für Latinos in Miami. An diesem Ort beginnt Jennifers zweite große Lovestory. Auf den smarten Kubaner hat sie schon seit einiger Zeit ein Auge geworfen. Doch es dauert etwas, bis sie sich kennen lernen sollen.
Immerhin gibt Lopez zu, sie benehme sich idiotisch, wenn sie verliebt sei. Im Fall Noa äußert sich dies folgendermaßen: »Ich ging eine Million Mal an ihm vorbei zur Toilette. Einmal kam er auf mich zu und ich rutschte aus. Es war ihm so peinlich! Er war so ›besorgt‹.« Jennifer, die gerade *Blood and Wine* dreht, verliebt sich in Ojani Noa. »Schließlich sorgte meine Freundin dafür, dass wir mit ihm an einen Tisch gesetzt wurden. In der Nacht gingen wir zusammen aus und von dem Moment an war es tiefe Liebe«, erzählt sie *Cosmopolitan*. Wie tief diese Liebe ist, zeigt sich daran, dass sich die beiden bereits nach weniger als einem Jahr das Jawort geben.
Für den Heiratsantrag, den Noa Jennifer macht, wartet er einen ganz besonderen Zeitpunkt ab: die Party zum Filmstart des gerade abgedrehten Films *Selena*. Für Jennifer ist dies einer der romantischsten Augenblicke in ihrem Leben: »Für alle ganz plötzlich nahm Ojani das Mikro und ich dachte, er sagt vielleicht etwas darüber, wie hart ich gearbeitet hätte. Er kam zu meinem Tisch und sagte auf Spanisch: ›Ich möchte nur eine Sache sagen: Jennifer, willst du mich heiraten?‹ Alle applaudierten. Ich begann zu weinen. Dann fiel er auf die Knie und steckte mir den Ring an meinen Finger. Es war sehr, sehr romantisch.«
Natürlich sagt sie Ja! Aber das hatte Noa auch gar nicht bezweifelt. Als sie in der Nacht nach Hause kommen, holt er seinen Kalender heraus und legt den Hochzeitstermin fest. Das glückliche Paar – sie ist zu dem Zeitpunkt 26 Jahre alt, er 24 – heiratet im Februar 1997 vor über 200 Freunden und Verwandten.
Doch schon sehr schnell kommen die ersten Gerüchte über Disharmonien in ihrer Ehe auf. Auf die Frage eines Journalisten, ob Noa sich damit abfinden könne, dass Jennifer Liebesszenen drehe, antwortet sie nur: »Sie wissen ja, wie Latino-Männer sind.

Sehr leidenschaftlich. Das ist alles neu für uns und wir müssen beide sehen, wie wir das schaffen. Wir haben unsere schwierigen Zeiten, aber wir lieben uns.« Zeitweilig überlegt Noa, ebenfalls als Schauspieler ins Filmgeschäft einzusteigen. Doch das redet Jennifer ihm aus. »Ich sagte: ›Nachdem du gesehen hast, was ich durchgemacht habe, als ich die letzten sechs Monate nonstop gearbeitet habe, möchtest du Schauspieler werden?‹«
Vielleicht hätte sie Noa seine Erfahrungen machen lassen sollen und er hätte dann mehr Verständnis für ihre berufliche Situation gehabt. So endet die Ehe der beiden bereits ein Jahr nach der

Model und Kellner (und Ehemann Nummer eins): Ojani Noa mit Jennifer Lopez

Heirat mit der Scheidung. Wahrscheinlich sind mehrere Gründe dafür ausschlaggebend. Sicher kommt Noa auch mit der zunehmenden Berühmtheit seiner Frau nicht zurecht. Nach der Scheidung meint Jennifer: »Viele Leute haben mich kritisiert, weil ich so schnell geheiratet habe. Es ist hart für einen Macho zu akzeptieren, dass seine Frau mehr Geld verdient als er, dass sie sexy Kleidung trägt und Liebesszenen dreht.« Noa dagegen erzählt, dass Jennifer die Ehe beendet habe, weil sie sich ganz auf ihre Karriere konzentrieren wolle und sie dazu Ruhe brauche.

Bleibt die Frage offen, warum Jennifer ihre Karriere einer glücklichen Liebesbeziehung vorzieht, wo die Liebe doch einen sehr großen Stellenwert für sie hat. In *Amica* bedauert sie das Scheitern ihrer Ehe sehr: »Ich hätte gern gehabt, dass es klappt, aber es hat leider nicht funktioniert. Das Eingeständnis, dass unsere Ehe in die Brüche ging, fiel mir nicht leicht. Es gab sogar eine Phase, in der ich mit dem Gedanken spielte, meine Karriere aufzugeben. Aber ich hatte einfach zu hart gearbeitet, um alles Erreichte dafür hinzuschmeißen.« Jennifer macht vor allem ihre zunehmende Bekanntheit für den Bruch mit Noa verantwortlich. »Ich hatte eine leuchtende Zeit, aber er hatte seine Zeit bis dahin noch nicht gehabt.«

Etwas resigniert gibt sie zu: »Ich habe gelernt, dass verheiratet sein nicht nur mit Liebe zu tun hat. Ich war jung und naiv und dachte, die Liebe erobert die Welt – aber man muss bis zu einem bestimmten Grad Kompromisse eingehen. Und manchmal sind die Menschen zu dem Zeitpunkt in ihrem Leben dazu nicht bereit«, verrät sie dem *Latina Magazine*. Damit meint sie sowohl Noa als auch sich selbst. Sicherlich haben beide ihre Fehler gemacht und auch eingesehen, was ein Grund dafür sein dürfte, dass sie bis heute gute Freunde geblieben sind. Immerhin hat es Noa Jennifer zu verdanken, dass er ein erfolgreicher Geschäftsmann wurde. Er leitet heute den »Conga Room«, einen Latinclub und ein Restaurant in Los Angeles, deren Mitbesitzer neben Jennifer Lopez auch Jimmy Smits und Paul Rodriguez sind.

Nach der Scheidung von Noa werden Jennifer diverse Affären nachgesagt, die sie aber alle vehement bestreitet. Offensichtlich können sich die Medien nicht vorstellen, dass eine so erfolgreiche, attraktive und prominente Frau allein leben kann. Und

Bis heute gute Freunde geblieben: Ojani und Jennifer, hier im Januar 1998 bei der Verleihung der Golden Globes

natürlich – dieses Schicksal teilt sie mit vielen erfolgreichen und zugleich begehrenswerten Frauen – unterstellt man ihr ausschließlich Bettgeschichten mit einflussreichen Männern aus der Musikbranche just zu dem Zeitpunkt, als sie 1999 ihre erste CD *On the 6* veröffentlicht. Wie bereits in Kapitel 12 erwähnt soll sie zum Beispiel ihre CD durch eine Beziehung zu Tommy Mottola, dem Präsidenten von Sony Music Entertainment und Exehemann von Mariah Carey, »erschlafen« haben.
Das ist natürlich völlig unbewiesen und beide empören sich über so viel journalistische Unverfrorenheit. Jennifer kommentiert dies in *Elle* als unglaublich und krank. »Als wenn ich so etwas nötig hätte, um es so weit zu bringen, wie ich es gebracht habe.

Als wenn irgendjemand auf diese Art und Weise einen Plattenvertrag bekäme.« Und Mottola, der durch Aussagen wie »Jennifer strahlt einen entwaffnenden Charme und Sexappeal aus« die Behauptungen noch unbeabsichtigt vermehrte, protestiert: »Sie wissen wohl nicht, mit wem sie es zu tun haben!«
Des Weiteren soll Jennifer mit dem von ihr aufgrund seiner musikalischen Arbeit sehr verehrten Marc Anthony eine Affäre gehabt haben. Aber außer ihrem Auftritt in seinem Video *No me ames (You Don't Love Me)* ist nichts zwischen den beiden gewesen. Auch mit dem bekannten Flamencotänzer Joaquin Cortez soll sie zusammen gewesen sein, der zuvor mit Supermodel Naomi Campbell liiert war. Alle Gerüchte sind jedoch unbewiesen und werden von Jennifer entschieden bestritten.
Etwas entnervt über ihr angeblich so abwechslungsreiches Liebesleben meint sie: »Die wollen mich mit jedem verkuppeln. Es ist so lächerlich. Ich wünschte, ich hätte so viel Action.« Als ein Blatt sie sogar als billiges Flittchen abstempeln will, fordert sie eine Entschuldigung – und bekommt sie. Empört versichert sie gegenüber *Elle*: »Ich hatte nie eine wilde Phase. Ich glaube, das habe ich meiner Mutter und meinem Vater zu verdanken, die Art, wie sie mich erzogen haben. Sie warnten immer mit den Worten ›Keine Drogen, kein Alkohol und halte deine Beine geschlossen‹.«
In der Tat lebt Jennifer nach der Ehe mit Noa erst einmal eine Weile allein und widmet sich ihrer Karriere. Doch in Gedanken schmiedet sie Pläne, spricht davon, nach weiteren Jahren harter Arbeit irgendwann heiraten und Kinder bekommen zu wollen. »Ich dachte schon bei Ojani, ich wäre bereit dazu, aber das war ich nicht. Aber beim nächsten Mal werde ich alles bekommen. Alles. Warum nicht?« Derweil macht sie sich Gedanken, warum ihre bisherigen Beziehungen gescheitert sind und welche Eigenschaften ihr zukünftiger Partner mitbringen muss. »Es sind zu viele Jahre vergangen, in denen die Botschaft vom Mann als Ernährer verbreitet wurde. Das ist hart, aber ich bin immer noch optimistisch. Ich spüre, dass mein Traummann mich verstehen und unterstützen wird und dass ich ihn unterstützen werde. Dann wird das Leben prima sein.«
Inzwischen hat sich herausgestellt, dass Jennifer den Mann ge-

funden hat, auf den diese Beschreibung offensichtlich zutrifft: Sean Combs alias Puff Daddy. 1970 im New Yorker Stadtteil Harlem geboren, will Sean immer nur eins: raus aus dem Armenstadtteil New Yorks und ein Superstar werden. Zunächst ist er Praktikant bei einer Plattenfirma, bis er schließlich 1993 mit Bad Boy sein eigenes Label ins Leben ruft. Das Label entsteht mit dem Ziel, neuen Künstler eine Chance zu geben. Viele von ihnen kennt Puffy größtenteils persönlich.

Ein neuer Begleiter: Sean Combs alias Puff Daddy

Bad Boy zählt heute zu den angesagtesten Labels in Sachen Rhythm and Blues und Hip-Hop. Ein Großteil der verpflichteten Künstler sind längst Weltstars: Usher, Foxy Brown, Jay-Z, Busta Rhymes, Lil' Kim, 112 oder MA$E. Den ersten Rapper, den Puff Daddy 1994 für Bad Boy verpflichtet, ist ein gewisser Christopher Wallace, der unter dem Pseudonym The Notorious B.I.G. zu einer Gallionsfigur des Hip-Hop wird. Im März 1997 wird B.I.G. auf offener Straße erschossen. Obwohl der Rapper schon zu Lebzeiten in den USA äußerst erfolgreich ist (*Big Poppa/Warning*; *One More Chance/Stay With Me*; zwei Doppel-A-Seiten-Singles, beide 1995), gelingen ihm erst posthum die größten Hits: *Hypnotize*, der einen Monat nach B.I.G.s Tod auf Rang eins in den US-Charts steht (D Nr. 15), sowie der Funk-Rap-Song *No Money No Problems* (USA Nr. 1; D Nr. 11).
B.I.G. zu Ehren veröffentlicht Puff Daddy 1997 seinen bisher größten Erfolg: *I'll Be Missing You*. Das Stück, bei dem der »Police«-Klassiker *Every Breath You Take* gesampelt wird, nimmt Puff Daddy gemeinsam mit der Witwe B.I.G.s, Faith Evans, und der Band »112« auf. Der Song wird im Sommer 1997 ein weltweiter Nummer-eins-Hit. Puff Daddy gilt nicht nur als Hip-Hop-Mogul. Er ist Meister im Recycling bekannter und weniger bekannter Songs aus den Annalen der Pop- und Rockgeschichte. Dies bringt ihm nicht ganz zu Unrecht den Ruf ein, für den Ausverkauf des Hip-Hop verantwortlich zu sein.
Immer wieder sind auch Gastkünstler, die zu Puffys »Family« zählen, auf den Platten mit von der Partie. Neben *I'll Be Missing You* zählen bislang zu den größten Hits von Puff Daddy und seiner Family: *Can't Nobody Hold Me Down* (1997, USA Nr. 1, D Nr. 23), *Come With Me* (mit Jimmy Page, aus dem Film *Godzilla*, USA Nr. 4; D Nr. 3), *P. E. 2000* (1999, mit Hurricane Smith, D Nr. 14) und die Soulballade *Satisfy You* (1999, im Duett mit R. Kelly, USA Nr. 1; D Nr. 2).
Zum ersten Mal treffen sich Jennifer Lopez und der gleichaltrige Sean Combs 1997. Anlass sind die Aufnahmen zu dem Lied *Been Around the World* (D Nr. 41; USA Nr. 5), das Combs gemeinsam mit MA$E und The Notorious B.I.G. einspielt. In dem dazugehörigen Video hat die schöne Latina einen kurzen Gastauftritt.

Von Jennifer sehr angetan, erfährt Sean dann von ihrem Vorhaben, eine CD aufzunehmen. Für ihr Album *On the 6* (siehe Kapitel 12) produziert Puff Daddy den Hit *Feelin' So Good.* Ab dieser Zusammenarbeit, so wird gemunkelt, sind aus den beruflichen Kontakten private geworden. Jennifer, die aus ihrer gescheiterten Ehe mit Noa lernen und die Öffentlichkeit nicht mehr so intensiv an ihrem Privatleben teilhaben lassen will, leugnet anfangs noch eine Beziehung zu Combs.

Auch nachdem die beiden Ende Mai 1998 angeblich zwei stürmische Tage und Nächte in einem Hotel in Miami verbracht haben, beharrt Jennifer darauf, dass es sich um eine rein freundschaftliche und berufliche Verbindung handle. »Puff Daddy hat einige meiner Songs gehört und es hat ihm wirklich gefallen. Er spürt, dass ich etwas anderes und Neues geschaffen habe. Und er muss es ja wissen, schließlich ist er der beste im Musikgeschäft.« Spätestens jedoch seit Mitte 1999 bestätigen beide, dass sie ein Paar geworden sind. Für Combs ist Jennifer übrigens einem ihrer Prinzipien untreu geworden. 1997 beteuert sie noch in einem Interview mit der amerikanischen *Cosmopolitan*, dass sie sich bislang ausschließlich in Latinos verliebt habe. Damit ist Puff Daddy der erste Mann an ihrer Seite, der nicht lateinamerikanischer Abstammung ist.

Jennifer Lopez und Sean Combs ergänzen sich besser, als viele meinen, wenn sie an den »Bad Boy« denken. Sie sind gleichaltrig (Noa hingegen war jünger), sie arbeiten beide im Show-Business, haben die gleichen Ambitionen, den gleichen Ehrgeiz, sind sehr selbstbewusst, waren beide früher Tänzer, lieben den Hip-Hop und kommen aus armen Verhältnissen. Beide sind absolute Stars und können sich gegenseitig gut verstehen und unterstützen. Sie sind es gewohnt, im Fokus der Öffentlichkeit zu stehen. So wissen beide beispielsweise bestens, wie es ist, vor Paparazzi zu fliehen, wenn sie abends mal ins Kino oder in ein Restaurant gehen wollen. Alles Faktoren, die in Jennifers Ehe mit Noa nicht gegeben waren und auf die sie in ihrer neuen Beziehung besonderen Wert legen möchte.

Auch beruflich ist die Beziehung zwischen dem lateinamerikanischen Multitalent und dem Megarapper wechselseitig überaus fruchtbar. Jennifer profitiert von den musikalischen Er-

fahrungen ihres Freundes und Combs erhält wertvolle Tipps von seiner Lebenspartnerin in Sachen Schauspielerei. Schließlich wird der Rap-Star in nächster Zeit sein Leinwanddebüt geben. So ist er voraussichtlich 2001 in dem komödiantischen Mafiathriller *Made* an der Seite von Vince Vaughn und Jon Favreau zu sehen; jedoch lediglich in einer Nebenrolle. Puff Daddy möchte sich langsam hocharbeiten. Um in Hollywood richtig Fuß fassen zu können, setzt er auf die Hilfe seiner Freunde Denzel Washington und Wesley Snipes und natürlich auf die »seines Lieblings« Jennifer Lopez, wie er sie zärtlich in einem *BRAVO*-Gespräch nennt.
Wann immer Jennifers Terminkalender es zulässt, ist sie an der Seite ihres Freundes. So wird sie im März 2000 des Öfteren in Deutschland gesehen, als Puff Daddy im Rahmen seiner Welttournee einige Konzerte in der Bundesrepublik gibt. Puff Daddy bedauert die Trennung aufgrund des beruflichen Terminstresses sehr. Während Jennifer in Amerika an ihren neuen Filmen *The Wedding Planner* und *Angel Eyes* arbeitet, gibt Puffy fleißig Konzerte. Nichtsdestotrotz sieht Combs die Beziehung in einem guten Licht: »... Unsere Beziehung ist so solide, dass sie Trennungen aushält.«
Es kursierten immer wieder Gerüchte, dass das Traumpaar zu Silvester 1999/2000 in den Hafen der Ehe einlaufen wolle. Bislang jedoch sind sämtliche Heiratspläne nur Spekulation. Auf die Frage, ob er Jennifer heiraten möchte, antwortet Puff Daddy Alex Gernandt in bereits erwähntem *BRAVO*-Interview: »Ich liebe Jennifer über alles, aber diese Frage kann ich noch nicht beantworten. Ich brauche noch Zeit. Ich habe einiges versaut in meinem Leben. Wenn ich heirate, möchte ich alles richtig machen. Ich bin noch nicht so weit. Es gibt noch zu viele Probleme in meinem Leben.«
Für Jennifer bedeutet heiraten und Kinder bekommen die Erfüllung ihres Lebenstraums. Doch sie ist vorsichtig: »Es ist wahrscheinlich der größte Traum, den ich habe. Aber ich war schon verheiratet und weiß, was es bedeutet. Ich weiß, wie wichtig es ist. Sollte ich also jemals noch einmal heiraten, soll es eine ganz sichere Sache sein, es soll für immer sein.«
Das sicherlich größte Problem ihrer Beziehung sind die gegen

Jennifer und »Puffy« im September 1999 in New York bei der Verleihung der MTV Video Awards

Combs laufenden Anklagen der New Yorker Staatsanwaltschaft. Kurz vor Silvester 1999 werden Puff Daddy und Jennifer Lopez nach einer wilden Verfolgungsjagd in New York von der Polizei

festgenommen. Zuvor war es in einem Nachtclub in Gegenwart des Paares zu einer Schießerei gekommen, bei der drei Personen verletzt wurden. Jennifer wird nach einem 14-stündigen, angeblich tränenreichen Verhör wieder freigelassen. Anklage wird nicht gegen sie erhoben. Über die Schießerei sagt sie schlicht: »Wir waren zur falschen Zeit am falschen Ort. Die Leute vergessen, dass wir Menschen sind. Hier bin ich und hier ist mein Freund und wir hätten in jener Nacht getötet werden können.«
Combs beteuert von Anfang an seine Unschuld, doch in seinem Wagen werden zwei illegale Waffen gefunden. Da er später seinen Leibwächter mit 50.000 Dollar und einem Diamantring bestochen haben soll, damit dieser die Waffen als seine ausgibt, lautet die Anklage gegen Puffy nun: unerlaubter Waffenbesitz und versuchte Bestechung. Des versuchten Mordes wird derweil der 19-jährige Jamal »Shyne« Barrow, einer von Puffys »Bad Boy«-Rappern, beschuldigt. Bei ihm hatte die Polizei in jener Nacht die Waffe gefunden, mit der die drei Personen in der Diskothek angeschossen worden waren. Allein im Falle einer Verurteilung wegen illegalen Waffenbesitzes drohen Combs jedoch schon bis zu 15 Jahre Haft.
Lange Zeit steht in den Sternen, ob Puffys Welttournee im ersten Quartal 2000 überhaupt stattfinden kann. Bis zum Urteilsspruch Ende 2000 müssen sich Puffy und Jennifer jedoch noch gedulden. Bis dahin gilt für die beiden, die bange Zeit des Wartens und Hoffens, so gut es geht, gemeinsam durchzustehen. Allerdings ist anzumerken, dass es wegen der Schießerei und ihrer Folgen – gerade für die unbeteiligte Jennifer Lopez – schon zu einem heftigen Streit zwischen ihnen kam. »Schau dir den Ärger an, in den du mich hineingezogen hast«, fuhr Jennifer laut dem Blatt *Honey* ihren Freund an, als sie in jener Nacht im Dezember zur Polizei gebracht wurden. Auf eine skandal- und schlagzeilenträchtige Beziehung hat Jennifer offensichtlich wenig Lust.
Es bleibt also abzuwarten, wie solide die Beziehung zwischen der Latino-Schönheit und dem attraktiven »King of Rap« auf die Dauer wirklich sein wird. Neben den erwähnten Gemeinsamkeiten gibt es doch nicht zuletzt aufgrund des Puff Daddy bevorstehenden Gerichtsprozesses einige Belastungsproben für die Beziehung.

Über ihren Körper und über Schönheit

»Sie hat ein ungeheures Maß an Glamour, wie ich es seit Jahren nicht bei einer Schauspielerin erlebt habe.«
(Edward James Olmos über Jennifer Lopez)

Zeitweise wird über Jennifer Lopez' Körper mehr geschrieben, geredet und gesendet als über ihre Leistungen in Filmen oder als Tänzerin und Sängerin. »The Sexiest woman of the World« ziert seit Jahren immer wieder zahlreiche Titelblätter von Magazinen auf der ganzen Welt. 1997 wird sie von den Lesern des US-Magazins *People* bei der Wahl der 50 schönsten Menschen der Welt auf den 16. Platz und in der spanischen Ausgabe desselben Blattes auf den vierten Platz gewählt. *Details* kürt sie 1998 zur »Sexiest Woman of the Year«.
Danach ernennt die Zeitschrift *Glamour* sie in ihrer Dezember-Ausgabe zu einer ihrer »Women of the Year 1999« wegen ihrer großartigen schauspielerischen, sängerischen und tänzerischen Qualitäten und ihres Engagements als Rollenvorbild für Jugendliche in New York City. Und bei den VH-1/Vogue Fashion Awards in New York wird sie im Dezember 1999 zur bestgekleideten weiblichen Künstlerin bestimmt. Auch die Werbeindustrie hat längst entdeckt, dass sich mit Jennifers natürlicher Erscheinung gutes Geld verdienen lässt. Neben Coca-Cola und anderen großen Konzernen leiht sie dem Kosmetikriesen L'Oreal als erste Latina überhaupt ihr Gesicht zu Werbezwecken.
Apropos Gesicht. Ein schwerer Unfall, den Jennifer im Alter von 13 Jahren erleben musste, hätte fast verhindert, dass ihr Gesicht und ihr Körper zur Mediensensation werden. Damals stieß ein mit Gasbehältern beladener Lkw mit dem Wagen ihrer Mutter zusammen. Glücklicherweise zog Jennifer sich dabei nur einen Nasenbeinbruch zu. In *FHM* schildert sie das Unglück aus ihrer Sicht: »Was mir das Leben gerettet hat, war, dass ich mich auf dem Beifahrersitz sitzend gerade hinunterbeugte, um mir die Schuhe zu binden. Der Scheinwerfer des Lkw flog durch die Windschutzscheibe und landete hinten im Wagen. Er hätte mein Gesicht zerschlagen. Ich weiß gar nicht mehr genau, wie meine Nase dabei brach, jedenfalls sieht sie deshalb so aus, wie sie aus-

Auch ein schöner Rücken …

sieht. Die Leute erzählen mir immer, dass ich aussehe, als wäre ich mit einem Hammer geschlagen worden, aber ich mag meine Nase. Im Profil sieht sie gut aus, aber wenn man von vorne guckt oder sie berührt, merkt man, wie platt sie ist.«

Selbstverständlich erleidet ihre Schönheit durch die gebrochene Nase keinerlei Abbruch. Hunderte von Zitaten schwärmender Männer könnte man hier anführen. Dabei ist sich die attraktive New Yorkerin ihres Sexappeals schon sehr früh bewusst: »Das bekam ich schon als junges Mädchen mit. Mit elf blieben zum ersten Mal die Männer auf der Straße stehen und sahen mir

… kann entzücken.

nach. Ich begriff schnell, dass mich das anders machte – es machte mich … mächtig.«

Diesen Eindruck kann man tatsächlich gewinnen, wenn man sich anschaut, wie erwachsene Männer jeglicher Couleur sich zu pubertierenden Teenagern degradieren, wenn sie die diversen Körperteile der schönen Latina preisen. Dies treibt zuweilen die unglaublichsten Blüten: Gemäß der englischen *Sun* soll Lopez ihren Astralkörper für eine Milliarde Dollar versichert haben. Alleine 300 Millionen Dollar sollen ihr dabei ihre Beine und ihr Po wert gewesen sein, 200 Millionen Dollar ihre Brüste und 50

Millionen Dollar ihr Haar. Die *Sun* rechnete aus, dass jedes Kilo der Lopez damit 18,4 Millionen Dollar wert sei. Das wäre die höchste Versicherungssumme, die je ein Prominenter für seinen Körper abgeschlossen hätte. Aber Jennifer zeigt sich sehr amüsiert über solche Behauptungen. Sie sei nun erst auf die Idee gekommen, sich derart zu versichern, meint sie lachend.

Vor allem der Po der sexy Latina steht immer wieder im Mittelpunkt und scheint bei so manchen Männern kein anderes Thema mehr zuzulassen. Brantley Bardin von *Details* versucht sie das Phänomen um ihr bestes Stück zu erklären: »Ich liebe meinen Hintern und ich habe mich noch nie für ihn geschämt. Ich schätze, die Tatsache, sich für nichts Derartiges zu schämen, ist untypisch für diese Gesellschaft und dadurch rückt es in den Mittelpunkt.«

Bei *FHM* hingegen hat sie einen anderen Erklärungsversuch parat: »Meine Güte, die Leute reden die ganze Zeit über meinen Hintern. Nur weil er groß ist. Er ist nicht riesig und hässlich oder so etwas, aber als ich jünger war, hatte ich ein wenig Komplexe deshalb. Also habe ich das in früheren Interviews thematisiert – vielleicht als eine Art von Verteidigung. Und nun fotografieren sie mich bei jeder Filmpremiere nur noch von hinten. Aber es ist okay. Das macht mir nichts aus.« Manchmal ist sie es jedoch leid, immer wieder nur auf ihr Gesäß reduziert zu werden. »Wie gerne würde ich mal einen Artikel lesen, in dem mein Hintern nicht ein einziges Mal erwähnt wird.«

Auch in ihrem Beruf als Schauspielerin muss sich Jennifer wegen ihres Gesäßes einiges anhören. So gibt es doch tatsächlich manche in Hollywood, die sie als fett bezeichnen. Für Jennifer, nicht nur für sie, ist das völlig unverständlich: »Wenn man meine Filme ansieht, kann man sehen, wie meine Figur ist. Ich muss mich nicht verstecken. Aber wenn ich von Kostümbildnern betrachtet werde, sagen sie: ›Lass mal sehen, sie sieht ein wenig breithüftig aus, sie hat einen großen Hintern, was können wir da machen?‹ Sie versuchen immer alles zu verkleinern und deshalb sehen wir all diese Schauspielerinnen, die so dünn und so weiß sind. Latinas haben einen bestimmten Körpertyp. Selbst dünne Latinas sind kurvenreich. Ich habe immer schon Ärger gehabt mit Kostümbildnern.« Einzige Ausnahme ist nach ihren Angaben hierbei der Film *Selena. Film Scouts* erzählt sie: »In jedem Film versuchen sie, dich so dünn wie möglich aussehen zu lassen. … In *Selena* war es genau andersherum: ›Wie können wir sie aufnehmen, daß ihr Hintern so aussieht wie Selenas?‹«

Lopez' Beine stehen ebenfalls hoch im Kurs bei Männern und Frauen. So kürte die amerikanische Unterwäsche-Firma Hanes Jennifers Beine zu den sexiesten Beinen von Hollywood, nachdem in einer von Hanes in Auftrag gegebenen Umfrage mit 16 Prozent eine große Mehrheit der US-Amerikaner für die Beine der Latino-Schönheit gestimmt hatte.* (Platz zwei belegte übrigens mit nur acht Prozent Ashley Judd.) 13 Prozent der befragten Frauen wünschten sich selbst solche Beine und 21 Prozent der Männer würden ihre Freundin gerne mit Jennifers Beinen »ausstatten«.

Wenn sie lange genug sucht, findet aber selbst Amerikas erotischster Topstar etwas an sich zu mäkeln. Der einzige Körperteil, mit dem Jennifer nicht zufrieden ist, sind ihre Fußknöchel. »Ich hasse meine Fußknöchel – sie sind zu dünn. Im Verhältnis zu meinem übrigen Körper sind sie zu dünn. Die Knöchel meiner Mutter sehen auch so aus, aber bei ihr passen die Proportionen besser. Ich dagegen habe einen großen Hintern und dünne Fußknöchel.«

Bis auf diese Kleinigkeit mag Jennifer ihren Körper so wie er ist. Dieses gesunde Körperbewusstsein transportiert sie auch nach außen. »Glücklicherweise mag ich die Art, wie mein Körper geformt ist – von den Proportionen her. Ich bin oben herum nicht zu üppig und ich habe eine dezente Taille. Ich habe das, was man eine ›frauliche‹ Figur nennt und ich mag es so.« Die Selbstsicherheit bezüglich ihres Körpers schreibt sie ihren Eltern zugute. *People Weekly* erzählt sie in deren Ausgabe vom Mai 1999: »Jedes Mal wenn ich zu Hause anrufe, sagt mein Vater ›Hallo, schöne Frau‹. Dadurch fühle ich mich sehr attraktiv.«

Sie ist froh über ihre frauliche Figur und stolz darauf, ein neues Schönheitsideal herbeigeführt zu haben. Bei *Amica* (Ausgabe

---

* Bei den männlichen Prominenten gewann übrigens Brad Pitt mit zehn Prozent nur knapp vor Ricky Martin mit neun Prozent. Vgl. TV Spielfilm 6/2000.

2/2000) bestätigt sie ihr Selbstbewusstsein: »Jahrelang musste man dünn sein, um in zu sein. Ich habe Brüste und ich habe einen Hintern. Ich habe eine Figur und ich habe Kurven. Egal, was irgendjemand sagt, egal, was die Modezeitschriften schreiben, Männer standen immer schon auf Kurven und werden auch immer darauf stehen.« Sie freut sich darüber, Hollywoods Hungerhaken-Ideal verdrängt zu haben und Frauen von überflüssigen Diäten abhalten zu können. »So lange musste man dünn, dünn, dünn sein. Ich bin froh, zur neuen Selbstachtung anderer Menschen beigetragen zu haben.«
So ganz von selbst kommt die Schönheit aber auch bei einer Jennifer Lopez nicht. Im Gegenteil: Sie arbeitet hart für ihr Aussehen. Unter anderem achtet sie streng auf ihre Ernährung (vormittags isst sie ausschließlich Eiweiß) und trainiert viermal in der Woche in der Sporthalle. Sie betreibt Kickboxen, Laufen und Krafttraining. »Ich habe mein Image total unter Kontrolle, genauso wie meinen Körper. Ich esse nie Kuchen und ich trainiere regelmäßig. Ich müsste schön blöd sein, meinen Körper zu vernachlässigen, denn ich bin durchaus so realistisch zu sehen, dass ich es nie so weit gebracht hätte, wenn ich nicht diesen Körper und dieses Gesicht hätte.«
Weil Jennifer Lopez so diszipliniert an sich arbeitet, versteht sie nicht unbedingt, dass andere Leute meinen, ihr Aussehen fiele ihr in den Schoß. »Ich finde es ein wenig belustigend, dass die Leute mich ansehen und sich freuen: ›Oh, stämmigere Körper sind in, jetzt darf ich essen‹, weil ich strenge Diät halte und jeden Tag eineinhalb Stunden Sport treibe.«
Früher besuchte sie sehr gern Bäder, um sich zu regenerieren. »Ich lasse mich schrubben, ich bade, lasse mich massieren, unterziehe mich einer kosmetischen Gesichtsbehandlung – ich mache die ganze Palette.« Mittlerweile lässt es ihre Berühmtheit nicht mehr zu, sich so frei in der Öffentlichkeit zu bewegen. Deshalb meidet sie inzwischen ihre geliebten Bäder und Massagen. »Ich kann nicht nackt in der Öffentlichkeit auftreten. Dann würde ich in den Klatschblättern lesen, wo genau ich einen Leberfleck auf meinem Rücken hätte.«
Zwar kokettiert die selbstbewusste Latina durchaus mit ihrem Körper, Nacktaufnahmen kommen für sie aber prinzipiell nicht

infrage – auch nicht als Schauspielerin in einem Film. Dies hat sie laut *Amica* als Klausel in ihrem Vertrag festgehalten. »Wenn ich mich ausziehen würde, wäre ich nicht mehr sexy. Ich wäre bloß nackt. Sexappeal bedeutet, dass man etwas zurückhält. Nichts gegen Andeutungen, aber ein Hauch von Geheimnis muss immer bleiben. Die Fantasie braucht einen gewissen Spielraum.« An anderer Stelle muss sie gegenüber besonders begriffsstutzigen Journalisten deutlicher werden: »Ich habe nicht vor, irgend-

Selbst »Puffy« Combs scheint sich über das grüne Kleid zu wundern, das Jennifer Lopez zur Grammy-Verleihung im Februar 2000 trägt …

jemandem außer meinem Gynäkologen zu zeigen, was ich zwischen meinen Beinen habe.«

Mit ihrem ausgesprochenen und bereits mit einem Preis ausgezeichneten Sinn für Mode unterstreicht Jennifer gerne ihr heißblütiges Aussehen. Sie wählt Kleidungsstücke aus, die ihren wohlgeformten Körper betonen, wie das atemberaubende grüne, mit tropischen Motiven bedruckte Kleid von Versace, das sie bei der Grammy-Verleihung im Februar 2000 in New York trug und womit sie für weltweites Aufsehen sorgte. Während noch heute über das bis unterhalb des Bauchnabels reichende Décolleté gesprochen wird, zog Jennifer vor der besagten Grammy-Verleihung sogar noch in Betracht, die Ärmel des Kleides abzuschneiden, weil es ihr zu konservativ erschien, wie in *Premiere* zu lesen ist. Jennifer ist Fan von erlesenen Designern wie Valentino, Prada, Giorgio Armani, Gucci, Halston, Badgley Mischka und Dolce & Gabbana. Außerdem liebt sie das Shopping. Insbesondere Schuhe sind hierbei das Objekt ihrer Begierde.

Aber trotz aller männlicher Hysterie um ihren Körper hat die New Yorkerin keine Angst, auf die Rolle der verführerischen sexy Frau reduziert zu werden. Selbstbewusst meint sie: »Ich mache mir keine Sorgen über Stereotypen. Sexy sein ist nicht alles, was ich kann.«

Steckbrief

Name	Jennifer Lopez
Geburtstag	24.07.1970
Geburtsort	Bronx, New York
Sternzeichen	Löwe (Aszendent Widder)
Eltern	David (Computerspezialist) & Guadalupe (Kindergärtnerin)
Geschwister	Lynda und Leslie
Spitznamen	»The Supernova« (in ihrer Nachbarschaft) »La Guitarra« (als Teenager wegen ihrer Kurven)
Haarfarbe	brünett
Augenfarbe	dunkelbraun
Größe	1,67 m
Gewicht	55 kg
Aktueller Wohnort	West Hollywood, Kalifornien
Beziehungen	Beziehung mit David Cruz (1986–1996) Ehe mit Ojani Noa (1997–1998) Beziehung mit Puff Daddy (aktuell)
Beste Freundin	Arlene Rodriguez (jetzt ihre Assistentin)
Vorbild	Rita Moreno aus der *West Side Story*
Größte Angst	alleine zu sein (»Ich glaube, viele Schauspieler fürchten das. Deshalb suchen wir das Rampenlicht.«)
Lieblings-sänger(in)	Gloria Estefan, Marc Anthony
Lieblingsmusik	Salsa, Merengue, Hip-Hop, R'n'B
Lieblingsfilm	*West Side Story*
Traumrolle	Maria aus der *West Side Story*
Lieblingsspeise	Hähnchenschnitzel sowie rote Bohnen und Reis; außerdem alles aus Schokolade
Lieblingsgetränk	Kaffee
Entspannung	Meditation und Atemübungen
Lieblings-designer	Valentino, Prada, Giorgio Armani, Gucci, Halston, Badgley Mischka und Dolce & Gabbana
Vorliebe	Einkaufen, vor allem Schuhe
Verbleibendes Ziel	Gewinn eines Oscars

Auszeichnungen	1998	Imagen Foundation Award *(Selena)* 1998 American Latino Media Arts Award als beste Schauspielerin *(Selena)*
	1998	Lone Star & Television Award als beste Schauspielerin *(Selena)*
Nominierungen	2000	VH1-Award Video »Waiting for Tonight« sexiest Video of the Year
	1998	Golden Globe als beste Schauspielerin in einem Film des Bereichs Komödie/Musical *(Selena)*
	1998	Blockbuster Entertainment Award als beste Schauspielerin im Bereich Action/Adventure *(Anaconda)*
	1998	MTV Movie Award als beste(r) Newcomer(in) *(Selena)*
	1996	Independent Spirit Award als beste weibliche Nebendarstellerin *(Meine Familie)*
Fanadresse	United Talent Agency 9560 Wilshire Blvd. Suite 500 Beverly Hills, CA 90212 U.S.A.	

Filmografie

TV-SERIEN

IN LIVING COLOR *(In Living Color)*
USA 1990–1994
LAUFZEIT: 1990–1994
GENRE: Sitcom; Satire
REGIE: Keenen Ivory Wayans
DREHBUCHAUTOREN (variiert von Folge zu Folge): Franklyn Ajaye; Jim Carrey; Damon Wayans; Keenen Ivory Wayans
PRODUZENTIN: Coral Hawthorne
KOSTÜME: Michelle Cole; Caroline Marx
CHOREOGRAFIE: Rosie Perez
BESETZUNG:
Diverse .... Jim Carrey
Diverse .... Damon Wayans (1990–1992)
Diverse .... Keenen Ivory Wayans (1990–1992)
Diverse .... Kim Wayans (1990–1993)
Diverse .... Marlon Wayans (1992/93)
Diverse .... Shawn Wayans (1990–1993)
Diverse .... Kelly Coffield (1990–1993)
Diverse .... Kim Coles (1990)
Diverse .... Tommy Davidson
Diverse .... Jamie Foxx (1991–1994)
Diverse .... David Alan Grier
Diverse .... Anne-Marie Johnson (1993/94)
Diverse .... T'Keyah »Crystal« Keymáh
Diverse .... Jay Leggett (1993/94)
Diverse .... Reggie McFadden (1993/94)
Diverse .... Steve Park (1991/92)
Diverse .... Chris Rock (1993/94)
Diverse .... Carol Rosenthal (1993/94)
DJ .... Twist (1992–1994)
Diverse .... Alexandra Wentworth (1992–1994)
Diverse .... Marc Wilmore (1993/94)
Fly Girl .... *Jennifer Lopez*
Fly Girl .... Lisa Marie Todd
Fly Girl .... Michelle Whitney-Morrison

SECOND CHANCES *(Second Chances)*
USA 1993/94
GENRE: Soap
REGIE: Sharron Miller
PRODUZENTEN: Lynn Marie Latham; Bernard Lechowick; Deepak Nayar; James Stanley
KAMERA: Lowell Peterson
KOSTÜME: Lyn Paolo
BESETZUNG:
Bruce Christianson .... Erich Anderson (1993)
Officer Parker .... Chuck Bulot
Johnny Lopez .... John Chaidez
George Cook .... Ronny Cox
Brian Christianson .... Sean Fitzgerald
Kate Benedict .... Megan Follows
Cesar Lopez .... Danny Gonzalez
Kevin Cook .... Justin Lazard
Melinda Lopez .... *Jennifer Lopez*
Felicity Cook .... Lee McCain
Joanna .... Michelle Phillips
Mike .... Matt Salinger
Pete Dyson .... John Schneider (1994)
Dianne Benedict .... Connie Sellecca
Mr. Lopez .... Pepe Serna
Judge Jim Stinson .... Ray Wise
Detective Kuntz .... Ramy Zada

SOUTH CENTRAL *(South Central)*
USA 1994
GENRE: Soap-Opera
BESETZUNG:
Nicole .... Maia Campbell
Sweets .... Paula Kelly
Lucy .... *Jennifer Lopez*
Joan Mosely .... Tina Lifford
Deion Mosely .... Keith Mbulo
Dr. McHenry .... Ken Page
Bobby Johnson .... Glenn Plummer
Deavers .... Clifton Powell
Tasha Mosely .... Tasha Scott
Andre .... Larenz Tate

HOTEL MALIBU *(Hotel Malibu)*
USA 1994
GENRE: Soap-Opera
REGIE: Sharron Miller
PRODUZENTEN: Lynn Marie Latham; Bernard Lechowick; Deepak Navar; James Stanley
KAMERA: Lowell Peterson
MUSIK: Mark Mothersbaugh
KOSTÜME: Lyn Paolo
BESETZUNG:
Ellie Mayfield .... Joanna Cassidy
Jack Mayfield .... John Dye
Melinda Lopez .... Jennifer Lopez
Harry Radzimski .... Harry O'Reilly
George Bennett .... Scott Paulin
Stevie Mayfield .... Cheryl Pollak
Mark .... Paul Satterfield
Sal Lopez .... Pepe Serna
Nancy Salducci Radzimski ..... Romy Windsor

FILME

ABGESTÜRZT IM DSCHUNGEL
(Nurses on the Line: The Crash of Flight 7)
USA 1993
LAUFZEIT: 87 Minuten
GENRE: TV-Film; Unglücksdrama
REGIE: Larry Shaw
DREHBUCH: Andrew Laskos; Norman Morrill
PRODUZENTEN: John Cosgrove; John Perrin Flynn; Terry Dunn Meurer; Lorenzo O'Brien; Carrie Stein
MUSIK: Curt Sobel
KAMERA: Robert Primes
SCHNITT: Scott Vickrey
KOSTÜME: Marianna Elliott
BESETZUNG:
Elizabeth Hahn .... Lindsay Wagner
Dr. Daniel Perrin .... Robert Loggia
Dr. Rulon Beesley .... David Clennon
Fran Markoe .... Farrah Forke

Jill Houston .... Paul Marshall
Danae Hahn .... Hilary Edson
Rosie .... *Jennifer Lopez*
LiAnne .... Joan McMurtrey
Len .... Gary Frank
Chris O'Neill .... Bill Bolender

MEINE FAMILIE

Alternativtitel in Deutschland: *My Family, mi familia*
(*My Family/Mi familia*; auch gelaufen unter: *Cafe con leche*)
USA/GB/Mexiko 1995
LAUFZEIT: 125 Minuten
GENRE: Familiensaga
START USA: 3. Mai 1995
START DEUTSCHLAND: August 1996 (nur Video)
REGIE: Gregory Nava
DREHBUCH: Gregory Nava; Anna Thomas
PRODUZENTEN: Francis Ford Coppola; Nancy De Los Santos; Guy East; Laura Greenlee; Lindsay Law; Tom Luddy; Sergio Molina; Anna Thomas für American Playhouse/Zoetrope/Majestic/New Line
MUSIK: Pepe Avila (Folklore); Mark McKenzie
KAMERA: Edward Lachman
SCHNITT: Nancy Richardson
KOSTÜME: Tracy Tynan
VIDEOANBIETER D: Elite
BESETZUNG:
Jimmy Sanchez .... Jimmy Smits
Pacos .... Edward James Olmos
Chucho .... Esai Morales
José Sanchez (1950–1980) ...... Eduardo López Rojas
José Sanchez .... Jacob Vargas
Isabel .... Elpidia Carrillo
María Sanchez (1950–1980) .... Jenny Gago
María Sanchez als Twen .... *Jennifer Lopez*
Memo Sanchez .... Enrique Castillo
Roberto .... Rafael Cortés
Trini .... Ivette Reina
Paco als Baby .... Anthony Gonzalez
Paco als Kind .... Michael Gonzalez
Paco als Jugendlicher .... Benito Martinez
Irene als Baby .... Cassandra Campos

Irene als Kind .... Susana Campos
Irene als Jugendliche .... Maria Canals
Memo als Jugendlicher .... Greg Albert
Jimmy als Jugendlicher .... Jonathan Hernandez

MONEY TRAIN *(Money Train)*
USA 1995
LAUFZEIT: 110 Minuten
GENRE: Actionthriller
FSK: ab 16
START USA: 10. November 1995
START DEUTSCHLAND: 11. Januar 1996
REGIE: Joseph Ruben
DREHBUCH: Doug Richardson; David Loughery (nach einer Story von Doug Richardson)
PRODUZENTEN: Jon Peters; Neil Canton für Peters Entertainment
MUSIK: Mark Mancina; Songs u. a. von Melissa Etheridge; Shaggy; Trey Lorenz; 112; Terry Ellis
KAMERA: John W. Lindley
SCHNITT: George Bowers; Bill Pankow
KOSTÜME: Ruth E. Carter
SPEZIALEFFEKTE: Industrial Light & Magic
VERLEIH D: Columbia Tristar
VIDEOANBIETER D: Columbia Tristar
DVD-ANBIETER D: Columbia Tristar
BESETZUNG:
John .... Wesley Snipes
Charlie .... Woody Harrelson
Grace Santiago .... Jennifer Lopez
Donald Patterson .... Robert Blake
Torch .... Chris Cooper
Riley .... Joe Grifasi
Mr. Brown .... Scott Sowers
Kowalski .... Skipp Sudduth

JACK *(Jack)*
USA 1996
LAUFZEIT: 113 Minuten
GENRE: Komödie
FSK: ab 6
START USA: 9. August 1996

START DEUTSCHLAND: 5. Juni 1997
REGIE: Francis Ford Coppola
DREHBUCH: James De Monaco; Gary Nadeau
PRODUZENTEN: Ricardo Mestres; Fred Fuchs; Francis Ford Coppola für American Zoetrope/Great Oaks Prod. für Hollywood Pictures
MUSIK: Michael Kamen; Titelsong *Star* von Bryan Adams
KAMERA: John Toll
SCHNITT: Barry Malkin
KOSTÜME: Aggie Guerard Rodgers
AUSSTATTUNG: Dean Tavoularis
VERLEIH D: Buena Vista
VIDEOBANBIETER D: Hollywood Pictures
DVD-ANBIETER D: Buena Vista
BESETZUNG:
Jack Powell .... Robin Williams
Karen Powell .... Diane Lane
Brian Powell .... Brian Kerwin
Miss Marquez .... Jennifer Lopez
Lawrence Woodruff .... Bill Cosby
Dolores »D. D.« Durante ...... Fran Drescher
Louis Durante .... Adam Zolotin
Edward .... Todd Bosley
John-John .... Seth Smith
George .... Mario Yedidia
Johnny Duffer .... Jeremy Lelliott
Phoebe .... Jurnee Smollett
Jane .... Dani Faith
Victor .... Hugo Hernandez
Eric .... Rickey D'Shon Collins

BLOOD & WINE – EIN TÖDLICHER COCKTAIL
(Blood and Wine)
USA 1997
LAUFZEIT: 101 Minuten
GENRE: Thriller
FSK: ab 16
URAUFFÜHRUNG: Internationales Filmfestival San Sebastian 1996
START USA: 21. Februar 1997
START DEUTSCHLAND: 13. Februar 1997
REGIE: Bob Rafelson

DREHBUCH: Nick Villiers; Alison Cross, nach einer Idee von Nick Villiers; Bob Rafelson
PRODUZENTEN: Jeremy Thomas; Hercules Bellville; Noah Golden, Bernie Williams für Recorded Picture Company/Majestic Films
MUSIK: Michal Lorenc
KAMERA: Tom Sigel (als Newton Thomas Sigel)
SCHNITT: Steven Cohen
AUSSTATTUNG: Richard Sylbert
KOSTÜME: Lindy Hemming
VERLEIH D: Concorde-Castle Rock/Turner
VIDEOANBIETER D: Concorde Video
DVD-ANBIETER D: Concorde Video
BESETZUNG:
Alex Gates .... Jack Nicholson
Jason Gates .... Stephen Dorff
Gabriella .... *Jennifer Lopez*
Suzanne Gates .... Judy Davis
Victor Spansky .... Michael Caine
Henry .... Harold Perrineau jr.
Dina .... Robyn Peterson
Mike .... Mike Starr
Frank .... John Seitz
Todd .... Dan Daily
Artie .... Mario Ernesto Sánchez

SELENA – EIN AMERIKANISCHER TRAUM *(Selena)*
USA 1997
LAUFZEIT: 127 Minuten
GENRE: Künstlerbiografie; Musikfilm; Drama
FSK: ab 6
START USA: 21. März 1997
START DEUTSCHLAND: 2. Februar 1998 (nur Video)
REGIE: Gregory Nava
DREHBUCH: Gregory Nava
PRODUZENTEN: Moctesuma Esparza; Robert Katz für Q Productions
MUSIK: Dave Grusin
KAMERA: Edward Lachman
SCHNITT: Nancy Richardson
AUSSTATTUNG: Cary White
KOSTÜME: Elisabetta Beraldo

VIDEOANBIETER D: Warner Home Video
BESETZUNG:
Selena Quintanilla .... Jennifer Lopez
Abraham Quintanilla .... Edward James Olmos
Chris Perez .... Jon Seda
Marcela Quintanilla .... Constance Marie
A. B. Quintanilla .... Jacob Vargas
Yolando Saldivar .... Lupe Ontiveros
Suzette Quintanilla .... Jackie Guerra
Selena als Kind .... Rebecca Lee Meza

ANACONDA *(Anaconda)*
USA 1997
LAUFZEIT: 90 Minuten
GENRE: Actionthriller; Trash; Monsterfilm
FSK: ab 12
START USA: 11. April 1997
START DEUTSCHLAND: 17. Juli 1997
REGIE: Luis Llosa
DREHBUCH: Hans Bauer; Jim Cash; Jack Epps jr.; John Mandel
PRODUZENTEN: Verna Harrah; Leonard Rabinowitz; Carole Little
MUSIK: Randy Edelman
KAMERA: Bill Butler
SCHNITT: Michael R. Miller
AUSSTATTUNG: Kirk M. Petruccelli
SPEZIALEFFEKTE: John Nelson; Walt Conti
KINOVERLEIH D: Columbia Tristar
VIDEOANBIETER D: Columbia Tristar
DVD-ANBIETER D: Columbia Tristar
BESETZUNG:
Terri Flores .... Jennifer Lopez
Danny Rich .... Ice Cube
Paul Sarone .... Jon Voight
Dr. Steven Cale .... Eric Stoltz
Warren Westridge .... Jonathan Hyde
Gary Dixon .... Owen Wilson
Denise Kalber .... Kari Wuhrer
Mateo .... Vincent Castellanos
Wilderer .... Danny Trejo

U-TURN – KEIN WEG ZURÜCK *(U-Turn)*
USA 1997
LAUFZEIT: 125 Minuten
GENRE: Thriller
FSK: ab 18
URAUFFÜHRUNG: Telluride Film Festival 1997
START USA: 27. August 1997
START DEUTSCHLAND: 23. April 1998
REGIE: Oliver Stone
DREHBUCH: John Ridley, nach seiner Romanvorlage *Stray Dogs*
PRODUZENTEN: Dan Halsted; Clayton Townsend; Richard Rutowski für Phoenix Pictures/Illusion/Clyde Is Hungry Films
MUSIK: Ennio Morricone
KAMERA: Robert Richardson
SCHNITT: Hank Corwin; Thomas J. Nordberg
AUSSTATTUNG: Victor Kempster
KOSTÜME: Beatrix Aruna Pasztor
KINOVERLEIH D: Columbia Tristar
VIDEOANBIETER D: Columbia Tristar
DVD-ANBIETER D: Columbia Tristar
BESETZUNG:
Bobby Cooper .... Sean Penn
Jake McKenna .... Nick Nolte
Grace McKenna .... *Jennifer Lopez*
Sheriff Potter .... Powers Boothe
Jenny .... Claire Danes
Toby N. Tucker .... Joaquin Phoenix
Darrell .... Billy Bob Thornton
Blinder Mann .... Jon Voight
Flo .... Julie Hagerty
Ed .... Bo Hopkins
Mr. Arkady .... Valery Nikolayev
Jamilla .... Aida Linares

OUT OF SIGHT *(Out of Sight)*
USA 1998
GENRE: Action-Lovestory; Krimi
FSK: ab 12
START USA: 26. Juni 1998
START DEUTSCHLAND: 17. September 1998
REGIE: Steven Soderbergh

DREHBUCH: Frank Scott, nach der Romanvorlage *Zuckerschnute* von Elmore Leonard
PRODUZENTEN: Danny DeVito; Michael Shamberg; Stacey Sher für Jersey Films
AUSFÜHRENDER PRODUZENT: Barry Sonnenfeld
MUSIK: David Holmes
KAMERA: Elliot Davis
SCHNITT: Anne V. Coates
AUSSTATTUNG: Gary Frutkoff
KOSTÜME: Betsy Heimann
KINOVERLEIH D: UIP
VIDEOANBIETER D: CIC
DVD-ANBIETER D: Columbia Tristar
BESETZUNG:
Jack Foley .... George Clooney
Karen Sisco .... *Jennifer Lopez*
Buddy Bragg .... Ving Rhames
Marshall Sisco .... Dennis Farina
Glenn Michaels .... Steve Zahn
Maurice »Snoopy« Miller ...... Don Cheadle
Richard Ripley .... Albert Brooks
Midge .... Nancy Allen
Adele .... Catherine Keener
Kenneth .... Isaiah Washington
Chino .... Luis Guzmán
White Boy Bob .... Keith Loneker

außerdem Cameoauftritte von: Michael Keaton; Samuel L. Jackson

ANTZ *(Antz)*
USA 1998
LAUFZEIT: 83 Minuten
GENRE: Animationsfilm; Ameisenfilm
FSK D: ab 6
START USA: 2. Oktober 1998
START DEUTSCHLAND: 5. November 1998
REGIE: Eric Darnell; Tim Johnson; Lawrence Guterman
DREHBUCH: Todd Alcott; Chris & Paul Weitz
PRODUZENTEN: Brad Lewis; Aron Warner; Patty Wooton für DreamWorks/PDI

MUSIK: Harry Gregson-Williams; Gavin Greenaway; Steve Jablonsky; John Powell; Geoff Zanelli
SCHNITT: Stan Webb
AUSSTATTUNG: John Bell
ART-DIRECTION: Kendal Cronkhite
SPEZIALEFFEKTE: Ken Bielenberg; Philippe Gluckman; David B. Mooy; John »JR« Robeck
KINOVERLEIH D: UIP
VIDEOANBIETER D: CIC
BESETZUNG:
Z-4195 .... Woody Allen [Wolfgang Draeger]*
Chip .... Dan Aykroyd [Norbert Gescher]
Königin .... Anne Bancroft [Inken Sommer]
Muffy .... Jane Curtin [Evelyn Gressmann]
Barbatus .... Danny Glover [Jürgen Klickert]
General Mandible ...... Gene Hackman [Klaus Sonnenschein]
Azteca .... Jennifer Lopez [Carola Ewert]
Betrunkener Soldat ..... John Mahoney [Helmut Krauss]
Psychiater .... Paul Mazursky [Lothar Blumhagen]
Vorarbeiter .... Grant Shaud [Gerald Schaale]
Weaver .... Sylvester Stallone [Thomas Dannenberg]
Prinzessin Bala .... Sharon Stone [Martina Treger]
Colonel Cutter .... Christopher Walken [Lutz Riedel]

THE CELL *(The Cell)*
USA 2000
GENRE: Horrorfilm; Science-Fiction
FSK: bei Manuksriptabschluss noch offen
START USA: 18. August 2000
START DEUTSCHLAND: 23. November 2000
REGIE: Tarsem
DREHBUCH: Mark Protosevich
PRODUZENTEN: Julio Caro; Eric McLeod; Mark Protosevic für New Line Cinema
AUSFÜHRENDE PRODUZENTEN: Donna Langley; Carolyn Manetti
MUSIK: Howard Shore
KAMERA: Paul Laufer

---

* Die Namen in den eckigen Klammern weisen auf die Dialogsprecher der deutschen Version hin.

SCHNITT: Robert Duffy; Paul Rubell
KOSTÜME: Eiko Ishioka; April Napier
SZENENBILD: Tom Foden
SPEZIALEFFEKTE: John S. Baker; Kevin Tod Haug
KINOVERLEIH D: Kinowelt AG
BESETZUNG:
Catherine Deane .... *Jennifer Lopez*
Carl Stargher .... Vincent D'Onofrio
Peter Novak .... Vince Vaughn
Dr. Miriam Kent .... Marianne Jean-Baptiste
Gordon Ramsey .... Jake Weber
Henry West .... Dylan Baker
Martin Stargher .... Gareth Williams
Lucien Baines .... Patrick Bauchau
Dr. Theodore Lee .... James Gammon
Anne-Marie Vicksey .... Catherine Sutherland
Dr. Milton Reid .... Pruitt Taylor Vince
Travis Cole .... Dean Norris
Subkoff .... Julia Hickson
Stockwell .... John Cothran jr.
Stargher als Kind .... Jake Thomas

THE WEDDING PLANNER* *(The Wedding Planner)*
USA 2000
GENRE: Komödie; Liebesgeschichte
FSK: *
START USA: 1. Februar 2001
START DEUTSCHLAND: ca. Frühjahr 2001
REGIE: Adam M. Shankman
DREHBUCH: Pamela Falk; Michael Ellis
PRODUZENTEN: Peter Abrams; Deborah Del Prete; Jennifer Gibgot; Robert L. Levy; Gigi Pritzker; Carrie Morrow für Columbia Pictures Corporation; Dee Gee Entertainment; IMF Produktions KG; Intermedia Films UK; Tapestry Films
AUSFÜHRENDE PRODUZENTEN: Moritz Borman; Guy East; Meg Ryan; Nina R. Sadowsky; Chris Sievernich; Nigel Sinclair
MUSIK: Mervyn Warren
KAMERA: Julio Macat
SCHNITT: Lisa Zeno Churgin
SZENENBILD: Bob Ziembicki
KOSTÜME: Pamela Withers

Besetzung*:
Jennifer Lopez
Matthew McConaughey
Bridgette Wilson
Justin Chambers
Judy Greer
Joanna Gleason
Alex Rocco
Kevin Pollak

ANGEL EYES* *(Angel Eyes)*
USA 2000
Genre: Liebesgeschichte; Melodram
FSK: *
Start USA: *
Start Deutschland: *
Regie: Luis Mandoki
Buch: Gerald Di Pego; Michael Seitzman
Besetzung*:
Jennifer Lopez
James Caviezel
Alfonso Arau
Sonia Braga
J. J. Evans
Terrence Dashon Howard
Shirley Knight
Monet Mazur
Jeremy Sisto

---

* Die entsprechenden Angaben waren bei Manuskriptabschluss noch nicht verfügbar. Dies betrifft auch einen möglichen deutschen Verleihtitel. Daher wird hier auf den Originaltitel zurückgegriffen.

Diskografie

Abkürzungen: M = Musik, T = Text, P = Produzent

Album *On the 6* – Tracklisting

1. *If You Had My Love*
   M: Rodney Jerkins
   T: Rodney Jerkins, LaShawn Daniels, Cory Rooney
   P: Rodney Jerkins

2. *Should've Never*
   M: Samuel Barnes, Jean Claude Olivier, Cory Rooney, Tonino Baliardo, Nicolas Reyes
   T: Cory Rooney, Jennifer Lopez
   P: Poke and Toke for Track Masters

3. *Too Late*
   M: Al West
   T: Cory Rooney, Jennifer Lopez
   P: Alvin West

4. *Feelin' So Good*
   M: Sean »Puffy« Combs, Steven Standard, George Logios
   T: Cory Rooney, Jennifer Lopez
   P: Sean »Puffy« Combs

5. *Let's Get Loud*
   M & T: Gloria Estefan; Kikè Santander
   P: Emilio Estefan jr.

6. *Could This Be Love*
   M & T: Lawrence P. Dermer
   P: Emilio Estefan jr.

7. *No me ames (Duet with Marc Anthony) (Tropical Remix)*
   M & Originaltext: Giancarlo Bigazzi, Aleandro Baldi, Marco Falagiani
   Spanish Adaption: Ignacio Ballesteros
   P: Emilio Estefan jr.

8. *Waiting for Tonight*
   M & T: Maria Christiansen, Michael Garvin, Phil Temple
   P: Ric Wake

9. *Open Off My Love*
M: Darrell »Digga« Branch, Lance »Un« Rivera
T: Kyra Lawrence
P: Darell »Digga« Branch

10. *Promise Me You'll Try*
M & T: Peter Zizzo
P: Ric Wake

11. *It's Not That Serious*
M: Rodney Jerkins
T: Cory Rooney, Jennifer Lopez, Rodney Jerkins, Lauren Dawson
P: Rodney Jerkins & Lauren Dawson

12. *Talk About Us*
M & T: Cory Rooney
P: Cory Rooney & Dan Shea

13. *No me ames* (Duet with Marc Anthony) (Ballad-Version)
M & Originaltext: Giancarlo Bigazzi, Aleandro Baldi, Marco Falagiani
Spanish Adaption: Ignacio Ballesteros
P: Dan Shea

14. *Una noche mas*
M: Maria Christiansen, Michael Garvin, Phil Temple, Manny Benito
Adaption: Manny Benito
P: Ric Wake

15. *Baila*
M & T: Emilio Estefan jr., Jon Secada, Randall Barlow, George Noriega
P: Emilia Estefan jr., Randall Barlow & George Noriega

16. *Theme from Mahogany (Do You Know Where You're Going To)*
M & T: Michael Masser, Gerry Goffin
P: Dan Shea & Cory Rooney

Singleauskopplungen

Juni 1999: *If You Had My Love;* Oktober 1999: *Waiting For Tonight;* Februar 2000: *Feelin' So Good*; Mai 2000: *Let's Get Loud*

Internetadressen

Das World Wide Web ist voll von den unterschiedlichsten Websites, die sich Jennifer Lopez widmen. Dies gilt vor allem für den englisch- und spanischsprachigen Raum. Brauchbare deutsche Fansites sind bislang Mangelware. Über die gängigen Suchmaschinen lassen sich mit wenigen Mausklicks Dutzende von Websites finden, die wiederum durch zahlreiche Links auf weitere Homepages verweisen. Genaue Zahlen gibt es keine. Schätzungen liegen bei 800 bis 1000. Oft ergiebiger und aktueller als die Fansites sind Filmdatenbanken und Archive. Daher wird auch auf diese verwiesen.

Jennifer-Lopez-Sites

Die offizielle Website
www.jenniferlopez.com
Abgesehen von den oft recht langen Ladezeiten überzeugt die offizielle Seite durch Aktualität, eine einfache Navigation und schöne Fotos. Hier wird jeder Fan fündig: Biografie, Filmografie, Downloads, Fotogalerie, Filmtrailer, Musikclips, Chatroom, gelegentliche Preisausschreiben, ein kostenloser Newsletter. Lediglich der E-Mail-Service lässt zu wünschen übrig: Fragen an die Homepagebetreiber bleiben leider unbeantwortet.
Sprache: Englisch. Bewertung: *****

Die angeblich größte Jennifer-Lopez-Fanpage Europas
www.jenniferlopez-net.de
Diverse Zeitschriften und Suchmaschinen weisen auf diese Seite hin. Doch was nutzt einem diese Seite, wenn sie nicht zu laden ist? Lopez-Bilder flackern dem Besucher entgegen; zwischendurch Hinweise auf ein Info-Center, das jedoch nicht erreichbar ist. Sprache: Deutsch. Die Betreiber sollten ihre Seite überprüfen. Bewertung: *

The Jennifer Lopez Fan Network
www.jenlopezfan.net
Eine Website, bei der jedem Lopez-Fan das Herz aufgeht. Hervorragend gepflegt, viele Aktualisierungen und zahlreiche Links, zum Beispiel zu dem legendären »Conga Room«, den Jennifer Lopez mit ihrem Exehemann Noa betreibt. Hier finden sich auch diverse Newsartikel aus US-Magazinen; Interviews (z. B. das legendäre *Movieline*-Interview vom Februar 1998). Eine umfangreiche Fotogalerie und eine ausführliche Biografie (mit Kinder- und Jugendfotos) sind weitere Highlights. Sprache: Englisch. Bewertung: *****

Deutsche Fanpage
www.jennifer-lopez.de.cx/
Eine der wenigen deutschen Websites im Netz. Hier lassen sich allerdings Zeit und Geld sparen: Lediglich altbekannte Pressefotos, eine knappe Biografie, die darüber hinaus nicht mehr aktuell ist. Vielmehr scheint sich hier ein Sexanbieter zu verbergen. Banner auf der Seite weisen auf Sexkontakte und Traumpartnervermittlung hin. Sprache: Deutsch. Ärgerlich. Bewertung: *

Deutsche Fanpage
www.jennifer.lopez.net
Auch diese deutsche Fanpage kann man getrost vergessen. Die Seite wird scheinbar nicht mehr aktualisiert. Außerdem ist die Filmografie fehlerhaft und veraltet. Filme wie *Pluto Nash* oder *Imposter* hat Jennifer Lopez nie gedreht. Sprache: Deutsch. Bewertung: *

Jennifer Lopez bei Sony Music
www.sonymusic.at/lopez
Wie sollte es bei einer Schallplattenfirma auch anders sein? Der Schwerpunkt auf dieser eher mäßigen Seite liegt auf der Musik. Wenigstens gibt es Hörbeispiele und die Möglichkeit, sich die entsprechenden Clips anzuschauen. Sprache: Deutsch. Bewertung: **

Datenbanken und Archive

In den letzten Jahren wurden etliche Datenbanken ins Netz gestellt. Für Cineasten und Filmfreunde eine unerschöpfliche Fundgrube. Eine Auswahl:

The Internet Movie Database – Topsite
www.uk.imdb.com
www.german.imdb.com
Nach wie vor unschlagbar in Auswahl, Aktualität, Handhabung und Glaubwürdigkeit. Die IMDB ist immer auf dem aktuellsten Stand, auch geplante Projekte werden berücksichtigt und regelmäßig aktualisiert. Mittlerweile auch mit einer deutschen Version. Hier findet man alles: den kompletten Stab der Filme, Fernsehserien, Hintergrundinfos, Verweise auf die offiziellen Websites und und und … Bewertung: *****

Movieline
www.movieline.de
Die mittlerweile größte und beste deutsche Filmdatenbank im Internet. Movieline ist ebenfalls kinderleicht zu bedienen und äußerst umfang-

reich. Zwar fehlen hier bei den Schauspielern Verweise auf Fernsehserien, TV-Filme und auch Hintergrundinfos. Dafür gibt es eine Auswahl an teils recht amüsanten Kritiken. Leider nicht immer auf dem aktuellsten Stand. Geplante Projekte werden nicht erwähnt. Bewertung: ****

Deutsches Entertainment Magazin
www.dem.de
Wie der Name schon sagt, nicht nur Film-, sondern auch Entertainment-Magazin. Allerdings kann man die Bereiche Musik, Filmbücher, Fernsehserien getrost vergessen. Sie sind teilweise unvollständig oder sogar fehlerhaft. Dafür überzeugt die Filmdatenbank. Zu den wichtigsten nationalen und internationalen Filmschauspielern gibt es interessante Kurzbios, teilweise auch Interviews und äußerst ausführliche Filmografien. Ein Abstecher lohnt sich zum integrierten Filmlexikon von Dirk Jasper mit ausführlichen Informationen zu einer Fülle von Filmen. Allerdings wäre auch hier mehr Aktualität wünschenswert. Sprache: Deutsch. Bewertung: ****

Cinema
www.cinema.de
Das Archiv der Filmzeitschrift hat sich in den letzten Monaten deutlich verbessert. Allerdings sind Filmografien unvollständig und selten aktuell. Zu den meisten Filmen gibt es die beliebte »Daumen«-Bewertung, doch oft fehlen die inhaltlichen Beschreibungen. Außerdem kommen Zweifel an der Glaubwürdigkeit auf. Die Rezensionen stimmen nicht immer mit denen im Heft überein. Den legendären Verriss von *Der englische Patient* sucht man hier vergebens. Sprache: Deutsch. Bewertung: ***

Kinoweb
www.kinoweb.de
Eine Art Geheimtipp. Für diese Seite haben sich diverse deutsche Filmverleiher zusammengeschlossen und eine Filmdatenbank mit den von ihnen verliehenen Filmen erstellt. Hier finden sich Pressetexte mit interessanten Hintergrundinfos. Wahlweise lassen sich die Filme pro Jahr alphabetisch oder nach den Startterminen suchen. Bedauerlich nur, dass die Seite bislang nur bis ins Jahr 1996 zurückgeht. Aktualisierungen finden statt. Links zu geplanten Projekten sind vorhanden. Sprache: Deutsch. Bewertung: ****

Hollywood.com
www.hollywood.com
Eine US-Website mit zahlreichen Infos und Hintergrundinformationen zu Filmen, Stars und Sternchen. Auch viel Klatsch und Tratsch.

Unter dem Link Movietalk lassen sich Interviewschnipsel von Jennifer abspielen. Allerdings nur zu älteren Filmen. Sprache: Englisch. Bewertung: **

Mr. Showbiz
www.mrshowbiz.com
Bunte Website mit zahlreichem Klatsch und Tratsch aus der Welt der Promis. Interviews, Fotos, Biografien und Filmografien sind recht ausführlich. Sprache: Englisch. Bewertung: ***

Jennifers Filme im Netz

Bei Manuskriptabschluss standen noch von folgenden Filmen die offiziellen Websites im Netz:

Selena
www.selena-themovie.com
Sehr viele Hintergrundinfos; Trailer; Fotos etc. Sprache: Englisch/Spanisch. Bewertung: ****

U-Turn – Kein Weg zurück
www.spl.sony.com/movies/uturn/index.html
In den Filmfarben gehaltene Website mit allen üblichen Hintergrundinfos; teilweise gibt es Probleme beim Laden der Seite. Sprache: Englisch. Bewertung: ***

Out of Sight
www.outofsight.com
Diverse Quellen verweisen auf dieses URL. Man landet jedoch direkt auf der Homepage von Universal Pictures. Irreführend und ärgerlich. Bewertung: entfällt

The Cell
www.cellmovie.com
Geniale Website mit allen wichtigen Infos – auch zum menschlichen Gehirn. Fotos, Trailer etc. Bizarr und originell aufgemacht. Ein Besuch, der sich lohnt. Sprache: Englisch. Bewertung: *****

The Wedding Planner
www.wedding-planner-movie.com
Diese Website befand sich bei Manuskriptabschluss noch im Aufbau. Wer aktuelle Infos haben möchte, kann sich in einen kostenlosen Newsletter eintragen. Sprache: Englisch. Bewertung: entfällt

Quellen

Monografien

Die Chronik des Films. Chronik Verlag im Bertelsmann Lexikon Verlag Gütersloh/München 1994

Duncan, Patricia J.: *Jennifer Lopez – An Unauthorized Biography/ Una biografia no-autorizada*. St. Martin's Paperbacks New York 1999

Duncan, Patricia J.: *Salma Hayek – An Unauthorized Biography/Una biografia no-autorizada*. St. Martin's Paperbacks New York 1999

Graf, Christian/Burghard Rausch: *Rockmusiklexikon Amerika Afrika Australien Asien*. 2 Bände. Fischer Taschenbuch Verlag Frankfurt am Main 1999

Graf, Christian/Burghard Rausch: *Rockmusiklexikon Europa*. 2 Bände. Fischer Taschenbuch Verlag Frankfurt am Main 1996

Grey, Rudolph: *Ed Wood – Das Buch zum Film*. Wilhelm Heyne Verlag München 1995

Grzimek, Bernhard u. a. (Hrsg.): *Grzimeks Tierleben. Enzyklopädie des Tierreichs. Sechster Band: Kriechtiere*. Kindler Verlag Zürich 1971, S. 387 f.

Guinness Book of British Hit Singles. 13th Edition. Guinness Publishing Ltd. London 2000

Heinzlmeier, Adolf: *Sandra Bullock – Hollywoods neues Gesicht*. Wilhelm Heyne Verlag München 1997

Hit Bilanz. Deutsche Chart Singles. British Chart Singles. US Chart Singles. Taurus Press Hamburg diverse Jahrgänge

Johns, Michael-Anne: *Jennifer Lopez*. Andrews McMeel Publishing Kansas City 1999

Just, Lothar R.: *Filmjahrbuch*. Wilhelm Heyne Verlag/Heyne Filmbibliothek München diverse Jahrgänge

Laufenberg, Frank und Ingrid: *Rock & Pop Lexikon. Sämtliche Top 10-Hits aus USA, GB, Deutschland, der Schweiz und ihre Interpreten*. 2 Bände. 3. Auflage. Econ Ullstein List Taschenbuch-Verlag München 1998 (1995)

Leonard, Elmore: *Out of Sight*. Dell Books New York 1996

Lexikon des internationalen Films. Die ganze Welt des Films auf CD-ROM. Neuausgabe 1998/99. Buchvorlage: Rowohlt Taschenbuchverlag Reinbek bei Hamburg diverse Jahrgänge; Multimedia-Ausgabe: Systhema Verlag München 1998

Manthey, Dirk (Hrsg.): *Making of … wie ein Film entsteht. Die Kunst*

des Filmemachens von A bis Z. Ein cinema-Buch. Verlagsgruppe Milchstraße/Kino Verlag Hamburg 1996
Nitz, Christian: *Das große cinema-Millennium-Register 1982–1999.* Selbstverlag Berlin 2000
Schäfer, Horst/Walter Schobert (Hrsg.): *Fischer Film-Almanach.* Frankfurt am Main diverse Jahrgänge
Strebel, Frank: *Will Smith – Das coole Multitalent.* München 1998
Strebel, Frank: *Das Millennium Chartbuch. Alle Hit der deutschen Single-Charts 1955–1999.* Unveröffentliches Manuskript. Münster, Köln und Arsbeck 2000
Wicke, Peter/Kai-Erik und Wieland Ziegenrücker: *Handbuch der populären Musik.* Atlantis Musikbuch-Verlag Mainz 1997

Zeitungen und Zeitschriften

Abendzeitung München, 5. Juni 1997: Frauke Hanck
Abendzeitung München, 17. Juli 1997: W.O.P. Kistner
Abendzeitung München, 23. April 1998: Frauke Hanck
Abendzeitung München, 17. September 1998
Albuquerque Tribune, 21. März 1997. Lisa Bornstein: Script Makes Selena Feel Like Soap Opera
Amica 2/2000. Louise Gannon: Jennifer Lopez – Portrait
Associated Press, 3. August 1999. Elke Hess: Ein wenig Nostalgie und viel Hunger nach Sonne – Latino-Klänge sind in allen Ohren
Billboard, 17. März 1997. Ramiro Burr: Selena's Influence at Tejano Music Awards
Billboard, 5. April 1997. Eileen Fitzpatrick: On Screen: Selena
BRAVO 23/2000. Alex Gernandt: Interview mit Puff Daddy
BRAVO 28/2000. Peter Raschner: Jennifer Lopez – Amerikas Sexbombe!
Celebrity News, 6. April 2000
The Christian Science Monitor, 4. April 1997. M. S. Mason: Selena's Music and the Struggle Becomes the Song of a People
Cinema 7/1997
Cinema 4/1998
Cinema 9/1998
Cinema 2/1999
Cosmopolitan [amerikanische Ausgabe], 4/1997. Dennis Hensley: »Cosmo Q&A« – How Do You Say »Hot« in Spanish? Jennifer Lopez
Cosmopolitan [amerikanische Ausgabe] 3/1999. Richard Tyler: Ooh La Lopez

The Denver Post, 3. Mai 1995. Howie Movshovitz: Growth Over Generations Builds Dignity in My Family
Details. Brantley Bardin: Interview mit Jennifer Lopez o. J.
Eindhovens Dagblad, 21. März 1996. Money Train – Aktiefilm als geldtrein
Eindhovens Dagblad, 28. Januar 1999. Jos Kessels: Recensie – U-Turn van Oliver Stone
Elle [amerikanische Ausgabe], 7/1999. Out of Sight
Entertainment Weekly Online, Mai 1999. David Browne: »6« and the Single Girl – Review
Entertainment Weekly Online, 19. November 1999. Corey Takahashi: News & Notes – Latin Lovers
Entertainment Weekly Online, undatiert. Degen Pener: From Here to Divanity
Entertainment Weekly Online, undatiert. Owen Gleiberman: Highway to Hell
Entertainment Weekly Online, undatiert. Beth Johnson: If You Had My Love – Review
Entertainment Weekly Online, undatiert. Owen Gleiberman: It Takes a Thief
Entertainment Weekly Online, undatiert. Mark Bautz: Out of Sight
Entertainment Weekly Online, undatiert. Troy Patterson: Sans Quentin
Entertainment Weekly Online, undatiert. Lisa Schwarzbaum: This Mortal Coil
Entertainment Weekly Online, undatiert. Lisa Schwarzbaum: You've Heard this Song Before – Review
epd-Film, September 1998. Kai Mihm: Out of Sight
Facts, 10. Dezember 1998. Erik Nolmans: Die Latinos kommen
FHM, undatiert. Anthony Noguera: Interview mit Jennifer Lopez
Film Scouts, undatiert. Henri Béhar: Interview mit Jennifer Lopez
Flicks, Juli 1997. Patrick Stoner: Interview mit Jennifer Lopez
Focus, 20. April 1998
Focus, 3. Mai 1999. Ricky Martin – Der letzte Schrei aus Puerto Rico
Frankfurter Allgemeine Zeitung, 21. Mai 1999. Horst Rademacher: Amerika braucht die Latinos
De Gelderlander, 8. Oktober 1998. Jos Kessels: Vonken in kofferbak. Recensie Out of Sight van Steven Soderbergh
Gennett News Service, 1. Mai 1995. Jack Garner: My Family is a Tale Well-Told, Sometimes
The Germaican Observer, Webzine for Jamaican Music

(www.germaica.net), Dezember 1999. Nadine Reid: Interview mit Shaggy
Glamour, Dezember 1999: 1999 Women of the Year
GQ (Gentlemen's Quarterly), August 2000. Michael Saur: la Lopez
GQ (Gentlemen's Quarterly), August 2000. Jens Fritzenwalder: Latina Mania
Hispanic, Mai 1995. Valerie Menard: An American Tale
Hispanic, März 1997. Valerie Menard: The Making of Selena
Honey März 2000. 100 Million Dollar Woman
Horizont, 8. August 1999. Lenzen Elmer: Amerikas Medien im heißen Latino-Fieber
Houston Chronicle, 4. Januar 1995. Selena: 1971–1995
Houston Chronicle, 4. Januar 1995. Armando Villafranca/Patty Reinert: Singer Selena Shot to Death
Houston Chronicle, 21. Mai 1995. Rick Mitchell: In Life, She Was the Queen of Tejano Music, the 23-Year-Old Singer is Becoming a Legend
Houston Chronicle, 16. Juni 1995. Selena Kin Consider Film Offers
Houston Chronicle, 15. September 1995. Nava to Direct Selena Film
In Style Juni 1999. On the 6
Journal of Popular Film and Television. Schulman, Norma Miriam: Laughing Across the Color Barrier. In Living Color. S. 2
Kölner Stadt-Anzeiger, 13. Januar 1996. Milan Pavlovic
Latina Magazine, März 1999. Michael A. Gonzales
London Express, 6. Juli 2000
The Los Angeles Times, 15. April 1995. Kristine McKenna: Getting to the Heart of One Family's Life
The Los Angeles Times, Home Edition, 4. Juni 1995. Gregory Nava: Mi familia – Casting for Authenticity
Max, August 2000
Mirabella, August 1998
Movieline, Februar 1998. Stephen Rebello
musikexpressSOUNDS, August 1997: Rezension Anaconda
musikexpressSOUNDS, September 1998: Rezension Out of Sight
musikexpressSOUNDS, Juli 1999: Gestrandet – Rezension On the 6
National Review, 21. April 1997. John Simon: Crowd Pleasers
Neue Zürcher Zeitung, 24. Juni 1999. Mit Latino-Punk gegen nationale Klischees
New Times Los Angeles, 20. März 1997. Robert Abele: Star Bright
The New York Times, 3. Mai 1995. Caryn James: A Mexican-American Journey of Generations

The New York Times, Late Edition [East Coast], 27. Juni 1999. Guy Garcia: Another Latin Boom, But Different
People, 24. März 1997. Pam Lambert/Betty Cortina: On Location – Viva Selena!
People, 2. August 1999. Si, a War of Words
People, 13. September 1999
People Weekly, 10. Mai 1999. Jennifer Lopez
People Weekly, 2. Januar 2000. Guns and Lovers
Premiere – The Movie Magazine, August 2000. Johanna Schneller: Drama Queen
Redbook September 1999. Debra Birnbaum: Jennifer Lopez – The Hardest Lessons She Had to Learn
Rolling Stone [amerikanische Ausgabe], Mai 1999. Fred Goodman: La Explosión Pop Latino
San Antonio Express-News, 21. Oktober 1996. Thelma Garza: Selena Director Celebrates Latino Spirit with his Films
The San Diego Union-Tribune, 30. April 1995. My Family Project Was Test of Director's Persuasive Abilities
The San Diego Union-Tribune, 3. Mai 1995. David Elliott: My Family Suffers from Special Illusion
The San Francisco Chronicle, Sunday Edition, 30. April 1995. Judy Stone: Blood is Thicker Than Borders
Schweizer Depeschenagentur AG (SDA), 20. Januar 2000
The Seattle Times, 21. März 1997. Keith Simanton: Selena a Nice Memorial to Slain Tejano Singer
South Bend Tribune, 11. Juni 1995. Roger Ebert: My Family is a Grand, Touching Epic of Immigrants' Lives
De Standaard, 17. Januar 1996. Ralf Butstraen: Money Train – Pak de poen trein
Stuttgarter Zeitung, 11. Januar 1996. Thomas Klingenmaier
Süddeutsche Zeitung, 5. November 1998
Süddeutsche Zeitung, 8. September 1999. Klaus Brill: Amerika kommt sich spanisch vor. In den Vereinigten Staaten läuft eine Latino-Welle
Sun-Sentinel, Ford Lauderdale, 3. Mai 1995. Roger Hurlburt: My Family Has the Heart to Endure for Generations
taz, die tageszeitung, 26. Juni 1990. Daniel Bax: Pop heißt jetzt Plena
De Telegraaf, 3. Juli 1999: »Hitscore Interview: Jennifer Lopez wil acteren en zingen«
The Toronto Star, Metro Edition, 24. März 1997. Peter Goddard: Selena's Story Misses the Beat

The Toronto Star, Metro Edition, 11. April 1997. Peter Howell: Journey into the Bellybutton of Darkness
The Toronto Star, Metro Edition, 3. Oktober 1997. Judy Gerstel: Enjoy a Long Hot Day in Hell
The Toronto Star, Metro Edition, 26. Juni 1998. Judy Gerstel: Hot Time in Motor City
The Toronto Star, Metro Edition, 2. Oktober 1998. Judy Gerstel: Big Names Bring Life to Antz' Tiny Creatures
The Toronto Star, 19. Juli 1999. Hot Star Jennifer Lopez Fights to Remain Ordinary
The Toronto Star, 16. Dezember 1999. Vinay Menon: The Girl with the Billion-Dollar Body
The Toronto Star, 15. Februar 2000. Ashante Infantry: Valentine's Night Latin-Love with Marc Anthony
Total Film Dezember 1998. Martyn Palmer: Out of Sight
TV Movie, 12/1997
TV Movie, 15/1997
TV Movie, 19/1998
TV Movie, 14/2000
TV Spielfilm 23/1998
TV Spielfilm 6/2000
USA Today, 31. Mai 2000. Josh Chetwynd: New Vistas for Hollywood. Despite Their Numbers, Latinos Have Yet to Conquer the Big Screen
VH1.com, 8. Dezember 1999
Vibe, August 1999. La Diva Loca-Boomin System
The Washington Post, 22. November 1995. Hal Hinson: Money Train
Die Woche, 6. Juni 1997
Zoom, August 1996
Zoom, Juni 1997
Zoom, November 1998

Internetquellen

Absolute's Entertainment Network
AOL-Chat
Eonline
german.imdb.com
members.xoom.com
www.cinema.de
www.dem.de (Deutsches Entertainment Magazin)
www.empireonline.com

www.hollywood.com
www.kinoweb.de
www.movieline.de
www.movieweb.com
www.mrshowbiz.com
www.quelle/entertainment weekly.com

Sonstige Quellen

Entertainment Tonight!, 8. März 2000. Interview mit Jennifer Lopez, geführt von Jann Carl
MTV-Fernsehspecial in der Reihe BIOrhythm – These Are Stories of Lives: Jennifer Lopez – As Told Through the Music of ... (MTV USA 2000, Produzent: Jeff Olde; Redaktion: Kevin Childress)
Presseinformation Sony Music zu Jennifer Lopez/*On the 6*
Presseinformation Sony Music zu Marc Anthony
Verleihprogramm zu *Blood & Wine*
Verleihprogramm zu *Jack*
Verleihprogramm zu *Out of Sight*
Verleihprogramm zu *Selena*
Verleihprogramm zu *The Cell*

Danksagung

Wir danken unseren Familien; Lola & Juni; Danuta Derbich für die Informationen über Progerie; Petra Scheuer & Motte; Familie Akhtarkhawari; Daily-Caller Eugen Kühn; Autorenkollege Günter Kükenshöner & Jutta Mellies; Frauenradiokolleginnen Angela Jensch & Susanne Keil; alle Freundinnen und Freunde.
Kathrin Stammen (Kinowelt AG); Claudia Schmidt (Columbia/Sony); Louise Tayman (Warner Home Video); H. Marshall (Concorde); E. Gramet (Columbia); Marketeam Publicity GmbH; Amerika Haus Köln; alle Autorinnen und Autoren, die wir zitiert haben.

Register

D

E

F

G

H

I

J

K

L

M

N

O

P

Q

R

S

T

U

V

W

Z